GLOBAL GOVERNANCE SERIES ｜全球治理丛书｜

丛书主编 陈家刚
执行主编 闫 健

全球治理：概念与理论
Global Governance: Concept and Theory

主编◎陈家刚

图书在版编目（CIP）数据

全球治理：概念与理论 / 陈家刚主编. —北京：中央编译出版社，2017.1
ISBN 978-7-5117-3149-4

Ⅰ. ①全…
Ⅱ. ①陈…
Ⅲ. ①国际政治－研究
Ⅳ. ①D5

中国版本图书馆 CIP 数据核字（2016）第 250373 号

全球治理：概念与理论

出 版 人：葛海彦
出版统筹：贾宇琰
责任编辑：贾宇琰　朱瑞雪
责任印制：尹　珺
出版发行：中央编译出版社
地　　址：北京西城区车公庄大街乙 5 号鸿儒大厦 B 座（100044）
电　　话：（010）52612345（总编室）　　（010）52612341（编辑室）
　　　　　（010）52612316（发行部）　　（010）52612317（网络销售）
　　　　　（010）52612346（馆配部）　　（010）55626985（读者服务部）
传　　真：（010）66515838
经　　销：全国新华书店
印　　刷：河北下花园光华印刷有限责任公司
开　　本：787 毫米×1092 毫米　1/16
字　　数：336 千字
印　　张：22.75
版　　次：2017 年 1 月第 1 版第 1 次印刷
定　　价：75.00 元

网　　址：www.cctphome.com　　　　邮　　箱：cctp@cctphome.com
新浪微博：@中央编译出版社　　　　　微　　信：中央编译出版社（ID: cctphome）
淘宝店铺：中央编译出版社直销店（http://shop108367160.taobao.com）　（010）55626985

凡有印装质量问题，本社负责调换，电话：（010）55626985

目 录
Contents

总序　陈家刚 / 1
导言　全球治理：兴起、挑战与前景　陈家刚 / 1

第一部分　理论与价值

治理、善治与全球治理：理念和现实的挑战
　　［美］托马斯·G. 韦斯　著　张志超　译 / 3
全球治理理论的兴起
　　［美］马丁·休伊森　［美］蒂莫西·辛克莱　著　张胜军　编译 / 23
全球治理：从激进转型到新自由主义管理
　　［荷］亨克·奥弗比克　著　来辉　译 / 37
如何"全球"与为何"治理"：全球治理概念的盲点与矛盾
　　［德］克劳斯·丁沃斯　［荷］菲利普·帕特伯格　著　晓谢　译 / 46
全球治理的作用是什么？
　　［法］帕斯卡尔·拉米　著　曹文　译 / 58

第二部分　结构与机制

全球治理机制的合法性　［美］艾伦·布坎南　［美］罗伯特·基欧汉　著

　　　　赵晶晶　杨　娜 译　　吴志成 校译 / 67

全球治理的结构与向度

　　　　[日] 星野昭吉 著　　刘小林 译 / 93

公民社会与全球治理

　　　　[美] 迈克尔·爱德华兹 著　　王玉强　陈家刚 编译 / 105

全球治理的民主赤字及其解决

　　　　[美] 克里斯托弗·蔡斯-邓恩等 著　　王金良 编译 / 120

有效全球治理的原则

　　　　[英] 戴维·赫尔德　[英] 凯文·扬 著　　朱 旭 译 / 131

第三部分　分歧与反思

全球治理再思考：复杂性、权威、权力与变迁

　　　　[美] 托马斯·G. 韦斯　[英] 罗登·威尔金森 著　　贺 羡 译 / 153

全球治理：拯救国际关系？

　　　　[美] 托马斯·G. 韦斯　[英] 罗登·威尔金森 著　　郎 玫 译 / 173

悲观的西方，乐观的亚洲——评全球治理的三种视角

　　　　[英] 理查德·尤利 著　　郎 玫 译 / 194

第四部分　全球治理与国家治理

全球治理改革与美国的领导地位

　　　　[美] 斯图瓦特·帕特里克 著　　杨文静 译 / 213

新兴大国与全球治理的未来

　　　　[美] 迈尔斯·凯勒 著　　游腾飞 编译 / 231

全球治理舞台上的中国和印度

　　　　[德] 德克·梅斯纳　[英] 约翰·汉弗莱 著　　赵景芳 译 / 242

全球治理与发展中国家：盲点还是未知领域?
　　［法］丹尼尔·康帕格农　著　　谢来辉　译 / 263

第五部分　前景与未来

全球治理的过去、现在和未来
　　［法］帕斯卡尔·拉米　著　　竹　西　译 / 275

全球治理扩展至第三世界：利他主义、现实主义还是建构主义
　　［以色列］雅库布·哈拉比　著　　钟晓辉　译 / 280

重构全球治理
　　［英］戴维·赫尔德　著　　杨　娜　译 / 297

走向真正的全球治理
　　［英］托尼·麦克格鲁　著　　陈家刚　编译 / 314

总　序

陈家刚

全球化是人类历史深刻变化的过程，其基本特征是，在经济一体化的基础上，世界范围内产生一种内在的、不可分离的和日益加强的相互联系。随着全球化这种相互联系、相互影响的加深，诸多复杂的全球性问题也随之出现，例如国家间、国家与非国家行为体之间，以及各类非国家行为体之间的相互关系变化，全球经济金融危机、全球卫生和健康问题、全球性能源危机，以及气候环境问题等。全球问题的增加和积累使全球治理变得日益必要和迫切。虽然人们对"全球治理"的认识还存在分歧，并且用诸如"国际治理""世界范围的治理""全球秩序的治理"等不同概念来表述，但一般而言，"全球治理"是"治理"理念在全球层面的拓展与运用，二者在基本原则和核心内涵上是一致的，人们总是通过理解"治理"的理念来理解"全球治理"。全球治理的兴起，是全球化发展的必然趋势，也是应对全球性挑战、发展与转型的重要政治选择，是包括中国在内的所有国家必须面对的现实。

全球治理的兴起，既表明全球化所诱发的全球性问题的不断累积和威胁，也反映出既有全球性体制的局限和不足。全球化进程的加速及其对传统国家主权的冲击，是全球治理变得日益重要的主要原因。当武装冲突、人权问题、资源短缺、能源危机、粮食危机、生态恶化、贫困与饥荒、毒品与跨国犯罪、金融危机、传染病等越来越直接地变成全球性问题时，各个国家、机构或组织内在地需要通过采取联合的、共同的行动，通过具有约束力的国际规则或是各种非正式的安排解决全球性的问题，维护全球性的公共利益。全球问题反映了人类社会生活中共同内容，全球问题所带来的挑战就是人类面临的共同挑战，它所关涉的利益就是人类的共同利益。全球治理的主要目的是要避免全球体系内的危机和动荡。同时，加速发展的全球化带来的跨界和全球性问题，无法仅仅依赖具有自身利益诉求的民族国家得到解决，而是需要国家间以新形式的"超国家治理"为基础通过政治合作加以应对。全球治理中的国家、国际组织、区域组织、非政府组织等将以平等关系，共同承担对于全球性问题的责任。目前的国际体制难以有效解决当前的全球性问题，全球治理需要一系列多层次、多领域、多主体的制度安排。

全球治理超越传统的国际政治、国际关系解释模式，能够有效解决人类所面临的许多全球性问题，确立面向未来的、真正的全球秩序。全球治理超越了传统民族国家的界限，将民族国家与超国家、跨国家、非国家主体有机结合在一起，形成了一种新的合作格局。一些重要的国家集团、国际组织、国际非政府民间组织、非政府社团、无主权组织、政策网络和学术共同体等越来越多地影响全球治理规则和治理机制。全球治理在尊重差异的基础上，日益建构起"和而不同"的价值取向。有效的全球治理既要求各国遵循人类的共同价值，又要求尊重各国的文化传统和多样性需求，从而使人类因为全球化的发展而面临的共同问题有了新的解决路径。

全球治理需要创造一个包容性的结构，以应对各种不确定的预期和挑战。全球治理最大的一个挑战，就是民主超越了民族国家边界而拓展到全球层面后，如何能够更好地得到实践。其次，变革现有治理机制，完善和发展出一套新的全球治理机制，如何赢得越来越多的人们的认同？再则，全球性的治理合作面临着巨大的挑战，有效解决紧迫的全球性问题，还需要不同的行为主体进行合作，采取集体行动，不断完善治理能力。最后，全球治理的理想与现实之间的紧张关系依然存在，国家之外的其他行为者依然受到限制、全球和区域治理机制变得极其脆弱，全球性的公民参与对所有公民团体和政府都是挑战。因此，建构全球治理的长效机制，就需要在国家内的民主与全球民主之间建立起联系；推动全球范围内不同行为的透明度、责任与效率；建构具有公共协调与行政能力的新制度；在共同面对的全球性问题方面推动达成基本共识；重视协商、对话等有效协调机制和方式。推动全球治理发展，需要创造一个包容性的全球治理结构。

全球治理既是当代中国改革发展面临的严峻挑战，也是中国参与全球化进程、塑造大国形象的重要机遇。党的十八大报告明确提出"加强同世界各国交流合作，推动全球治理机制变革，积极促进世界和平与发展"。这是官方对于全球治理问题的最新理论概括和战略判断，它表明，中国正在成为全球治理的重要参与者和治理机制变革的推动者，明确了中国积极参与全球治理的战略选择。全球化的加速推进、全球问题的日益凸显，以及中国国家利益的实际需要，作为一种内在动力和外在诱因，都逻辑地要求中国积极参与全球治理。

全球治理，是一种民主的治理，国家、国际组织、区域组织、非政府组织等将以平等关系，共同承担对于全球性问题的责任；全球治理，是一种规则的治理，全球性规则是治理过程的权威来源，规则的制定与施行是各国及不同组织共同参与的结果；全球治理，是一种诉诸共同利益与价值的治理，维护全球利益是全球治理主体的共同责任；全球治理，是一种协商与合作的治理，维护全球秩序和利益必然是超越暴力和冲突，依赖于协商、对话和合作的治理。

长期以来，中央编译局世界发展战略研究部、中央编译局全球治理与世界发展战略研究中心，立足于中国特色社会主义现代化建设的实际，密切跟踪国际哲学社会科学前沿议题，深入研究全球治理和世界各国发展道路、发展战略，在诸如全球化、全球治理、社会资本、协商民主、风险社会等国际学术前沿领域，以及国家治理、廉政建设、生态文明、党内民主、基层民主、政党政治等重大现实论题等方面，始终处于学术研究前沿并发挥着引领的作用。

《全球治理译丛》总共包括8卷，出发点是结合全球治理理论的最新发展，选择若干重点领域，比较全面地收集整理重点研究成果，汇集成册，以为学术界开展深入研究提供基础性资源。本丛书的各卷主编既有中央编译局全球治理与发展战略研究中心的青年研究人员，也有合作网络的专家学者。他们系统梳理和研究全球社会组织、全球冲突与安全治理、全球金融与经济治理、全球劳动治理、全球互联网治理、全球生态治理、全球资源治理等领域，这既是他们基于自身学科实际选择的重点研究领域和方向，同时也符合研究中心密切跟踪国际学术前沿、积极拓展学术合作交流的特色。本丛书汇集的成果大部分是已经翻译并发表的成果，有些成果是各位主编联系作者获得的最新研究成果。当然，有些高质量的成果因为联系不上作者等原因未能收录，也是非常遗憾的事情。作为学术界的青年研究人员，由于水平、能力和经验的不足，在编选、翻译，以及编辑过程中存在这样那样的不足，也请学术前辈谅解并不吝批评。感谢中央编译出版社贾宇琰女士的统筹协调，以及各卷责任编辑的辛苦工作。

陈家刚
2016 年 12 月 20 日于北京

全球治理：兴起、挑战与前景

陈家刚

全球化是人类历史发展过程中最为深刻的变化过程，随着基于经济关系的依赖程度、密切程度的拓展，一种内生的、逐步延展和稳固的全球范围内的关系展现在人类面前。随着全球化这种相互联系、相互影响的加深，诸多复杂的全球性问题也随之出现。全球性问题的不断增加和累积使"全球治理"变得更为迫切、现实和必然。全球治理的兴起，是全球化发展的必然趋势，也是应对全球性挑战、发展与转型的重要政治选择，是包括中国在内的所有国家必须面对的现实。深化对于全球治理的认知和理解，将有利于正向地推动全球治理的实践与前景。

一、为什么要讨论全球治理

20 世纪后期，无论从理论研究还是就实践影响而言，全球治理（Global Governance）都受到国际社会的广泛关注，并且正在成为 21 世纪的焦点议题，极大地影响着人类的前景和命运。虽然人们对"全球治理"的认识还存在分歧，并且用诸如"国际治理""世界范围的治理""全球秩序的治理"等不同概念来表述，但一般而言，"全球治理"是"治理"理念在全球层面的拓展与运用，二者在基本原则和核心内涵上是一致的。

（一）治理理论的延伸与拓展

"冷战"后国际政治经济秩序新发展面临的形势就是全球化。"全球化时代"已经成为我们这个时代的普遍称谓。全球化在改变经济关系、经济活动运行机制的同时，也极大地影响着社会和政治关系、运行机制的发展和变化。全球化对传统的国家、政治体制与结构、政策过程都构成了严峻的挑战，普遍而深刻地影响着人类的生活。全球治理的兴起，是全球化发展的必然结果。

20 世纪 90 年代，世界银行、国际货币基金组织等国际金融组织，在评估受援国现状时，对"治理"和"善治"进行了专门研究，并将"善治（good governance）"作为基本的评估标准。对那些未达到其标准要求实现"善治"的国家，它们就会提出改革要求，促使其符合评判标准。1989 年，世界银行首次使用了"治理危机"的表述，并于 1992 年公布了"治理与发展"的研究报告。联合国有关机构于 1992 年成立了全球治理委员会，该委员会 1995 年发表了题为《天涯若比邻》的报告。联合国原秘书长科菲·安南在 2000 年联合国千年首脑会议上所做的报告系统阐述了全球治理。全球治理委员会认为，"治理是各种各样的个人、团体——公共的或个人的——处理其共同事务的总和。这是一个持续的过程，通过这一过程，各种相互冲突和不同的利益可望得到调和，并采取合作行动。这个过程包括授予公认的团体或权力机关强制执行的权力，以及达成得到人民或团体同意或者认为符合他们的利益的协议。"① 国际机构对新的政治机制的理解，从"治理"逐步发展到了"全球治理"。

1. 全球治理是全球性公共事务的管理方式

在全球治理委员会看来，"全球治理是公私机构管理其共同事务的诸多方

---

① ［瑞典］英瓦尔·卡尔松、［圭亚那］什里达特·兰法尔主编：《天涯若比邻——全球治理委员会的报告》，赵仲强、李正凌译，中国对外翻译出版公司 1995 年版，第 2 页。

式的总和，它是使相互冲突的或不同的利益得以调和，并且采取联合行动的持续过程。"①而在中国学者看来，"所谓全球治理，指的是通过具有约束力的国际规则解决全球性的冲突、生态、人权、移民、毒品、走私、传染病等问题，以维持正常的国际政治经济秩序。"②全球治理可以被看成是全球化时代人类管理全球性公共事务的方式，其重点是应对全球性问题，其目标是实现全球的公共利益。

2. 全球治理是一种管理机制或者说制度规则

全球治理意味着在全球政治领域中各种实践领域中的管理机制，正式或非正式地发挥有效的协调和组织作用。最为经典的概括就是詹姆斯·罗西瑙提出的"没有政府的治理"的表述。"全球治理可设想为包括通过控制、追求目标以产生跨国影响的各级人类活动——从家庭到国际组织——的规则系统，甚至包括被卷入更加相互依赖的急剧增加的世界网络中的大量规则系统"。③从制度规范来说，"全球治理意味着建立一个世界政府来制定法律和政策。对另一些人来说，它意味着简单地建立一些得到主权国家支持的促进共同理解和行动的制度。"④可以说，全球治理的重点是形成并执行一套权威性的制度规范。

3. 全球治理是不同行为主体之间的合作

日本学者认为，"全球治理既不能理解为全球政府或世界政府，也不能看作是民族国家行为体的简单组合，它是国家与非国家行为体之间的合作，以

---

① ［瑞典］英瓦尔·卡尔松、［圭亚那］什里达特·兰法尔主编：《天涯若比邻——全球治理委员会报告》，赵仲强、李正凌译，中国对外翻译出版公司1995年版，第2—3页。
② 俞可平：《全球治理的兴起》，载《学习时报》，2002年1月28日。
③ J. N. Rosenau and E. O. Czempeil, *Governance without Government: Order and Change in World Politics*, Cambridge: Cambridge University Press, 1992, p. 9.
④ 转引自俞可平：《民主与陀螺》，北京大学出版社2006年版，第90页。

及从地区到全球层次解决共同问题的方式。"① 全球治理不仅意味着正式的制度，例如国家、政府间组织通过制定规则维护世界秩序，也意味着其他各种类型的组织和团体，例如跨国公司、多边组织对全球性事务的影响。虽然联合国及其体系、世界贸易组织和相关经济金融体系，以及各国政府的活动是全球治理的核心因素，但它们不是唯一的。正确理解全球治理的内涵、形式、动力和方向，应该将社会运动、非政府组织、区域性的政治组织、议题网络、政策网络、全球公民社会、跨国联盟、跨国游说团体和知识共同体等纳入观察和分析范围之内。

综合起来讲，所谓全球治理，就是在具有约束力的国际制度和规范框架内，各种不同的行为者，通过协商合作，共同应对全球性的经济、政治、环境、健康和安全等问题，以维持正常的全球共同利益和秩序。在一个日益相互依存的世界，人们不仅关心就真正的全球性公共问题达成全球性制度和规范，加强对共同事务的有效管理，而且会以多边合作的形式，对存在于某个民族国家之内，但也有着全球性影响的问题与事务进行合作与协调。全球治理的兴起，既表明人类对全球化时代所面临的共同问题和命运的认知和理解，也意味着共同努力追求全球性安全和繁荣的实际行动。

（二）全球治理兴起的动力

首先，全球治理兴起的最根本的动因，就是全球化及其所诱发的全球性问题，"全球化进程的加速及其对传统国家主权的冲击，是全球治理变得日益重要的主要原因"。② 而我们从全球治理的目标与宗旨中也可以看出这一点。"发展一整套包括制度、规则及新型国际合作机制在内的体制，以此为基础不

---

① ［日］星野昭吉：《全球政治学——全球化进程中的变动、冲突、治理与和平》，刘小林、张胜军译，新华出版社 2000 年版，第 277—278 页。
② 俞可平：《全球治理的趋势及我国的战略选择》，载《国外理论动态》，2012 年第 10 期。

断应对全球挑战和跨国现象所产生的问题。"① 每个国家应对全球问题的举措和解决路径形式不一、程度相同,但是因为全球性问题超越了国家和区域的边界,凸显的是其全球性和公共性,所以全球治理就具备了发挥作用的空间和平台。全球性问题是人类面临的共同问题,其带来的挑战也是人类面临的共同挑战,其涉及的利益也是人类的共同利益。全球治理的主要目的,是在全球化与地方化、一体化与碎片化、顺应与抵制并存的总体环境中动态调整权威的分布结构,避免全球体系的危机和动荡,维护全球秩序。因此,当生态恶化、经济与金融危机、地区冲突、能源危机、毒品与跨国犯罪、健康与卫生等越来越直接地演变成全球性问题时,各个国家、机构或组织就需要协商对话,达成采取联合的、共同行动的共识,借助具有约束力的全球性规则或是各种非正式的安排来解决共同问题,从而维持正常的国际秩序,实现全球性的公共利益。

其次,从20世纪70年代以来,相互依赖和技术的飞速发展逐渐让人们认识到,仅凭单个国家的力量无法解决许多问题。国家在明显的多边主义危机的语境下,解决这些议题的能力和意愿的显著不足。非国家行动者在数量和重要性上的纯粹扩张,特别是公民社会和以盈利为目的的公司,尤其是那些具有跨国影响力的公司,在全球事务中发挥着越来越显著的作用。全球化带来的跨界和全球性问题,无法依赖具有自我利益的国家单独加以解决,而是需要国家之间以某种新的形式,例如"超国家治理"加以应对。"在这个日益相互联系的世界上,这些全球性问题的解决不能单靠某一个国家来完成,无论国家擅长与否,充分解决这些紧迫的问题,需要国家之间进行集体协作、采取共同行动。"②全球治理中的国家、国际组织、区域组织、非政府组织等将以平等关系,共同承担对于全球性问题的责任。

第三,现有的全球性治理机制、治理手段存在明显的局限。联合国是当

---

① 转引自 [德] 德克·梅斯纳、[英] 约翰·汉弗莱:《全球治理舞台上的中国和印度》,载《世界经济与政治》,2006年第6期。

② [英] 戴维·赫尔德、[英] 凯文·扬:《有效全球治理的原则》,载《南开学报》(哲学社会科学版),2012年第5期。

前最为主要的全球性治理主体,但是囿于大国关系、运作机制、关注重点、治理能力等各种历史与现实的因素,在应对国际金融危机、全球气候变化、移民难民问题、打击跨国恐怖主义等问题上,随着具有潜在威胁的问题的交织结构与复杂性,联合国仅仅依靠自身的力量来化解面临的危机和动荡,存在相当的难度。事实上,上述问题显然无法利用一个单一的、集中权力的治理体系来解决。全球治理需要各种多层次、宽领域、多主体参与的制度安排。联合国、各民族国家应该有能力发展、培育"新"的全球行动者去解决这些问题。

(三) 寻求新解释的需要

全球化既不是一个同质化的过程,也不是一个平衡发展的过程。它正在加快并强化各个层次的经济和社会互动。全球化过程各种看似对立的因素却一直存在着,例如全球化和地方化趋势并存;一体化和碎片化相互影响;顺应和抵制同时起作用。在全球化的时代,虽然国家的权威在很多重大问题上正面临着挑战,但它依然是治理的核心。不过,这种核心作用正在消减。国家创设的政府间组织在逐步地拓展自身的权威,试图脱离其掌控;地方性的和国际性的非政府组织变得越来越多,并正在极力建构自身的权威和资源。信息和互联网技术的进步为全球性活动中的不同行为者提供了更多的手段。与国家内部治理情形有区别的是,全球范围内的集体行动面临着理论上和实践上的挑战。

因为治理所涉及的不仅仅局限于政府自身,所以,当人类面临着全球性的经济社会发展与变革的现实时,就明显需要一个针对当下现状的新的解释与分析路径。"要使全世界有计划地行动起来,就需要一个理论框架来把握这样一个现实,即超国家管控甚至力量均衡的概念如今都不再具有可行性了。"[①]

---

① [美] 托马斯·G. 韦斯:《治理、善治与全球治理:理念和现实的挑战》,载《国外理论动态》,2014 年第 8 期。

"全球治理"这一概念,可以理解一个尝试。借助这个工具,人们可以把握和描述国际体系面临的持续加快的转型。当然,"分析家们当然不满于用传统的框架和词汇来描述国际关系;今天的概念工具还只是初步意义上的"。①

在全球社会政治结构转型过程中,不断扩大的参与、对社会公正和共同利益的优先考虑、可持续性的发展,以及协商合作共识等治理机制,越来越广泛地得到人们的认同。由此,遵循这些原则的组织形式到底是什么?他们构建、创造和确立的权力来源和权威形式是什么?以及这些形式会导致什么样的后果?对全球治理这一术语含义的普遍困惑导致了大量棘手问题的出现,其中最为关键的是,是否有科学的、客观的标准来区别全球治理与国际政治。"我们不仅仅应该将全球治理认为是后冷战多元化时代的一个描述性符号,更应该将全球治理看成是关于'在不同历史时期世界是如何治理、如何组织和如何变得有序的'等问题的一个有序集合。"②

所有重要的学术概念在形成、传播过程中都会面临激烈的争论甚至质疑,而且对概念的理解当然也会存在各种不同的主观认知。因此,"对全球治理的反思不应该是对某种'正确'概念的毫无根据的或者徒劳无益的探求。相反,它应该是一种对它深处于其中的具体的历史语境(即多维度的全球化)所进行的探索。"③ 哲学、政治学、经济学、社会学、国际关系学等,深化对全球治理的分析和认知,既要关注当下最为直接的挑战和问题,也要依赖于具体的社会和历史环境。只有这样,逐步累积的全球治理的知识,才能够促进我们对于当前全球性变革的历史基础、深刻根源和现实变化的理解,所有这些,都需要一个明晰的"全球治理"解释路径。

---

① [美]托马斯·G. 韦斯:《治理、善治与全球治理:理念和现实的挑战》,载《国外理论动态》,2014 年第 8 期。

② [美]托马斯·G. 韦斯、[英]罗登·威尔金森:《全球治理:拯救国际关系?》,引自 *Global Governance*,2014 (20), pp. 19 – 36。

③ [法]丹尼尔·康帕格农:《全球治理与发展中国家:盲点还是未知领域?》,载《国外理论动态》,2013 年第 4 期。

二、全球治理的价值、重点与分歧

(一) 全球治理的价值

首先，全球治理超越了传统民族国家的界限，将民族国家与超国家、跨国家、非国家主体有机结合在一起，形成了一种新的合作格局。民族国家依然是国内和国际政治生活的主体，从而也是全球治理的主体，但一些重要的国家集团和国际组织如联合国、世界贸易组织、国际货币基金组织、世界银行、二十国集团（G20）、东南亚国家联盟、上合组织、亚洲基础设施投资银行等开始超越各主权国家的传统边界，深度参与全球事务，对国际社会的政治经济进程产生直接的重大影响。一些非政府的国际民间组织、各种跨国社会运动、无主权组织、政策网络和学术共同体、慈善组织、绿色组织等正在迅速增加。它们既在国内影响民族国家的政策制定和实施，也在国际上影响全球治理规则的制定和全球治理机制的形成。

其次，全球治理使人类面临的共同问题有了新的解决路径。全球治理势必要涉及经济与金融危机、气候变暖与环境恶化、疾病蔓延、人道主义灾难、极端主义和恐怖主义等威胁人类生存的重大问题。单一国家或组织无法独立应对和解决这些问题。因此，在民族国家寻求独立自主处理上述挑战时，全球治理又提供了新的选择，即全球范围内的各种协作会形成巨大的合力、责任和能量，从而给予有效化解。

第三，全球治理在尊重差异的基础上，日益建构起既具有普遍性，又尊重特殊性的价值取向。全球治理的价值，就是国际社会所要达到的理想目标，也是得到各个国家普遍认同的追求，也就是全人类都接受的价值，例如自由、平等、公平正义、责任、合作、透明、廉洁等。这些价值应当是超越国家、种族、宗教、意识形态、经济发展水平等之上的全人类的价值。但全球治理同时尊重将差异性容纳进其普遍性诉求之中。有效的全球治理既要求遵循人类的共同价值，又要求尊重各国的文化传统和多样性需求。

（二）全球治理的重点

1. 国家与非国家行为者

全球治理意味着在全球性事务中，行为主体已不再局限于国家本身，或者正式的政府间机构。非国家行为体参与全球型网络化管理的特征日益显著，非政府组织（NGO）、企业、个人都已经逐渐成为全球治理的重要参与主体。一方面，要认识到国家的作用依然强大，"尽管在全球化影响下，国家中心治理的主导地位受到来自超国家中心治理的挑战，但总体而言，国家中心治理依然保持着相对的优势地位。"[1]另一方面，必须承认，国家不再是唯一的权威行为者。例如，在解决全球经济平衡和气候变化问题时，最理想的情境是达成多边合作共识，而非仅仅局限于若干国家行为者。因此，如何认知全球治理中的多元行为主体，如何在充分发挥国家的有效领导力的同时，容纳多样性的存在和影响力，是构建全球治理结构的重要内容。

全球治理要求非国家行为体发挥更为积极主动的作用。联合国、国际货币基金组织、世界银行、欧盟、东盟、非盟等，以及大型跨国公司、慈善组织、环境保护组织，乃至个人行为者，都将成为全球治理的重要角色。当然，全球治理机制在限制国家行为的同时，例如加入世界贸易组织的国家必须接受其争端解决机制权威性；也限制了社会的选择范围，例如非国家行为者如果缺乏合法性，那么其得到的支持就将是非常有限的。"全球性规则也会对个人产生不利的影响。如果这些机构缺乏合法性，它们的权威就无从找寻，也无权享有民众的支持。"[2] 全球治理机制在带来收益的同时也增加了挑战。

---

[1] ［日］星野昭吉、刘小林：《全球治理的结构与向度》，载《南开学报》（哲学社会科学版），2011 年第 3 期。本文为教育部哲学社会科学研究重大课题攻关项目（10JZDH047）。

[2] ［美］艾伦·布坎南、［美］罗伯特·基欧汉：《全球治理机制的合法性》，载《南京大学学报》，2011 年第 2 期。

2. 合法性

全球治理的合法性意味着权威和权力的运行过程能够得到认同。我们可以将其理解为全球治理的行为主体具有制定规则以及试图确保这些规则得到遵守的正当性，服从规则的民众有理由去遵循规则或者至少不干扰他人服从规则。

阐释全球治理机制合法性需要一套规范的标准，这种标准能够提供对全球治理机制进行客观评判的基础，当不同政策对象群体或个体因这些机制未能满足其对全球性公平正义的需求而产生不满诉求时，就能够推动进一步的变革。全球治理机制要确保其合法性，就必须能够引导公众遵循民主和法治的原则，区分合法与不合法、公平与不公平的治理机制，从而对合法性的评判达成合理的一致。"如果确立广泛认可的标准，无论是合乎该标准还是努力去达成该标准，都会增进有价值的全球治理机制的公众支持度。"[①]具有合法性的全球治理机制应该能提供并维护国家无法供给的权益和秩序。

全球治理的合法性，并不一定与民族国家的合法性标准保持一致。它也不像国家政府一样在其领土内行使垄断暴力。全球治理的合法性，需要得到全球治理过程的行为者的认同和支持；其次，全球治理的合法性，应该合乎最低道德接受度、相对获益和机制的整体性；三是需要具备一定的认知优势，以便于做出可靠判断。全球治理的合法性，应该是持续的、可调整的、灵活的。这样，才能够保证全球治理的顺利运转。

3. 全球治理与民主

全球治理最大的一个挑战，就是民主超越了民族国家边界而拓展到全球层面后，如何能够更好地得到实践。人们面对全球性问题时，一方面是全球利益，另一方面是国家利益。全球性的民主，怎样来解决全球性的问题呢？

---

① [美] 艾伦·布坎南、[美] 罗伯特·基欧汉：《全球治理机制的合法性》，载《南京大学学报》，2011年第2期。

随着民主国家的力量被全球化力量超越,有必要正视这种民主空间的扩展,"世界主义的民主"就是从正在出现的全球公共空间扩展之中想象出来的。欧盟作为一个鲜活例证,为此提供了一定程度的解释。在戴维·赫尔德看来,"欧盟在设计更有效和更负责的超国家治理方面有着直接的经验。它提供了一种没有国家治理的新的思维方式,鼓励一种相对更为民主的全球治理。此外,在为体系结构的改革和全球治理的运作建立全球选区方面,欧洲仍然处于战略地位"。①

但是,全球治理的民主,也面临着严峻的挑战。一方面,如果全球性问题的解决无法满足某个国家或区域利益对象的认可,那么这种民主就可能被具有排他倾向的民粹主义侵蚀而受到削弱;另一方面,如果政治规模、政治技术有局限性,或者参与者确信其无法参与政策过程,或者意识到被政策过程忽略,那么这种民主也仍然存在危险。"无论是欧洲治理还是全球治理,我们今天的制度设计比以往任何时候都更需要给予民众参与的途径,使他们真正参与塑造未来世界,塑造他们希望传承给子孙后代的世界。"②因此,推动全球治理中的民主,最为关键的是创造更多的规范性制度平台,将更广泛的民众纳入治理过程之中。

(三)全球治理的认知差异

全球治理理论形成于20世纪90年代初期,围绕全球治理的概念,各国学者形成了各种不同的认识,由此诱发了一系列理论探讨。在这种情境下,关键性的挑战是建立一个综合性的全球治理架构,以便处理日渐增多的世界性问题和促进全球相互依赖。换言之,全球治理理论认为当前面临的主要挑

---

① [英]戴维·赫尔德、[英]凯文·扬:《有效全球治理的原则》,载《南开学报》(哲学社会科学版),2012年第5期。

② [法]帕斯卡尔·拉米:《全球治理的作用是什么?》,载《中国党政干部论坛》,2011年第2期。

战是如何强化合作性的全球多边主义。① 客观地讲，全球治理理论并没有形成一个严谨的、统一的理论体系。各国研究者的研究是独立的、开放的，各种不同的观点也是充满争论的。因为侧重点不同，关于全球治理的认知也存在显著差异。

1. 全球治理是换个说法的国际政治

例如，有学者认为，全球治理的含义已经超出了表达当前全球权力复杂性的范围，此概念已经不仅限于传达一个复杂的全球性权威观念。全球治理"已经转变成了国际组织的别名、描述被更多行动者充塞的世界舞台的符号、为更好的世界而战的号令、控制因经济和社会飞速变化带来的负面影响的尝试，以及世界政府的同义词"。② 现实主义反全球治理观点认为，"全球化并没有改变国家权力的属性"，也就是说，全球化在一定程度上侵蚀着国家的管理权限，但是在国家主权的基本属性上没有任何显著的变化。在国际政治的现实中，国际机制与全球治理仍然都是以国家利益为基础，在协调各方利益之上达成的一种协议。奥兰·扬也认为，所谓"全球治理"实际上只是各种国际机制，包括政府间机制以及非政府组织参与的国际机制的总和。③ 全球治理在本质上与国际机制没有太多区别，只是一种新的表达而已。

2. 当代全球治理是基于现实主义分析的国际无政府状态与世界国家的过度阶段

"'全球治理'可以追溯到国际关系专业的学者对现实主义理论和自由制度主义理论越来越多的不满，而这些理论在20世纪70年代到80年代却构成了国际组织研究的主流。特别的地方在于，这些模式和理论未能准确地把握

---

① ［德］德克·梅斯纳、［英］约翰·汉弗莱：《全球治理舞台上的中国和印度》，载《世界经济与政治》，2006年第6期。

② ［美］托马斯·G. 韦斯、［英］罗登·威尔金森：《全球治理再思考？复杂性、权威、权力与变迁》，引自 International Studies Quarterly, 2014 (58), pp. 207–215。

③ Oran R. Young, International Governance: Protecting the Environment in a Stateless Society, Ithaca: Cornell University Press, 1990.

全球化时代非国家行为者数量的迅速增加和影响力的迅速增强以及技术的重要性。"① 当前的政府间组织毫无疑问有助于减少交易成本，克服国际合作的某些结构性障碍，所有研究国际应对2004年海啸或持续的人道主义危机的人都清楚这一点，对此我们看到了一群伸出援手的人：来自许多国家的士兵、联合国组织、大型和小型非政府组织，甚至沃尔玛。②全球治理与传统权力政治不同，而未来的政治结构也似乎并非如全球治理所描述的那样，全球治理是一个过程、阶段，其中产生了能够解决当代或未来全球威胁的结构和秩序。

3. 全球治理是一种没有强制性政治统治的治理方式，是一种多中心的治理状态

许多类似罗西瑙教授的研究者论证全球治理，主要的结论都没有消除国家这个中心，而是论证全球治理并不排除国家发挥重要的作用。"国内政治与全球政治的差别并不在于政府的存在与否，而在于治理的程度不同。"③ 在2000年发表的一篇论文中，罗西瑙就全球治理问题提出了"新复合多边主义"的观点，他主张"以联合国及其相关制度为中心，拓宽多种国际机制与跨国合作政策的网络"④。全球治理理论对传统国际关系理论构成了一定程度的挑战。

4. 全球治理为人们观察世界政治提供了一个特殊视角

全球治理研究拓展到一种"多中心的"世界，弥补了该学科之前仅关注"以国家为中心的世界"的不足；拓展到了对于全球性共同问题的关注，弥补了过去对于国家问题、某个侧面问题关注的不足。

---

① ［美］托马斯·G. 韦斯：《治理、善治与全球治理：理念和现实的挑战》，载《国外理论动态》，2014年第8期。

② ［美］托马斯·G. 韦斯、[英]罗登·威尔金森：《全球治理再思考？复杂性、权威、权力与变迁》，引自 *International Studies Quarterly*, 2014 (58), pp. 207–215。

③ James N. Rosenau and Ernest-Otto Czempeil (eds.), *Governance without Government: Order and Change in World Polities*, Cambridge: Cambridge University Press, 1992, p. 7.

④ Rosenau, James N., "Toward an Ontology for Global Governance", in *Approaches to Global Governance Theory*, Hewson, Martin Timothy J. Sinclair (eds.), Albany: State University of New York Press, 1999.

全球治理的各种不同用法，事实上都是为分析全球变革提供更多更丰富的研究方法和路径。应该认识到，全球治理面临着一个一体化和碎片化的背景，面临着各种不同的认知和理解，面临着建构过程中的不同路径和手段。面对挑战，全球治理亟需更加集中的主题和方法。

三、全球治理畅通无阻吗？

变革现有治理机制，完善和发展出一套新的治理机制，越来越多地得到人们的认同。在围绕全球变革的根源、重点和影响的讨论中，全球治理理论正在兴起和逐步拓展。但是，全球治理会曲折地前行，还是一帆风顺呢？

1. 全球治理观念的挑战

在全球治理概念的使用上，目前有多种不同的差异性用法。例如，从试图追溯国际关系与政治的广泛变化角度来使用的；关注当代世界组织处理全球性问题能力的变化所具有的潜在意义的；关注推动全球治理的新兴的政治社会力量的，等等。实际上，无论是研究者政治视野的变化，全球政治经济中跨国企业和精英的权力增长，还是全球性组织的兴起，尤其是全球互联网的影响和信息精英的崛起，都值得更加深入地加以思考。另外，全球治理一词可能不仅意味着治理是真正全球层面的，也意味着全球性（或者其中的大部分地区）事务都受到人们的关注并得到了真正的解决。"现实中，全球治理的领域通常分为具体的问题领域，比如全球经济治理、全球环境治理或者全球卫生治理。"[①]虽然"全球治理"的概念已经广为使用。但是，也有学者认为，全球治理并不是一个非常有用的概念，它含糊不清，并不精确，更糟糕的是它具有误导性。所谓的全球治理实际上是新自由主义的全球治理，服务

---

① [德] 克劳斯·丁沃斯、[荷] 菲利普·帕特伯格：《如何"全球"与为何"治理"？全球治理概念的盲点与矛盾》，载《国外理论动态》，2013年第1期。

于资本在全球范围内积累的自由。① 也有人认为，全球治理概念是一个无所不包的概念。全球治理"似乎什么都是"的潜台词就是它没什么用处，它过于广泛和复杂。因此，真正厘清全球治理的内涵、边界、重点、价值诉求，依然是社会科学家，而不仅仅是历史学家的事情。

全球治理的领域远远超越了政府的边界，它在本质上是多维度的，也是全球性的。研究和理解全球治理，既要研究全球治理的程度和范围，也要研究有着多种形式的全球治理现象。"虽然治理的概念仍然定义松散且一直富有争议，但是它提出了一系列问题，这些问题如果用更加传统的概念工具来处理会更难理解，解决起来也要困难得多。"② 社会现实的多维度之间是相互交叠的，全球治理是分析社会现实的一个新视角，分析的路径应该是超越单一学科的，也不应纯粹割裂为国际关系研究、政治学研究、经济学研究。

2. 全球性问题的挑战

在具体问题方面，全球化给我们带来了三个大的方面问题：全球关心的气候与环境问题，例如全球变暖、生物多样性危机和生态系统损失、水缺乏；可持续发展问题，例如消灭贫困、冲突防止、全球传染性疾病控制；以及全球性的规则，例如核不扩散、有毒废物处置、知识产权保护、遗传研究规则、贸易规则、金融和税收规则等。在相互联系日益增多的世界，全球性问题已不再是单个国家的行动可以解决的。若要充分解决这些紧迫的全球性问题，世界各国必须进行合作，采取集体行动，不断完善治理能力。但是显然，全球性的治理合作面临着巨大的挑战。全球性公共品的提供、全球性危机与挑战的应对，需要更加密切的合作与网络，需要一致性的集体行动。全球治理是一种超边界的政治形式，而不是一种去政治化的管理方式。它将国内的、全球性的正式与非正式的治理机制及行为联系并整合起来，以追求一种超越

---

① [荷] 亨克·奥弗比克：《作为一个学术概念的全球治理：走向成熟还是衰落？》，载《国外理论动态》，2013年第1期。

② [法] 丹尼尔·康帕格农：《全球治理与发展中国家：盲点还是未知领域？》，载《国外理论动态》，2013年第4期。

国界的全球性秩序和利益。

3. 全球治理机制的挑战

面对全球性变革，（1）理想愿景与现实的紧张关系依然存在。"当今世界的统治权如果不是掌握在世界各大主要跨国公司的总部手中，就是正日益被非正式的、不民主的、不具代表性的世界领导人聚会（七国集团或者八国集团）所掌控，或者日益被聚集在精英度假村（比如世界经济论坛）的政治家、商界领袖、媒体作家以及各种其他现实世界中的行业精英们所掌控。"①（2）国家之外的其他行为者依然受到限制。"全球共同体"还是一个设想，而且在很多时候"全球治理"意味着一种弱肉强食的体系，非国家行为者的参与依然困难重重。（3）全球或区域性治理机制显得极其脆弱，联合国、欧盟等具有一定代表性的机构都遭到了各种挑战的削弱。面对全球挑战，没有人或者集团和机构提出具有远见卓识的纲领或者发展计划。（4）全球范围内为公民参与提供更大范围的机会并增强其责任的机制还需要进一步完善和巩固，等等。

正如赫尔德所说的那样，"我们面对诸多挑战：利益攸关者与决策者要相互配合，为所有受全球公共物品影响的行为体创造发言的机会；资助全球公共物品体系化，动机必须正确，并且为这些公共物品活动提供充足的公共与私人资源；跨越国家边界、不同部门和行为体集团，推动机制间互动并为政策制定和战略管理营造充足的空间。全球政治进程的失败或不充分是由国际竞争中形成的决策圈与具体公共产品外溢范围的不匹配所造成的。如何使那些需要协商（或参与决策）的行为体与谈判中公共物品的外溢范围保持一致确实是一个现实的挑战"。②

全球治理，是一种民主的治理，国家、国际组织、区域组织、非政府组

---

① ［荷］亨克·奥弗比克：《作为一个学术概念的全球治理：走向成熟还是衰落？》，载《国外理论动态》，2013 年第 1 期。

② ［英］戴维·赫尔德：《重构全球治理》，载《南京大学学报》（哲学·人文科学·社会科学），2011 年第 2 期。

织等将以平等关系,共同承担对于全球性问题的责任;全球治理,是一种规则的治理,全球性规则是治理过程的权威来源,规则的制定与施行是各国及不同组织共同参与的结果。全球治理,是一种诉诸共同利益与价值的治理,维护全球利益是全球治理主体的共同责任。全球治理,是一种协商与合作的治理,维护全球秩序和利益必然是超越暴力和冲突,依赖于协商、对话和合作的治理。建构全球治理的长效机制,就需要做出如下的努力:多层治理机构与权威的分散;在国家内的民主与全球民主之间建立起联系;推动全球范围内不同行为的透明度、责任与效率;建构具有公共协调与行政能力的新制度;在共同面对的全球性问题方面推动达成基本共识;重视协商、对话等有效协调机制和方式。可以认为,上述内容确立了平等权利、共同参与、多方协作、共同利益的框架。应对全球性问题,推动全球治理发展的重要步骤,就是要创造一个包容性的全球治理结构。

四、全球治理与中国

中共十八大报告明确提出"加强同世界各国交流合作,推动全球治理机制变革,积极促进世界和平与发展"。这是官方对于全球治理问题的最新理论概括和战略判断,它表明中国正在成为全球治理的重要参与者和治理机制变革的推动者,明确了中国积极参与全球治理的战略选择。首先,中国官方第一次在党的重要文献中以"全球治理"取代了"全球经济治理",意味着中国不再把全球治理仅仅局限在经济领域,它同时也涵盖了政治、安全、社会和其他新领域的全球治理内容;其次,首次使用"全球治理机制"的概念,表明中国观念中的全球治理,不只是一种外交事务和世界现象,而且是一种机制和制度,是一种新的世界秩序;再则,世界格局和秩序正在发生"深刻变革",这就意味着"全球治理"正在从西方主导的合作过程,发展为东西方、南北方共同参与的合作过程。这种转型发展既关系到国际体系的变革,也必将影响到各国的治理理念和制度安排。

全球化的加速推进、全球问题的日益凸显,以及中国国家利益的实际需要,作为一种内在动力和外在诱因,都从逻辑上要求中国积极参与全球治理。第一,中国参与全球治理是经济社会改革与发展的内在要求。改革开放以来,中国的经济社会发展取得了快速的发展变化和成就。但是,与世界发达国家相比,中国的发展,依然存在很大的差距。全球化给中国提供了有利的战略机遇期,积极参与全球治理,将为中国自身创造更好更为有利的环境与条件。第二,中国参与全球治理是国际政治经济新格局重构的客观需要。没有中国的全球性参与,全球化是名不副实的。"中国崛起是全球化发展的重要组成部分,中国顺应并利用了现有的国际治理机制,保持了全球市场对中国的开放。但是,同时也应当看到中国的崛起对整个治理机制包括观念、规则和运行构成了较大的冲击。"①一方面,国际社会对正在"崛起"的中国在全球治理中发挥更大作用持有较高的期待。另一方面,日益全球化的中国需要进一步参与全球治理,这不仅是维护中国自身发展和安全利益的需要,也是中国作为大国的责任所在。第三,中国参与全球治理是应对全球性挑战的战略选择。随着全球化进程的发展,人类面临的共同的全球性挑战越来越复杂。作为世界上最大的发展中国家,无论是对内还是对外,中国对维护全人类共同利益都具有当然的责任,并且在国际事务中承担了越来越大的责任。"中国参与全球治理机制的态度和角色也应该有相应的调整和变化,即在对待全球治理机制的态度上从消极被动向积极主动的转变,身份定位上从谨慎保守者向开放务实者的转变,从参与者向引领者的转变。"②

积极参与全球治理既有利于促进中国的持续繁荣和发展,也有利于世界的发展。但中国显然不同于诸多发达国家,中国参与全球治理前景光明,但面临诸多挑战。例如,中国不是全球治理理论的生产者,因此,中国参与全球治理,应该重视理论准备,积极推动全球治理的知识储备和知识共享;中国参与全球治理,应更加注重在全球事务中发挥价值观引领的作用;中国参

---

① [美]约瑟夫·S.奈等主编:《全球化世界的治理》,王勇等译,世界知识出版社2003年版,"译者序"。

② 石晨霞:《全球治理机制的发展与中国的参与》,载《太平洋学报》,2014年第1期。

与全球治理，应该更好地在承担相应的责任与自身发展实际之间寻求平衡；中国参与全球治理，既要遵循既有的国际制度和规则，又要善于影响国际新规则的形成和制定；中国参与全球治理，既要发挥国家的作用，又要培育和发展国际非政府组织，发挥其支撑和配合的作用。

因此，在参与全球治理的进程中，中国应着重于强调公平、包容、有效、问责和能力为全球治理的核心，致力于推动改革和完善全球治理结构和机制，反映国际政治的多极化、世界经济的全球化、国际关系的民主化、世界文明的多样性的趋势和特点，从而成为国际社会负责任的、可预期的建设者、引领者。

第一部分 | 理论与价值

治理、善治与全球治理：理念和现实的挑战*

[美]托马斯·G. 韦斯 著　　张志超 译**

"治理"（governance）现在成了一个流行的概念，但它像人类历史一样古老。本文关注的是20世纪80年代和90年代理论界的争论，因为这个术语主要是从这一时期在发展研究领域流行开来，并在国际公共政策话语中崭露头角的。许多学者和国际关系领域的工作者所说的"治理"涵盖一整套复杂的结构和过程，其中既有公共的，也包括私人的，而在较为通俗的作品中，这个词却成了"统治"（government）的同义词。

就后一种用法而言，治理是指国家行政管理体系的一般属性。《韦氏新编国际关系辞典》给这个词下的定义与《纽约时报》或《经济学家》的记者们下的定义是一样的：治理是指"统治的行为、方式、职位或权力"；"被统治的状态"；"统治或规制的方法"。根据莫顿·博阿斯（Morten Boas）的梳理，治理概念本来只在学术讨论中广泛使用，后来才出现在全球层面的研究中。比如，它曾经被广泛用于商业文献，用来指称企业的微观行为。戈兰·海登

---

* 原文载于 *Third World Quarterly*，2000年第5期（总第21卷），译文有删节。本文原载于《国外理论动态》，2014年第8期。

** 作者简介：托马斯·G. 韦斯（Thomas G. Weiss），美国纽约城市大学政治学系教授。译者简介：张志超，中央编译局马列部二级翻译。

（Goran Hyden）认为，它主要是指掌管政府等公共机构或运营带有社会性质的私人机构。

与此相反，研究国际关系和国际文职官员的分析家专门使用这一术语来描述那些超越"政府"及其被授予的合法权威的现象。作为最了解这一术语的美国学者，詹姆斯·罗西瑙（James Rosenau）认为，无论在草根层面还是在全球层面，它"涵盖了政府的行为，但也包括许多其他的渠道，通过这些渠道'命令'可以通过确定目标、发出指示和制定政策等形式传导下去"。

在过去的20年间，围绕着这一术语已经形成了一个研究领域。自20世纪80年代早期以来"治理"特别是"善治"一直充斥着发展研究的话语体系；在国有和私人银行以及公私捐助人的赞助下，还举办了专题研讨会和各种其他活动。此外，在许多学者和著名的委员会的出版物中，这一术语也被广泛用作解决当代全球性问题的药方。

就国家内部而言，治理的兴起可以追溯到人们对国家主导的经济社会发展模式的不满，而在20世纪50—70年代，这些模式在整个社会主义阵营和许多第三世界国家却非常流行。就国际层面而言，"全球治理"可以追溯到国际关系专业的学者对现实主义理论和自由制度主义理论越来越多的不满，而这些理论在20世纪70—80年代却构成了国际组织研究的主流。特别的地方在于，这些模式和理论未能准确地把握全球化时代非国家行为者数量的迅速增加和影响力的迅速增强以及技术的重要性。

本文认为，理念和概念无论好坏，都会产生一定的影响。1936年，凯恩斯在评论政策的作用和"信口胡诌的学者"时写道："经济学家和政治哲学家的理念无论正确还是错误，其影响都比人们普遍认为的更大。"因此，本文力图纠正这样一个事实，即直到最近，理念——不管是经济学还是其他方面的——仍然为国际关系的研究者所忽视。这里主要关注的是治理、善治和全球治理的兴起，以及联合国在这些概念兴起过程中发挥的作用。

一、治理与善治

国际组织曾经是基于无可争议的国家主权而建立的。但尽管有联合国宪章第 2 条第 7 款的约束，主权原则和不干涉国家内部事务的原则还是遭到了抨击。联合国前秘书长布特罗斯－加利曾撰文指出："排他性的绝对主权已经过时了。"在国际组织和对话平台中，主权的法律地位和正当性也不断受到挑战。而且，自联合国建立以来，治理的氛围也有了巨大的变化。事实上，从下文各个国际组织对治理的不同观点可以看出，治理的定义是多样的。

世界银行：治理是指在管理一国经济和社会资源时行使权力的方式。世界银行明确了治理的三个不同的方面：（1）政治体制的形式；（2）在以发展为目的而管理一国经济社会资源时行使权力的过程；（3）政府设计、制定和实施政策的能力以及履行义务的职能。

联合国开发计划署：治理是指管理一国事务的经济、政治和行政权威在各个层级的实施。它包括公民和团体借以表达其利益、行使其法定权利、履行其义务和协调其分歧的机制、程序和制度。

经济合作与发展组织：治理的概念是指在一个社会中行使政治权力和实施控制，以便管理其用于社会经济发展的资源。根据这一宽泛的定义，公共权威可以发挥作用来营造经济领域的就业环境，并确定利益的分配以及统治者和被统治者之间关系的性质。

渥太华治理研究所：治理包括一个社会中的这样一些制度、程序和惯例，即它们决定权力怎样行使，影响社会的重要决策如何做出，以及怎样在这些决策中整合不同的利益。

全球治理委员会：治理是个人和公私机构管理其共同事务的各种方式的总称。它是一个连续不断的过程，相互冲突的或者互不相同的利益可以通过这个过程得到协调，并促进合作行为的发生。它包括有权运用强制力实施权力的正式制度和统治方式，也包括非正式的约定，而这些约定要么是经过公众和机构同意的，要么是被视为符合其利益的。

联合国秘书长科菲·安南：善治就是尊重人权和法治，加强民主，提高透明度和公共行政的能力。

国际行政科学研究院：治理是指社会各个部分据以行使权力和权威、影响和制定事关公共生活和经济社会发展的政策和决定的程序。治理是一个比政府/统治更为宽泛的概念。治理包含了正式组织和公民社会组织之间的互动。

东京工业大学。治理概念是指社会以正式或非正式的方式管理其发展和解决冲突时所依据的一整套价值观、规范、程序和制度。它包括国家，也包括地方、国家、区域和全球等各个层面的公民社会。

尽管像去殖民化、本土化和人权这类曾经与联合国有关的理念有着丰富的历史，但本文重点关注的是过去的20年。这里需要注意的是自20世纪50年代晚期和60年代早期以来政治环境在量上和质上的巨大变化。在冷战期间，新独立的国家的政府代表在联合国以及相关的国际机构中成功地维护了自己的利益；他们大多没有接触过发达国家的学者关于"新政治经济学""社会资本"和"公共物品"的争论。实际上，他们认为，对其经济和社会选择的任何严肃的审视都是对其新生的弱小国家的威胁。而且，20世纪70—80年代那些强调公共选择理论、寻租行为、非生产性直接逐利活动和新制度经济学的国际政治经济学文献，也同样无法引起他们的兴趣。

此外，发展中国家还通过挑拨东西方对立，来逃避援助人和投资商对其经济和政治管理缺陷的批评。针对发展中国家和社会主义阵营国家在经济和社会政策方面的失误提出建议，也被看作在东西方斗争中站在"敌国"一方；而作为世界范围的竞争中的一员，"另一方"也被劝说少做一些批评，多提供一些资助。

这样做的结果是无条件地，有时甚至是过于听话地接受现状。弗朗西斯·M.邓（Francis M. Deng）和泰伦斯·里昂斯（Terrenee Lyons）总结了非洲的境况，但他们的评论引起了更为广泛的共鸣："非洲统一组织（OAU）概括的非洲外交原则，不是让那些有效地或负责地管理特定领土的政权获得主权权利，而是哪个政权在总统官邸占据了主导地位，就接受哪个政权，不管该政权的统治者是谁（甚至也不管该政权是否具有治理能力）。"

讽刺的是，石油输出国组织（OPEC）在1973—1974年和1979年提高石油价格增强了七十七国集团集体议价的能力，却导致其外汇短缺、债台高筑，从而迫使许多发展中的非石油输出国接受干预性的结构调整。为了获得急需的国际资金,特别是国际货币基金组织的紧急贷款,或者其他借款者的同意,它们接受了在经济政策方面的外部干预。

作为战后经济体系的两个支柱,世界银行和国际货币基金组织曾一度强调国内政策的重要性。但联合国体系的定位和结构与它们不同。发展中成员国数量上的优势使讨论的结果与华盛顿——在那里,有分量的投票赋予了有权势的捐赠人很大的特权——有着很大的区别。不过,随着科尔、撒切尔夫人和里根执掌政权,西方的话语对纽约和华盛顿产生了相当大的影响。

人们越来越频繁地强调国内需要优先解决的问题。在1981年9月世界银行发布艾略特·伯格（Elliot Berg）的报告后,这一方向也显得越来越符合现实了。80年代后期,世行发布了一系列较为全面的报告,强调政治变革和制度变革是有效的经济改革的前提条件。在联合国体系下,用更多的援助和投资来换取经济自由化这种新的范式,也使发展中国家接受了对国内政策的干预。对此,有两位分析家称之为"勃兰特委员会（Brandt Commission）范式所建议的全球性的、凯恩斯主义的社会契约"。

人们不能再完全忽略像商品价格和利率这样的外部经济因素,因为它们可以解释贫穷和糟糕的经济表现。但把发展中国家所有的灾难都归咎于它们无法控制的外部力量的做法,也越来越站不住脚了。随着1985年戈尔巴乔夫的上台和莫斯科"新思维"的启动,这一点也变得尤为明显。在东方已经不存在一个实力相当的地缘政治力量,足以对抗西方要求的经济自由化和政治民主化。

国内政策和需要优先解决的事项,构成了发展中国家和社会主义阵营成员国所面临的严重问题的核心。在国际论坛上,这样的话语也变得越来越具有"政治正确性",从而开启了关于国家和社会如何组织的对话。正如戈兰·海登写道的:"政治正确不等于政策正确,因为它要求政策本身的调整。制定正确的政策和结构调整计划的,可能是一个独裁政府,也可能是一个民主政府,而且这样的事实已经摆在人们面前了。"在国际公共政策的对话中,之所以能够就一国政治和经济治理体系的质量问题展开讨论,主要是基于四个因素。

第一，像乌干达的伊迪·阿明、高棉的波尔布特、海地的让-克洛德·杜瓦利埃或中非帝国的让-巴都·博卡萨这些遭到国际社会唾弃的人所领导的政权，显然缺乏正当性。在成功地游说了所谓的国际社会，使其相信罗德西亚和南非的白人占多数的政府所实行的国内政策确实是"国际性的"之后，如果发展中国家还坚持认为它们自己的国内行为是不允许外部干涉的，那就不合情理了。此外，随着冷战的结束，对不同的体制采取睁一只眼闭一只眼的态度已不太可能，西方也没有动力去支持威权政体了。

第二，塞缪尔·亨廷顿恰当地描述了"第三波"民主化浪潮。第三世界和苏联阵营国家都被一次政治改革的浪潮淹没了，特别是在柏林墙倒塌之后不久就出现了莫斯科帝国的瓦解。广泛的民主化，包括萨尔瓦多和海地等前独裁国家在联合国监督下进行的选举，其核心关切就是地方治理的特点和质量。第三世界和东欧的政权采取了文官统治、选举和多党制民主。它们都知道，让其统治获得合法性和争取西方的资助所需要的先决条件，与其说是选举的精神和内容，不如说是选举的形式。投资者和援助机构坚持这一点，而许多可能接受投资和援助的国家——除了中国、朝鲜、古巴、利比亚和伊拉克等国家明显的例外情况外——也接受了这一条件。

第三，大量非国家行为者的兴起改变了大多数国家的政治版图。除了联合国组织和听命于华盛顿的金融机构，像人权观察（Human Rights Watch）和美国援外合作署（CARE）这样的国际性非政府组织，以及像BBC和CNN这样的全球性媒体，也闯入了政府曾经的地盘。它们对原来几乎只受国家政策影响的事务发挥了越来越大的作用。在发展中国家和社会主义阵营国家内部，公民社会在经历了几十年的压制之后也初步发展起来。尤其是，非政府组织的增多是当代国际关系领域一个引人瞩目的方面，但其对于全球治理以及联合国框架下的社会政策的影响，却没有得到充分的重视和理解。简而言之，经济和社会政策不再是政府专有的保留地。毫不夸张地说，人权活动家、性别问题激进分子、发展主义者和原住民群体已经侵入了国家的地盘。

第四，在20世纪90年代，所谓"《联合国宪章》是一份典型的'威斯特伐利亚和约式'的文件"这种广为传播的看法也发生了引人瞩目的变化。尽管《联合国宪章》禁止针对成员国的内政采取行动,但人道主义干预鼓励出于责任参与成员国内部事务,认为它是除了传统的国家三要素（领土、人民和政权）之外构成国家主权的另一个必要成分。发起人权诉讼的不是别人,正是两位联合国前秘书长布特罗斯-加利和科菲·安南,他们曾不遗余力地揭露主权的不一致性。作为他们的内部难民事务的特别代表,弗朗西斯·邓称这种主张为"作为责任的主权"理论。索马里、前南联盟和卢旺达等失败国家发生的惨绝人寰的灾难,为审查那些造成大批难民流离失所甚至种族灭绝的国内政策提供了机会。这些悲剧带来的惨痛的人道主义账单让国际社会吸取了教训。防止将来发生类似灾难的想法使那些主张对尚未失败的国家的治理方式进行调查的观点获得了进一步支持。

由于这四个因素,对国内政策和优先事项的研究变成了常规,而对治理这一术语的研究,也可以被解读为学术界力图把握各种不属于国家工具的治理单元的努力的一部分。在国家层面上,莫顿·博阿斯的研究极具启发意义,因为他把治理概念嵌入了国家—公民社会互动的框架之中,使两者相互交织、互相作用,构成了包括它们在内的公共领域的一部分。治理的核心是由来自国家和社会的政治行为者维护的公民领域,在这个领域里"参与公共领域的权利是建立在受尊重的合法规则之上的"。因此"与治理有关的是构成公共领域基本组织规则的体制,而不是政府……治理当然包括政府机构在内,但它也包括在公共领域内运作的非正式的、非政府的机构"。博阿斯对治理的定义超出了传统的内政概念,这样一来,一国范围内的治理也就把在公共领域内依法行使权威的非政府行为者包括进来了。

尽管罗西瑙的注意力"聚焦"在国际体系的动态变化上,但他的分析"透镜"促使他指出,治理就是"指操控社会系统来实现其目标的机制"。就此而言,机构是一个重要因素。那么在国家层面,我们需要用那些包括正式的政府机器但又超出这个机器的术语来界定治理的概念。不过,尽管在公民社会中出现了营利性和非营利性组织的爆炸性增长,政府却仍然是主要机构。公共物品的供给以及企业和志愿组织为解决社会问题而形成的激励结构,在很大程度上是由政府政策决定的。

总之，为促进善治而采取的行动集中于弱化曾经普遍存在的两个不可取的特性，即政府缺乏代表性和非市场体制的无效率性。由于治理是公共领域和私人领域中的个人和机构管理其事务的各种方式的总和，因此，第三世界和东欧的许多国家必须进行变革。正如博阿斯所写的，"世界银行认为'恶治'在操作上是指权力集中于个人、人权无保障、腐败盛行、政府不经选举产生和政府不负责任"，故而"善治必定是其天然的对立面"。自从善治成为国际事务中的一个重要因素以来，关于善治的话语便频频出现于那些接受发展援助或国际贷款机构投资的国家的新政策中。善治已经成为一个政治和经济条件，只有接受这一条件，发展中国家和前社会主义阵营的国家才能获得适当的双边或多边资助。因而，在最近的几十年，正是国际力量在支持政治民主化和经济自由化。

近来关于善治的经验引发了联合国体系的批评，这些批评试图让关于成本和收益的评估保持平衡，挑战被许多受援国视为不受欢迎的侵略的政治和经济条件。善治当然是国际社会的行动目标。但是，联合国提出的三个实质性的评论却"踩下了车闸"，"刹住了"华盛顿共识（Washington Consensus）的汹汹势头。

第一个实质性的评论指出，必须把握治理的复杂现状。治理包括为生产一国的公共物品而决定如何利用有效资源的所有结构和过程。尽管对治理具体包括哪些要素还存在争议，但善治不只是那些被称为西式民主主要象征的多党选举、司法机关和议会。还需要列出大量的其他要素——以及随之而来的必要资源和文化：对人权的普遍保护；非歧视性的法律；有效率的、公正的、快捷的司法程序；透明的公共机构；公共机构的官员为其决策负责；资源支配权和决策权从中央下放到地方；公民实质性地参与公共政策的辩论和决策。

联合国开发计划署率先说明了善治社会中的人口的特征。每年的《人类发展报告》为我们提供了一个权威范例。这一项目是在实行结构调整贷款10年之后，在马赫布·乌尔·哈克（Mahbub Ul Haq）的领导下开始实施的；从1996年起，该项目又在理查德·乔利（Richard Jolly）的领导下继续进行。联合国开发计划署一直致力于系统地报告人们的——特别是收入水平最低的人群的——实际生活状态。20世纪90年代编写的年度《人类发展报告》在很多方面是1995年哥本哈根社会峰会（Social Summit）的前奏和延续。这些报告和哥本哈根会议坚持编列如下内容：（1）贫困的加剧以及各国内部和各国之间贫富差距的加大；（2）失业率的上升；（3）社会结构的分裂和排斥；（4）环境污染。

人类发展指数（HDI）是用善治的标准来衡量社会的一个不错的方式。经济福利和人类进步并不是同义词。人均收入相同的国家可能会有相当不同的人类发展指数，但收入水平相同的国家可能会有相似的人类发展指数。显然，关键在于国内政策和优先事项的内容。

联合国儿童基金会从1987年起每年都发布关于弱势儿童和妇女生活的报告；与此相应，该组织此前在关于调整计划的效应的争论中，曾率先把社会问题置于中心地位。联合国难民署也从1993年起每两年发布一份关于战争受害者困境的概要。这些分析性的努力所产生的结果之一，就是信息量极大的世界银行年度《世界发展报告》逐渐变得越来越适合于衡量各国境内生活状况的那些"较为软性"的方面。

联合国体系提出的第二个实质性批评指出，必须保持公共部门和私人部门之间的平衡。各种分析仍然是努力超越民主的形式来描述公共福利的必要成分。联合国体系的较为全面的看法等同于重复凯恩斯主义；按照这种观点，国家决策对于确定供给和需求的管理必然产生重要影响。

为了纠正20世纪90年代围绕华盛顿共识而形成的乐观看法，一些观点不断地挑战自里根和撒切尔夫人上台以来流行起来的那些老套的保守办法，即凡是政府能做的，私人部门都能做得更好，以及更为开放的市场、自由贸易和资本流动一定是有益的。在很多方面，细心阅读20世纪90年代那些联合国文件的读者都知道，在1999年12月西雅图的世贸组织第三次部长级峰会和2000年4月华盛顿的世界银行和国际货币基金组织年会上出现了非常多的分歧。

一度在西方和跨国精英中广泛存在的对新自由主义规范性原则的不容置

疑的信仰导致的后果是，关于如何建构政治和经济生活的唯一可以接受的药方就是华盛顿共识。在20世纪80年代中期和90年代中期之间的这10年里，理论界的风向变化得如此之快，以致要有谁胆敢宣称有效的、繁荣的市场经济和公民社会需要有效的、强大的政府，他很有可能被宣布为"异教徒"。安东尼奥·葛兰西也从中发现一个恰当的例子来证明他的观点，即意识形态拥有"和物质力量一样的能量"。

但是"国家"与"市场"的两分法已经人为地形成了。联合国率先反对这种流行观念的态度，或许在对前苏联阵营的分析中得到了最好的体现。这一分析指出，"精简"国家而非"击退"国家才应作为政策的重点。联合国开发计划署欧洲和独联体国家地区局的一份报告强调，要遵循公正、合法和效率的前提条件："一个合法的强政府是指这个政府对其合法性有充分的信心，允许存在强大的公民社会、非政府机构的网络和人民对公共生活的广泛参与，并通过规章保障经济体系的良好运转和民主程序的强化。"

作为背离以前的正统的开端，也作为"钟摆回调"的一个标志，世界银行的《1997年世界发展报告》强调，国家有能力而且确实也应当发挥作用确保福利的提高。正如该报告本身所言："人们逐渐认识到，一些必要的公共物品和公共服务职能通过国际合作才能得到保障。因此，建设国家能力就意味着在国内外建设更为有效的伙伴关系和机构。"该报告的副标题"变化世界中的国家"表明，在约瑟夫·斯蒂格利茨——他在一片争议声中担任世行首席经济学家和资深副总裁直到1999年12月为止——的引领下，情况发生了逆转。斯蒂格利茨履职华盛顿引发的争议反映了这样一个事实，即与世界银行和国际货币基金组织的其他大多数官员相比，他似乎更倾向于维持市场和国家之间的平衡，并对不受约束的市场力量的潜能持怀疑态度。由于这个缘故，他的去职也只是早晚的事。

所以，联合国在理论上的贡献在于，它扭转了在20世纪80年代中期和90年代中期关于"善治"的争论中的侧重点。就像把新生儿从脏污的洗澡水中拯救出来一样，现在关于善治的争论已经不再讲如何肢解国家了。与原来流行的狭隘的经济自由化计划相比，20世纪90年代晚期的政治自由化计划

（较为强调领导力、管理以及民主、人权、法治、获得公平对待和基本自由的权利）已经较少采取"最小国家"的支持者的主张。尽管最初关于善治的探讨被视为此前几十年国家主导的经济社会发展理论的对立面，但今天的理论探讨的与其说是如何抛弃国家机构，不如说是改善和改革民主组织的功能，其中包括如何"深化"民主和探索如何让非国家行为者更为积极地、创造性地发挥其功能。这些组织的领导人必须高度负责，而且不得不直面全球化的挑战。但是人们已经不太相信"击退"国家是一味"万灵药方"了。

世界银行的出版物预设了什么是"善治"，什么是"非善治"。为了把"政治"从争论中清除出去（世行章程本来就直接规定不涉及政治问题），世界银行关于治理的主张主要关注的是公共部门的管理、交易成本的降低和协议的履行。这些问题当然与人类的可持续发展有关，但没有被视为治理概念和治理战略的核心，因而，充分动员地方参与力量来满足特定共同体的最为紧迫的需要，也没有获得优先地位。相反，联合国开发计划署和联合国体系制定的治理计划则对赋权（empowerment）给予了较大力度的支持，也就是说，它们强调提供治理的政治和公共方面不可或缺的民主和自由机制。世界银行或许不反对这些事项，但只把它们看作次要问题或附带问题，也就是说，在世行看来，这些问题本身没有价值，而只是为提高效率和加快经济增长的缘故，它们才是值得考虑的。在20世纪70和80年代的新政治经济学中，决策者之间的政治理性已经被视为新古典经济理性主题的一个变奏。这一主题深刻地影响了国际金融机构在20世纪80和90年代的治理侧重点，使其将提高经济效益和加快经济增长确立为首要目标。

从20世纪90年代早期起，联合国开发计划署逐渐不再关注传统的公共部门管理（特别是公务员制度改革）和适当的去中央化，而是更加关注敏感的治理领域，如人权、法律保障、司法改革和腐败问题。与民主转型国家的经济增长相呼应，联合国开发计划署对选举援助的侧重，也为开发"新一代"的治理项目提供了一个切入点。除了实施这一计划所需要的资源之外，还有一些因素也对联合国开发计划署越来越多的参与产生了影响：自冷战结束以来，意识形态冲突变得更少了；这种政治改革越来越得到人们的普遍认可；

信息流动更加充分；人们对传统的开发援助方式感到不满，也越来越少地使用这一方式。

治理政策的新领域和对制度建设的支持需要信任，也需要在感官上对目标国家持中立态度。公民社会和私人部门的能力建设，意味着在许多发展中国家中，联合国体系相对于国际金融机构具有一种比较优势。只要布雷顿森林体系（即世界银行和国际货币基金组织）把"善治"视为严苛的政治和经济条件，联合国开发计划署就会与它们保持距离。既然联合国开发计划署是在这一领域发挥引领作用的联合国机构，并且它能在很大程度上影响联合国的政策辩论，那么其他的联合国机构很有可能会逐渐采纳它关于治理的观点。在1999年设立治理部之后，这一点变得尤为明显，同时，该部门新任长官马克·马洛奇·布朗（Mark Malloch Brown）也对此十分热衷。

我们现在即将形成这样一个共识，即善治并不一定意味着减少统治，反而有时要增加适当的统治。我们没有必要复兴20世纪60和70年代那种老掉牙的、过度活跃的国家的愚蠢行为。但是，我们要求决策程序或规则引发的行动真正符合公共利益，而不是为私人压榨公共利益提供便利。在政府的角色和其他那些与运转良好的市场相关的政治经济制度之间必须保持平衡。这通常需要有一种力量能够抵消市场的外部性，而唯一的候选者就是国家。关键的挑战不是阻止市场的扩张，而是制定合适的规则和制度，使经济增长的成果能够为人们普遍共享。

来自联合国机构的第三个也是最后一个批评是，必须审慎地对待把民主和民主化视为善治的替代目标的做法。有人认为，伴随着各项政治权利的落实和民主化的实施，善治也必将得到实现。这种观点不算错，但是这种观点被放大为：经济和社会权利构成了一种全面的"权利集合"的一部分。

简而言之，最初关于善治的辩论较少关注如何改善民主的政治领导力和如何（比如通过让非国家行为者更加积极地、创造性地发挥作用）整合经济和社会目标，而是侧重于扭转几十年来形成的国家主导的经济社会发展模式。既然国家的作用已经遭到了质疑，那么联合国机构的侧重点也发生了变化。冷战期间所谓的"第一代权利"（政治和公民权利）和"第二代权利"（经济和社会权利）之间的矛盾在很大程度上是没有意义的，而这一所谓的矛盾也被联合国人权事务高级专员、爱尔兰前总统玛丽·罗宾逊（Mary Robinson）弃掷一旁。她经常强调，经济和社会福利应当被整合纳入任何一个善治社会必定拥有的物品集合之中。正因为这个缘故，善治也可能需要改进政府机构，实行良好的发展政策。博阿斯写道："国家和公民社会是通过反复的互动得以构建起来的，而善治或恶治就是这个互动过程的一个产物。"马赫布·乌尔·哈克在其生命的最后阶段甚至把这一观点又推进了一步。在他看来，"迄今为止的善治概念都不能达到人类发展观念的彻底性"，而由他领导的伊斯兰堡研究中心的研究者则从这一观点出发，提出了一个更为广义的、更有抱负的理念——"人性化治理"。这一定义涵盖了良好的政治、经济和公民治理。

人性化的治理涉及的那些结构和过程，有利于在一个竞争性的、非歧视性的，却公平合理的经济体系（即良好的经济治理）中创建一个参与性的、回应性的和负责的政治形态（即良好的政治治理）。这要求拿人们贡献的资源进行再投资，以便为其自身作为人的基本需要服务，这反过来将会拓展更多的机会；人们必须被假定为具有自组织能力（即良好的公民治理）。把这些原则综合起来就是"主人翁意识"（ownership）、"有尊严"（decency）和"问责制"（accountability），人性化治理的这些要素彼此之间是不可分割的。

上文提到的一系列定义体现了概念的重要性。治理及其规范性伙伴（即善治）不仅引起了学者和发展领域的工作者的评论，而且也引起了各国政府和国际援助机构的政策变化。民主化和全球化的力量一直在促使"善治"的支持者重新调整其侧重点：从经济增长和追求效率转向那些能最大程度带来较多自由、真实的参与和可持续的人类发展的治理政策和制度。正是出于这样一个基准点，我们可以说，与总部设在华盛顿的国际金融机构的那些老生常谈相比，当前联合国体系的思想走在了前沿。讽刺的是，如果在冷战之后世界政治格局没有发生翻天覆地的大变化，如果联合国没有受到捐助国的压力，那么它大概也不会迈出太大的步伐。

关于治理和善治的概念和实践的争论已经持续了数十年之久，但探索全球治理的旅程却刚刚开始。因而，关于这一主题的探讨比关于国内治理的探讨更为新颖，也就不足为奇了。迄今为止，来自学者和实际工作者的评论引起了更多的争论——在政策方面或话语方面，关于什么样的变革才是合适的这一问题还没有达成共识。不过，重要的是，理论上的探索已经起步了。现在我们就来谈谈这个问题。

二、全球治理

就在多数欧洲国家接受了欧元和即将实行共同的防务和安全政策的同时，前南斯拉夫内部怎么会发生分裂呢？罗西瑙率先使用"分合并存"（fragmegration）这一术语来描述社会互动和权威模式同时存在整合和分裂的混乱状态。此外，新兴的信息、通信、市场、金融、结社和商业活动正在创造的世界是各种模式难解难分的世界。

这并没有妨碍人们发表成果和进行理论上的思索。一位分析家走得很远：他曾嘲弄"我们谈论'治理'是因为我们并不确切地了解如何称谓正在发生的事情"，"全球治理"这一醒目的名称类似于"后冷战"，这个词的出现表明，尽管一个阶段已经结束了，但我们仍未找到一个恰当的短语来描述这个新时代的主要机制。分析家们当然不满于用传统的框架和词汇来描述国际关系；今天的概念工具还只是初步意义上的。

虽然持续不断的学术探讨和政策争论还没有形成明晰的观点，但把治理概念运用到全球却是这样一个现象的自然结果，即国际体系不再仅仅包括国家，而且世界也正在发生根本性的变化。尽管像天主教会、通用汽车公司和国际红十字会这样的行为者对于"威斯特伐利亚和约式"的国际体系而言，已不算是什么新事物了，但非国家行为者的斐然成就及其重要性和影响力的逐渐扩大却是当代世界事务的一个显著特征。

全球治理要求在一体化与碎片化并存的语境中调整权威的分布状态。罗西瑙把这个过程叫作"流行趋势……（他认为）在全世界范围内都发生了权威分布状态和控制机制的大转变，显然，这些转变既发生在经济和社会体系中，也发生在政治体系中"。从罗西瑙主编的《没有政府的治理》一书的书名可以看出国际合作面临的主要挑战。以自下而上的方式动员支持力量的做法提高了个体的技能，也加深了对全球生活方式的认同。此外，罗西瑙还把全球治理描述为"各个层次的人类活动——从家庭到国际组织——的规则体系，就此而言，通过实施控制来实现目标而引起的反响跨越了国界"。奥兰·扬（Oran Young）认为，这一概念的价值在于，即便不存在可以采取权威性行动的正式制度，人们也可以设计，有时甚至进行明确的社会实践，来提高经济、社会和环境效益。

全世界的人们从20世纪90年代快速的经济扩张和技术进步中得到的利益是不一样的。显然，经济"竞技场"以及场内的"玩家"力量是不均衡的。如果抛开老生常谈，使用人类发展理念的三个基本原则——机会均等、可持续性和赋权予人——来衡量现实，那么，我们看到的悲观前景就会跟联合国开发计划署等联合国机构提供的报告所描述的前景没什么两样。例如，1994年，大概有100个国家的人均收入和平均购买力低于20世纪80年代，有70个国家实际上低于20世纪70年代，有35个国家甚至低于20世纪60年代。如果说信息技术导致了经济增长或者充当了它的前提条件，那么收入、资源和财富在人群、公司和国家之间的分布越来越集中恐怕也不是什么好的征兆。居住在世界最富裕的国家中的财产最多的20%的人口占互联网用户总数的93%，而最底层的20%的人口则只占0.2%。

全球化既不是步调一致的，也不是均匀同质的，但无可置疑的是，它正在加快并强化各个层次的经济和社会互动。尽管全球化历史悠久，但就规模、强度和形式来说，当前的全球化与以前的全球化截然不同。正如戴维·赫尔德（David Held）等人所说："当代的全球化开辟了人类历史的新纪元……其深远影响堪比工业革命和19世纪的全球帝国。"学生和教授、政策分析家和实际工作者应当坦率地承认他们的不安，承认他们不知道如何理解当代政治经济的细节，特别是不知道如何以最恰当的办法来应对一系列令人困惑的全球性问题。

因而，国家层面和全球层面的治理模式之间的逻辑联系就在于，它们能够解决公共物品供给的集体行动问题。菲利普·切尼（Philip Cerny）认为：

"不管是对现代国家的内部政治制度来说,还是对现代国际体系来说,国家都是集体行动发生和进行的关键场域。"由于互动的多元性,"国家的权威、合法性、决策能力和执行效能不管在境内还是境外都将遭到侵蚀和削弱"。全球化对于国内政治和国际政治中的集体行动的本质产生了深刻的影响。切尼声称,随着市场活动的增多和经济组织的复杂化,传统的政治结构不再能提供适合需要的公共物品。实际上,经济全球化正在降低以国家为根本的集体行动的效能,而这种效能一开始就是极其低下的。尽管国家仍然是一种文化力量,但其作为公民联合体的效能已经下降了。结果将是合法性的危机。以国家为根本的集体行动虽未寿终正寝,但其势头已经大不如前。

尽管现实主义和理想主义的国际组织分析家在很多问题上存在分歧,但他们都同意,民族国家体系实际上是"无政府的"。不管《联合国宪章》的起草者遵循的是什么样的理念,也不管凯恩斯及其信徒对布雷顿森林体系有何想法,现实中从未出现过一个支配一切的权威——或是为国际和平和安全的国际政治服务,或是为经济和社会发展的国内政治服务的权威。

从本质上讲"全球治理"与国内层面的善治或恶治极为不同。一个"好"政府(即负责的、效率高的、守法的、有代表性的、透明的政府)通常会实行善治,而与恶治紧密相关的则显而易见是一个"坏"政府。那些关于改进政策制定和决策的药方,当然是为了调整作为代理者的国家参与贡献的份额以及经济社会博弈的规则,从而让非国家行为者为公共福利做出更大的贡献。某种类似于干预主义的立场是否可取可能是有争议的,但至少要有一个最高的、公认的主权代理者掌控全局。

世界上并没有这样的行为者。尽管情况并不像我们希望的那样美好,但马克·赞奇(Mark Zacher)提醒我们,今天的国际经济体系之所以还维持着秩序,是因为国际社会做出了努力:"总之,如果没有这些或者那些制度,没有联合国提供的公共物品,那世界恐怕真会陷入'丛林状态'。"不过,全球治理在理论和实践方面还面临着巨大的挑战。

我们需要一个术语来说明这样的现实:世界政府从未出现过,而且毫无疑问的是,将来也不会存在。因此,不论就国内还是全球层面而言,治理所涉及的都不只是政府。但既然并不存在全球层面的政府，那么这个概念又有什么意义呢？情况会正如布莱恩·厄克特（Brian Urquhart）曾经说的，全球治理就像是《爱丽丝梦游仙境》中那只没有身体的笑面猫咪那样吗？这个概念之所以受人欢迎，恰恰是因为它没有现实性吗？

也许全球治理应该被看作一个"探测器"，我们借助这个工具，可以把握和描述国际体系那虽令人困惑但似乎还会持续加快的转型。国家仍然是核心，但其权威在很多重大事项上正遭受着侵蚀。国家创设的政府间组织不再像以前那样牢牢掌控在它们手中了。地方性的和国际性的非政府组织变得越来越多，同时，它们也正在夺取权威和资源。技术进步为各企业和犯罪集团提供了更多的手段。在这种情况下，集体行动问题连同全球公共物品的供给问题已经构成了理论上和实践上的挑战，这和它们在国家内部遇到的情形是不同的。

要使全世界有计划地行动起来，就需要一个理论框架来把握这样一个现实，即超国家管控甚至力量均衡的概念如今都不再具有可行性了。讽刺的是，我们甚至还不如1945年那时的样子。许多杰出的经济学家观察到："恰恰在全球的相互依存更加紧密之时，国际机构的力量反而减弱了。"加拿大经济学家盖瑞·海伦纳（Gerry Helleiner）曾质问联合国大会第二委员会："可是在全球经济中由谁来履行以发展为导向的国家的职责呢？如今的全球金融环境……与1944年布雷顿森林体系的创建者所面临的截然不同"。

令人遗憾的是，就是像国际货币基金组织这样较有影响的机构，也没有成为它本应当成为的全球货币管理者。它只是对凯恩斯热切呼吁成立的那样一个机构的模仿。虽然国际货币基金组织的储备金相当于世界进口额的一半，但其流动性还不到全球进口额的2%。

在当今世界，全球治理的支持者和理论家都面临着非常多的困境，他们提不出太有效的政策建议。而面对无政府状态，什么样的机制应该首先负责进行全球治理呢？能不能制定一个合理的标准，来衡量政府、政府间组织、非政府组织和私人部门之间的协调与合作，从而形成一些有价值的，或至少是有所完善的全球治理模式呢？如果只有有计划的、有目的的行动才能解决上述问题,那么在人们对目标本身还没有达成明确共识的情况下,全球治理应该以什么样的状态存在呢?全球治理又在多大程度上取决于共同的价值观和规范呢?

对此,通常的反应——尤其是各国政府的代表们通常的反应——是求助于老套的思维方式,试图重新回到那个以国家为中心权威的"黄金时代"。俄罗斯和中国在安理会和联合国大会上与其他发展中国家联合起来,竭力维护国家的中心地位,防止其大权旁落。美国则在多边体系中强调其例外论和单边主义,提供了螳臂当车的另一个例证。

主权的生命还未终结,但它也不像曾经那样神圣不可侵犯。各国政府的代表们试图抗拒这一趋势,他们总是在国际论坛上强调当代权威模式变化太快,与过去大不相同。各国政府和政府间机构的秘书发自内心地抗拒变化,与此形成鲜明对比的则是大多数商业机构和非政府组织灵敏的适应能力。实际上并没有哪个哲学论证或哪条宪法规定赋予国家以最高形式的权威,但各国政府的代表们却假装存在这样的东西。

还有一些分析家仍坚持"二战"结束前后的那种天真的看法,认为政府间组织是保证世界免于战争和经济衰退的灵丹妙药。比如,在拉里·芬克尔施泰因(Larry Finkelstein)看来,全球治理就是"在国际上做各国政府在国内做的事"。但他这种公式化的表述没有指明,到底哪些机构可以在全球范围内承担起各国政府在国内所承担的任务。

正如罗西瑙提醒我们注意的"固守国家和民族政府是世界组织不可缺少的支柱这一观念",对于我们理解和解决问题已经不再有帮助。随着权威持续地分散及其控制力相应地减弱,国家及其创建的政府间组织不再总是世界舞台上唯一的,甚至是最重要的参与者了。成员国仍然不同程度地保留了主权的许多属性,但它们已经走过了最炫目的阶段,现在与许多别的行为者共享聚光灯的光辉。

有趣的是,全球治理委员会的28位委员几乎全都在政府和政府间机构的秘书处履职。他们显然不支持成立一个世界政府甚至是世界联邦。就他们的背景而言,值得注意的是,全球治理对于委员们来说并不是只有一种模式,也不是只有一种或一套架构。相反"它是一个广泛的、动态的、复杂的互动性决策的过程，这个过程不断地发展，对变化着的环境做出回应"。全球治理意味着在每个领域都有一系列看起来还会越来越多的行为者。传统上，全球经济和社会事务主要涉及政府间关系，但处理这些事务必须综合各种力量，包括地方性和国际性的非政府组织、草根和公民运动、多国合作机制和全球资本市场。

这与国家层面的民主化存在着一个明显的共同点，因为在全球层面也必须为咨询并最终为治理而建立更具包容性和参与性的机制，也就是真正"民主的"机制。它们应当比较灵活，足以适应不断变化的环境。像罗西瑙这样的理论家和像全球治理委员会委员这样的实际工作者在考虑问题时有一个共同点：他们都能把"治理"和"政府/统治"区别开来。在全球层面不可能只存在一种模式或形式，也不可能只存在一种或一套结构。

目前，我们甚至还不能准确地描述国际经济和社会互动的所有面向——罗西瑙恰如其分地称之为"遵循碎布乱拼模式"的因果链条。公认的结论是：民主化和经济自由化是为国家层面开具的处方，然而，在全球层面并不存在与此类似的方案，可以作为人性化治理的构成要素。

三、结论

由于联合国成员国众多，涉及范围广泛，因此在引领全球治理方面，它将扮演特殊的角色，尽管不是唯一的角色。一些观察家支持世界组织的参与，在他们看来，"不管就其'场地'还是'玩家'来说，全球治理都落后于全球化。他们普遍认为，联合国应当在'填补空白'方面发挥重要作用，但到底发挥什么样的作用还未得到明确"。如果情况应该这样向前发展，那么联合国体系应该比过去更积极地反对当前影响极大的正统观念。正如1998年诺贝尔经济学奖得主、曾在思想上对联合国等机构发挥重要影响的阿玛蒂亚·森（Amartya Sen）在21世纪即将来临之际提醒我们注意的："应该对普遍流行的偏见和政治经济主张进行批判性审查，这种需要从来没有比现在更为迫切。"

就此而言，世界性和地区性的政府间组织都应得到加强。这种常见的看法是对半个多世纪以来一直引领经济和社会思潮的联合国的地位的强调。当然，支持这一主张并不是因为它符合这些机构自身的利益。不过，更为重要的是变化着的现实：追求本国利益的国家联合追求个别利润的私营组织建立的过于分散的体系已经太多了，因而需要形成某种制衡它们的力量。

建立一个更有凝聚力的、更有效的多边体系，其必要性是显而易见、合情合理的。尽管人们对统一的、自上而下的治理前景的期盼是可以理解的，但在一个越来越分散的世界，这似乎显得有点不合时宜。在问题及其解决方案都超出了国界、集中式的国家主权难以为继的历史关头，国际主义者要求加强政府间机构的力量的呼声自然很高，但应者寥寥。我们应当创造性地探索适当的办法，以发挥各国政府、各政府间组织、非政府组织和全球公民社会的集体力量，同时又避免其集体的缺陷。

2000年9月联合国召开的千年大会及其前两任秘书长对私人部门和非政府组织的强调与此形成了鲜明的反差。矛盾的是，在世界政治经济形势发生变化的情况下，这也恰恰是全球治理和联合国的支持者在理论上和实践上面临的挑战。

全球治理理论的兴起*

［美］马丁·休伊森　　［美］蒂莫西·辛克莱　著　　张胜军　编译**

20世纪90年代以来,世界政治领域的许多学者开始使用"全球治理"概念。与此同时,全球变革及其根源和内涵成为国际关系理论探讨中的重大问题。本文认为,全球治理理论已成为理解我们时代核心问题的一个重要而有益的视角。

目前,全球变革在国际关系中引起了很大争议。不过,争议似乎沿着几个平行轨迹展开,彼此之间很少交叉。其中既有冷战结束是一个转折点还是更长期连续中的瞬间的问题,也有关于经济全球化范围和含义的争论。此外,还有有关全球公民社会和世界文化领域的争议。然而,现在迫切需要的是寻求能够更加完整、综合地理解全球变革的概念。也许全球治理就是这样的概念。

冷战正式宣告结束是凸显当代全球治理变动模式问题的根源。在冷战时期,现实主义盛极一时,它有力解释了东西方之间的激烈对抗。随后,新现实主义试图按照冷战的观念把国家和国家体系诸概念普遍化。全球治理的模

---

* 本文编译自 Martin Hewson and Timothy J. Sinclair (eds.), *Approaches to Global Governance Theory*, New York: University of New York Press, 1999. 原载于《马克思主义与现实》, 2002年第1期。

** 译者简介：张胜军, 北京师范大学政治学与国际关系学院教授。

式看来没有发生多少本质上的变化,所以,世界政治的研究可以不考虑根据领土原则建立起来的组织。

然而,时代已经发生了变化。现在已是探讨全球治理的模式过去如何演变、今天如何转型的时候了。政治是一种权力斗争,从该意义上来说,现实主义仍然重要。但是,构成全球治理模式的权力类别和组织原则,必须纳入任何关于全球变革的解释之中。今天,无论是来自全球金融或信息技术的权力,还是全球化的组织原则,都在考察范围之内。

除冷战正式结束外,关于全球化的争论也是全球治理理论兴起的一个重要根源。迄今,关于经济全球化的认识一般来自国家和市场的视角。作为全球变革的因素之一,人们从世界范围内国家向市场倾斜的角度认识经济全球化,虽然关于倾斜的程度目前尚有争议。在本文的第一部分,我们认为,全球治理概念为超越全球化二元视角和限制性视角提供了一种有效途径。

第二部分将简要回顾全球变革问题如何被纳入国际规制理论。该理论在20世纪80年代处于鼎盛时期,但全球变革并不是它的最突出特征。后来,一些规制理论者为追述国际规制模式的变迁而使用了全球治理概念。与此同时,冷战的结束使联合国及其相关机构众望所归,人们广泛期待它们成为全球治理的更有效机构。第三部分通过考察世界组织和全球变革的关系讨论全球治理的应用。今天的全球治理概念主要具有三个彼此交叉(和竞争)的含义。在最后部分,我们将论证第一个含义对理解当前全球变动的意义最具价值。这一全球治理理论尤其对综合评价我们时代的全球变革的本质和程度以及根源和潜在含义具有重要的参考意义。

本文所讨论的不仅仅是全球治理观念,同时也可被看作是对国际关系理论研究变化的一种考察。在层出不穷的新问题中将涉及什么样的认知过程?新的问题域如何占据主导地位?如同当前被广为接受的那样,国际关系研究领域正处于一个重大变革时期:全球治理理论的兴起就是体现这场变革的一个主要方面。

一、全球变革的视角

全球治理概念的最重要应用——作为一个理解全球变革的根源和政治含义的制高点——同经济全球化概念一样,成为引人注目的焦点。前者与"国家和市场"具有至关重要的关系,而后者则完全由之主导。

通常意义上,经济全球化对全球变革的观察角度主要集中在世界范围内国家向市场的倾斜,尽管人们对倾斜的程度尚有争议。一种极端的观点认为,世界市场将消除国家的边界,从而产生一个"无国界世界"。较为折中的观点认为,与国家相比,市场的国际化对国内利益集团的影响更加直接。另一方面,一些人认为,由于全球市场既不新鲜也没有形成统一的世界经济一体化空间,所以自治国家政策的意义并未发生实质上的倾斜。

从观察全球变革的角度出发,该意义上的经济全球化显然有很大局限性。相比而言,全球治理概念的第一种用法对于全球变革的政治是一种较为综合和整体性的视角。我们将突出关于全球变革的四种全球治理视角。虽然它们之间相互交叉,但这四种视角仍然能够从它们所阐明的内容中加以辨别。

全球治理概念所突出的全球变革特征之一是:一体化和碎片化并存背景下权威位置的迁移。詹姆斯·罗西瑙最先使用这一提法。正是由于他把全球治理概念与评价权威在多种层次和领域再定位的方式联系起来,全球治理才成为几乎家喻户晓的术语。罗西瑙把这一过程描述为"一个渗透性趋势……其中权威的重构和控制机制地点的变迁发生于各大洲,同经济和社会体系一样,政治体系的变迁也非常明显"。

尤其值得一提的是,罗西瑙使用全球治理术语是为了强调个人政治技能和视野广泛再定位的意义。罗西瑙认为,全球秩序的变革模式与全球生活的变革模式有重要关系。某种程度上,罗西瑙把新政治技能和视野的意义描述为朝向一个"二分"的世界:以国家为中心的世界和多中心的世界。后来,他提出该现象同时朝多方向发展,包括次国家的、跨国的、国际的和全球的方向。无论在哪个方面,考虑到这些变迁的政治视野,罗西瑙争辩道,意味着承认从第一位的"政府统治"向"治理"的全球变革的可能性。

罗西瑙关于20世纪末全球治理变革模式的思考首先出现在《没有政府的治理》一书中。许多人都认为正是该书才把全球治理推向了学术层次。但实际上，该术语恰恰在该书中很少出现。在该书的序言中使用的是"国际治理"，另外几位学者也用此称谓。其他学者则使用"治理体系"或者"国际政治经济的治理"。罗西瑙引入了几个相互之间可以通用的概念，包括"世界政治的治理""世界范围的治理""国际秩序的治理"或"全球秩序的治理"。

实际上，只是当罗西瑙开始探讨全球生活、全球变革的集约或微观层面的时候，他才开始使用"全球治理"这一用语。这一所有治理中最具深入影响的概念似乎从根部、从个人不断增长的技能和能力以及从他们辨认"全球生活"模式的视野中呈现。其他分析家们很少像罗西瑙那样频繁使用"全球生活"。也很少有人给予微观层面——个人和小集团的能力和导向——如此程度的重视。的确，罗西瑙当前的研究日程可以被形容为一种全球生活的社会学。该观念可以说是罗西瑙的最突出贡献。它是一种变动的环境中日常生活的存在或本体条件。或者，以另外的术语表达，它指出了全球化不只是广泛的、相互联结的时空交叉，还是集约的，甚至进入个人行为的层次。

罗西瑙关于全球治理的论述，集中体现了从个人政治技能和视野变化中分析全球变革的两个基本原则。第一是全球变革的分析必须与经典国际关系的整体主义思考区别开来。罗西瑙写道，全球秩序应当被看作是"全方位"的，尤其是从生物圈的整体依存性出发的"有机整体"。因此，分析方法将越来越丰富和富于探讨性而不是越来越少。

全球变革的第二个原则涉及几种辩证和矛盾的趋势。在罗西瑙看来，全球治理的表现形式多种多样，其中一体化和碎片化交互影响，全球化趋势和地方化趋势并存，团结和冲突的因子同时发挥作用。从政府向治理迁移的前提出发，罗西瑙试图从总体上论述，全球治理安排的连续统一体（contmuum）将在21世纪前夕日益突出。该连续统一体普遍存在于跨国和次国家层次之间，宏观和微观之间，非正式和制度化之间，国家中心和多元中心之间以及合作和冲突之间。例如，假如人们试图从全球治理的角度思考国际互联网的意义，人们就要强调因国际互联网而导致的信息激增、非正式性、微观过程和它的多样选择。

总之，全球治理概念的该种使用方式，强调从多个方向重构权威的大趋势。威斯特伐利亚或领土国家体系不再是当代全球治理的唯一形式或主要依据。数不胜数的各种治理形式已经渗透到全球生活的框架之中，而且不断增加和变化。全球治理概念所指的不是某一清晰的全球生活领域或层面，也不可能由任何专门的组织来包办。相反，它是全球生活的一个视角，一个为便于理解全球生活的高度复杂性和多样性而设计的有益视角。

标志全球变革的第二个特征是全球公民社会（事实上或潜在意义上）的出现。这是全球治理概念凸显的一个长远现象。尽管这种界于经济和国家的特定意义之间的公民社会思想和实践可以追溯到18世纪的自由主义，但它在当代的回归很大程度上归功于20世纪80年代东欧持不同政见者的活动。在西方，社会运动极大地促进了世界范围的运动和组织，采用全球公民社会的概念来理解跨国意识形态的趋势、世界范围的运动以及国际非政府协会的发展。

例如，自20世纪70年代中期以来，一个引人瞩目的发展就是"土著人"运动开始具有部分的全球导向。"土著人"运动的发源地主要是南北美洲国家，但如今也扩散到澳大利亚、新西兰、印度和印度尼西亚等地。名为"土著人工作委员会"的伞式集团充当协调这些运动的全球性组织。这场重新导向运动的政治焦点，很大程度上体现在联合国成为反映土著人要求的论坛，而且以自决权和人权等国际法语言宣扬土著人的要求上。

这些进展促使人们进而思考在全球公民社会的多元和新增领域中的规范性和民主潜力。理查德·富尔克认为，"人道全球治理"的根基可以在全球公民社会之中发现。而在戴维·赫尔德看来，随着自由民主国家的力量被全球化力量超越，有必要正视这种民主空间的扩展，因而可以从正在出现的全球公共空间扩展之中想象一种"世界主义的民主"。

全球治理概念所理解的全球变革还有第三个特征，即在当前全球政治经济的重组过程中，七国集团中的学界、商界和政界精英发挥着关键作用。罗伯特·考克斯使用的全球治理概念强调了这些力量的重要性。实际上，罗伯特·考克斯的主要成就之一就是把进行跨国联合的社会力量研究引入一般的国际关系领域。

在考克斯的历史研究方法中，全球治理的社会力量在不同历史时期的表现形式各不相同。特定历史阶段的特点，必然受该时期普遍深入的意识形态模式以及经济和国家模式的影响和限制。在20世纪80年代中期，考克斯所描述的两大主导性社会力量分别是受"极端自由主义（hyperliberalism）"影响和"国家资本主义"影响的社会力量。前者主要是奉行全球化原则的盎格鲁—美利坚人，后者则依据领土原则行事。

到20世纪90年代后期，在知识、政治和经济领域的极端自由主义领导者明显占了上风。他们塑造了今日全球治理的主导模式。考克斯把此过程描述为一种"混沌（nebuleuse）"状态，用之说明意识形态的影响有利于思想朝着满足世界经济需要的方向重新组合。当前全球治理模式的制度化焦点是由重要的国际金融机构、七国集团国家政府的财政部、私人性国际关系委员会和商业团体组成的网络。其强大的物质能力则在1990—1991年的海湾战争期间得到淋漓尽致的展现，尽管它依靠的是以领土为基地的美国军事力量。

在跨国政治—意识形态倾向的全球治理研究达到高潮之际，斯蒂芬·吉尔（Stephen Gill）又把该研究继续向前推进。吉尔认为是"全球化精英"决定着全球治理的方向。吉尔承认，这些精英并不是同质化的团体，但与其把他们看作以七国集团为核心的"联结"（nexus），不如重视他们自20世纪70年代以来逐渐增长的权力。当前的制度网络能够有效地增进共识，其中包括三边委员会、每年在瑞士达沃斯召开的世界经济论坛，以及七国官员之间的扩大会议程序。

20世纪后期，"全球化精英"的地位奠立在金融资本力量在全球政治经济中复兴的基础之上。"全球化精英"进入政治中心舞台，主要依靠通过对日常生活规则和行为的调节而形成的市场文明。这种方式的主要特点是所谓的"新立宪主义"，在该主义中，公共机构如中央银行要与反通货膨胀的政治干预隔离开来。此外，生产、消费以及税收日益加深的内在联系使寻求塑造投资方式的国内社会面临新的挑战，并且影响到经济收益对环境的冲击。随着基金持有者拥有无论是有价证券还是直接投资的更多的出租选择，资本流动的速度加快了。这些选择限制了那些国家和社会，实际上迫使它们投入一场改善失序商业环境的激烈竞争之中。

历史主义的研究方法也举出了新自由主义社会力量的反面和负面问题。在考克斯看来，未来的一项全球治理计划是联合"后全球化"的力量，致力于把世界经济重新嵌入社会规范。环保运动就具有这种内在倾向。全球治理未来的另一计划是关于土著人或移民的"后威斯特伐利亚"运动。考克斯所指的第三项计划是在"后霸权"时代，也许标志着重新崛起的诸文明成为能够影响世界秩序的实体。

此外，从全球治理的观点出发，全球变革的第四个方面也值得重视。它与上面讨论的内容有所交叉，但仍然十分重要。显然，关于以全球化为导向的知识精英和权威的重要作用，人们有足够的理由使用全球治理概念。他们是知识开拓者或高水平的符号分析人员，他们主导着即将出现的全球信息秩序。本书的编辑者在全球治理理论的发展方面已然扮演了一个角色。受罗西瑙和考克斯扩大全球化研究视野的开拓性工作的启发，我们于1994年开始在国际研究协会的会议中间着手建立一系列讨论小组，努力召集学者们从事我们认为平行的研究工作。我们的目标之一是激励对我们发展全球治理理论的双重批判和评价。我们制定的研究议程就是把全球治理的信息维度纳入研究范围。

全球治理在该方面的兴起，主要与全球技术变革有关。信息精英看来正处于全球性地形成和组织之中。他们的制度支持来自各变革中心组成的网络，包括主要的全球性都市、主要负责信息处理的私营和公共国际机构，以及全球通信的专业机构。

从这一角度出发，可以把全球治理过程看作借助提升全球的知识、智慧和多渠道交流来帮助和协调全球化的其他方面。该过程首先是在日益加剧的全球竞争中协调和降低风险，其次是创造新型的认知权威，也就是借助卓越的技术专长和专业知识赢得一定范围内的关注、尊敬和信任。以这种方式进行的关系重组导致在跨国领域出现新的权威。"知识就是力量"这一谚语可以在今天这样表述：对知识全球化的探究是理解全球化和治理的力量的最好方式。

综上所述，我们认为，之所以出现全球治理概念的一系列用法，是试图为分析全球变革提供一个更全面和整体性的研究方法。迄今为止，詹姆斯·罗西瑙在一体化和碎片化的背景下集中考察从微观层面产生的治理重构，是迄今最为全面的研究。其他人试图使用全球治理概念来突出更加具体的全球变革的潜在含义：全球公民社会的兴起，极端自由（或新自由）资本主义的知识和政治精英的国际化，以及信息精英的兴起。总之，全球治理理论流派的兴起应当被看作争论中的国际关系领域以及超越全球变革问题的重要组成部分。

二、全球变革和国际规制

全球治理理论兴起的第二个根源来自国际规制的理论背景，该理论对20世纪80年代的学术界思考具有显著的影响。一些人欢呼它是与过去的彻底割裂。另一些人将它看作明日黄花。在一篇颇具探究性和历史眼光的评价中，弗里德里克·克拉托克维尔（Friedrich Kratochwil）和约翰·鲁杰（John Ruggie）将之放在过去50年来有关国际组织的迂回曲折的论著中加以考察，发现它既非彻底割裂也非明日黄花，而是具有很强的连续性。根据克拉托克维尔和鲁杰的观点，国际规制理论代表着某种同样持久的问题意识的延续：一种对发生于多国领土之上的"国际治理"的关注。

虽然克拉托克维尔和鲁杰对国际治理的含义和意义未曾给予更多说明，理查德·阿什利（Richard Ashley）还是注意到其中的含义。对于该问题，阿什利实际上主张以"国际目的"替代"国际治理"。国际目的是由于那些"话语"而形成的，即产生时空连续性的话语，制造"时空连续性效果和集体方向"的话语，以及取代骚乱以便在主权边界上产生连续性的话语。总之，阿什利把组成国际治理领域的重点放在什么才可被称为"连续性的话语"上。

无疑，在他的脑子里装着规制理论本身的话语。

国际规制理论的另一发展与"国际治理体系"概念有关。但在实际效果上，该概念将规制理论的特征看作是集中于狭窄问题域，这种做法已明显妨碍了对国际治理变化的研究。治理体系的概念把个别规制纳入多种国际规制相互交叉的背景下，这是国际规制研究中的重要变化。研究重点从某一"问题域"转移到某一"体系"的好处是能够更好地捕捉国际治理条件下的变化。

考虑以下三个事例：首先，在过去的30年里，关于环境的国际规制数目已经几乎从零增加到接近一百个（根据特定的计算方法）。奥兰·扬使用国际治理来分析这些政策安排。其次，随着冷战的进行，冷战双方培植出大量的两大超级大国可以承受的控制国际冲突和军备竞赛的规制。在恩斯特-切姆佩·奥托看来，这也可被理解为一种治理体系。第三事例是在"长和平"时期（1815—1914）大国建立的秩序。它是大国为了避免另一场战争损害它们的稳定和权力而自愿建立的规制。K. J. 霍尔斯蒂将此视为一种国际治理体系。

然而，除了这些具体的规制之外，什么才是所有国际规制的总体特征呢？或许全部国际规制——经济的、安全的、环境的等等——也可被看作是一种国际治理体系。马克·赞奇认为，随着人们普遍认识到战争的收益越来越低、环境污染日益严重、经济上存在广泛的相互依存以及通信、民主和消费文化在全球扩展，世界将进入一个规制的总体数目激增的时期。但是，马克·赞奇断言，规制数目无论如何增长，它都是一种非均衡的"补丁模式"，而非一种设计和组织良好的国际治理体系。

所有这些事例说明，国际治理概念为克服20世纪80年代国际规制理论中的瓶颈提供了一种创新方法。将规制纳入更广的治理体系中的再思考，要求重新调整考察国际政策协调模式变革的视角。但是，值得注意的是该全球治理理论流派一般回避全球治理这一术语，同时较少关注全球变革的整体意义，对全球性组织的地位也重视不足。

三、全球变革和世界组织

全球治理概念的第三种使用方法指全球变革已经使世界组织的环境发生

根本变化。该全球治理流派的理论源泉之一，是期待联合国和其他世界组织在冷战正式结束之后进入一个新的开创时代。尤其是对联合国摆脱超级大国对立僵局后进行人道干预的期待日渐上升。另一理论源泉则是主要的世界组织已经在促进世界经济全球化过程中发挥着至关重要作用的现实。七国集团于 1974 年开始会晤；国际货币基金组织在 20 世纪 80 年代早期债务危机期间为促进资本自由化发挥了关键作用；而且成立于 1995 年的世界贸易组织负责监督拓展服务业和农业部门的自由化。第三个理论源泉是短期内全球公民社会的兴起和发展。继 1972 年第一届全球环境会议之后，蓬勃发展的环保、人道、妇女和人权运动与世界组织的关系越来越密切。

在该背景下，全球治理概念成为改革世界组织活动的一个有益象征。已有几个关于世界组织应当如何把全球治理作为它们目标的例行声明，迄今最具影响力的是全球治理委员会。在该过程中，全球治理理念的影响超出了学术界，甚至进入公共部门的争论之中。

鉴于联合国在海湾战争期间（1990—1991）所树立的新威望，瑞典首相英瓦尔·卡尔松（Ingvar Carlsson）发起了一个全球治理委员会，为促进和巩固联合国明显的复兴出谋划策。1980 年威利·勃兰特（Willy Brandt）的具有社会民主传统的南北报告和 1987 年格罗·哈莱姆·布伦特兰（Gro Harem Brundtland）的可持续发展报告最终体现为一个宣言。

然而，早期的全球改革报告与全球治理报告之间毕竟具有显著的差别。早期的全球改革报告一般集中于解决世界面临的特定问题。全球治理报告则更多地传达出这样一个信息，即无所不在的全球变革已经改变了全球性问题赖以解决的知识领域。

一方面，委员会正视冷战结束使世界组织的能力得到加强这一事实。例如，该报告建议创建常备军队、自动纳税机制和监督全球竞争的法庭。另一方面，委员会也充分认识了全球公民社会的众多代理机构越来越多地卷入全球治理功能的状况。例如，它为非政府组织更加有效地活动于世界舞台拓宽了制度性论坛。

冷战结束、经济全球化的崛起和跨国公民社会的兴起已经改变了解决全球性问题的政治舞台,这一观点是一些应用全球治理概念而进行的研究的关键理念。例如,根据米哈利·赛奈(Mihaly Simai)的研究,世界组织管理国际体系中风险和变革的职责已经进入一个新的时期。赛奈是联合国开发计划署的一位分析人员,他认为全球性组织任何有效的前景都必须以联合国体系的领导人和主要资助国政府认识到当前时代的重大变化为前提。

格鲁姆(Groom)和鲍威尔(Powell)总结出全球治理概念该种用法中的视角。他们指出,全球治理关注的是"对那些必然要对全球各个地方产生冲击的问题的辨识和管理"。这些问题包括生态、人权和发展,以及难民、移民、毒品和传染病。自20世纪60年代以来,作为对这些问题的认识日益深刻的结果之一,就是"对全球治理有了一个更高的需求"。尽管对这些问题实际上的辨识和管理尚且杂乱无章和支离破碎,格鲁姆和鲍威尔仍然因此断言全球治理是"一个值得重点关注的主题"。

迄今为止,关于全球变革和世界组织之间的关系,最具理论性和历史性的研究来自克雷格·墨菲(Craig Murphy),他详细考察了自1850年以来世界组织的历史沿革。墨菲对全球变革关注的主要维度集中于从第二次工业革命起源到20世纪70年代和80年代福特主义危机时期的工业资本主义的发展变化。在墨菲的用法中,全球治理指的是世界组织的活动。但是,他认为自1850年以来,这些活动都来自自由社会力量的跨社会联盟促使世界组织在工业主义的连续周期中推动领先工业的能力。这在欧洲的"美好时代"(belle epoque,1880—1914)和自由世界"黄金时代"(1945—1970)的工业资本主义时期都是如此。在任一时期,墨菲认为,世界组织都为帮助开辟一个范围更广的工业资本主义新周期创造了条件。

该全球治理理论流派的一个普遍性主题,是强调全球公民社会在全球性组织复兴中的重要性。革新全球性组织目的的社会民主项目,含有把它们嵌入全球公民社会框架之中的重新设计。全球性组织将对来自全球公民社会的影响更加开放(并在该意义上更加民主);而且它们将积极推动全球公民社会的扩展(通过鼓励民主治理)。

关于世界组织在治理中角色的这种再思考,体现了这些世界组织在一些具体实践领域的最新进展。在1989年，世界银行针对非洲发展的根源性问题开出了"治理危机"的药方。随后它开始重新定义含有促进治理内容的发展，将之理解为更高的专业管理水平和培育公民社会的能力。在此过程中，为了在其客户中促进自由民主，世界银行将以前限制卷入"政治事务"的规定弃置一旁。几乎是在同时，联合国前秘书长布特罗斯-加利写道：联合国体系的一个新的"使命"应当是促进民主。

总之，全球治理概念意指世界组织活动，这一用法现已很好地建立起来。它并不仅仅是"新瓶装旧酒"，因为全球变革的主题也已变得愈加引人注目。该流派的全球治理理论也是传播最广和增长最快的。也许是因为联合国在1995年庆祝成立50周年，该年度探讨全球性组织的当代地位和未来前景的成果也格外丰硕。

四、变革和全球治理

全球治理概念究竟如何有助于理解全球变革的模式呢？正如我们已经注意到的，它是一个需要加以集中的主题。一位批评者指出，全球治理"似乎什么都是"。潜台词就是它是无用的：作为一个概念工具它过于广泛和复杂了。根据这种认识，需要赋予该术语一个更加狭窄和简约的含义。

我们也试图寻求其他的表达。全面描述全球变革是必要的。所以全球治理概念的每一种用法都只阐明了变革的某一侧面。尽管如此，上述两种涉及国际规制模式的变化和影响世界组织的变化的理论流派用途有限。

对于集中于国际规制体系的理论流派，考虑到国际规制在结构上发生的变化，国际规制理论的此种拓展也带来了许多新的困境。不过，这一理论流派对现在我们都已熟悉的批评依然保持虚心接受的态度。这些批评大都围绕着国家的地位。这种国家间政策协调的分析模式，把以领土为原则的民族国家体系发生的重大变化问题，混同为全球治理的一种形式。但只要这种状况继续下去，就很难认为该全球治理理论流派具有理论上的创新。

对于世界组织流派，改革是世界组织至高无上的主题。但正因如此，反而造成它对变革的根本性问题关注不足。尽管如此，该理论流派反映出了人们已经意识到在经济全球化和冷战后的背景下，世界组织从事的活动越来越引人瞩目。

从鉴别当代全球变革主要动力的观点出发，与全球治理理论流派直接相关的是，人们究竟有多少推崇它的理由。批评它包括"所有东西"并不正确。我们注意到它突出了一些具体的进展：个人政治视野的再导向，全球公民社会的迂回行进，全球化精英的崛起，以及尤其是全球信息精英的出现。每一种情况都值得仔细评估。它们都是多维度和全面的。为了寻求对全球变革主动力的恰当理解，客观上要求考虑所有事物。

为了理解全球变革，我们认为一种历史主义的认知论和本体论是必需的。历史主义的理论目标，是以最接近事实的解释框架来认识人类团体面临新挑战时的变革模式，以及这些团体在霸权兴衰过程中的转型。这并不是说论证社会中的事物是如何组织起来的功能性理解没有用处，而是说它们仅仅在仔细而具体的历史和环境指标下才有用处。

历史主义的研究方法与一种激进目标密切相关。正如考克斯所认识到并且随即为许多人所承认的，"理论永远是为某些人和某些目的服务的。所有的理论都有一个视角。视角来自空间和时间的位置，以及具体的社会、政治中的时间和空间"。我们的目标是理解治理形式的起源，进而预测它们随着时间变化而转变的模式，而不是实际功用上的考虑——比如像实证主义或问题—解决模式那样——力图使现存的全球治理体系更加有效。

研究必须从本体论出发，换句话说，我们必须清楚特定时代的世界的最突出特征。在当今全球化日益突出的情况下，我们希望特别关注以下几个相关力量。在观念层面，我们确认了被我们称作认知权威的重要性，也就是说，对专业性、技术性或其他专门知识的尊重。这似乎是当代的明确特征和全球治理的不竭源泉。第二个特征是市场化机制。它们不是狭隘意义上的市场机制。实际上，即便在公共制度方面，也有一种朝向更多采用市场组织原则和社会干预的趋向。本体论的最后一个特征是与知识经济有关的技术基础机构复合体。这些物质的能力看来是增长的发展轨迹和时代的发展动因。

该本体论应当被理解为一种不断发展的多层次分析全球治理形式的方法。

五、结论

20世纪90年代后期国际关系研究领域的一个重要特征是全球变革。冷战结束后，新时代来临的观念深入人心。然而，人们几乎同样关注由于全球经济竞争的性质和潜在含义以及文化全球化而引发的争论。我们力图证明，在各方围绕全球变革的根源、程度和后果的争论之中，全球治理理论正在兴起。在那些有助于更全面理解全球变革的概念中间，全球治理概念犹如鹤立鸡群。

虽然如此，全球治理概念仍有几个不同的用法。第一种用法试图追溯国际规制模式的广泛变化；第二种用法关注当代世界组织处理世界问题能力的变化所具有的潜在意义；第三种用法关注塑造全球治理形式中正在上升的政治力量。无论是个人政治视野的变化，全球政治经济中跨国精英的权力增大，还是全球公民社会的兴起，尤其是全球信息精英的崛起，我们认为都值得更加深入地探究。虽然前两种方法分别辨识出一种重要维度，但从更全面理解全球变革的角度来说，我们认为第三种全球治理形式的政治经济方法最为可取。

全球治理：从激进转型到新自由主义管理[*]

［荷］亨克·奥弗比克 著　来 辉 译[**]

一、导论

"全球治理"曾一度有望实现世界秩序的根本性变革。当时是在20世纪70年代后期，全世界都开始意识到自然资源是有限的，第三世界的革命性政权都团结组织起来追求一种新的国际经济秩序，美国被迫从越南撤兵，而葡萄牙人也放弃了他们在非洲最后的殖民地。全球治理将带来人道的和民主的制度，这些制度的发展方向是管理人类的共同事务。

这种田园牧歌式的美好愿景与新千年以来新自由主义全球治理的冷峻现实相去甚远。当今世界的统治权如果不是掌握在世界各大主要跨国公司的总部手中，就是正日益被非正式的、不民主的、不具代表性的世界领导人聚会（七国集团或者八国集团）所掌控，或者日益被聚集在精英度假村（比如世界经济论坛）的政治家、商界领袖、媒体作家以及各种其他现实世界

---

[*]　原文载于 *International Studies Review*，2010年第12期。本文原载于《国外理论动态》，2013年第1期。

[**]　作者简介：亨克·奥弗比克（Henk Overbeek），荷兰阿姆斯特丹自由大学教授。译者简介：来辉，中央编译局博士后科研工作站博士。

中的行业精英们所掌控。

二、"全球治理"的激进根源以及改革主义的转向

当今世界正面临很多无法仅凭传统的国家之间的讨价还价就能应对的挑战,这种看法其实由来已久。世界秩序以及全球治理的概念最早出现于20世纪70年代中期,几乎与"全球化"概念同时,稍晚于"可持续发展"或"国际经济新秩序"概念。在早期,这些概念通常都是属于规范性或说明性的,在很大程度上是受罗马俱乐部的启发。《增长的极限》使人们注意到全球社会的许多问题超越了单个国家的治理能力,从而理所当然地需要"全球治理"。书中的重点在于指出传统的国家政府在面临超越单个国家能力的各种问题时存在的不足,以及无论进行何种国际政策协调都内在地具有非民主的性质。出路在于改革,以建立"人道的"和民主的治理。在早期,全球治理一直是一个相对边缘性的概念,它激进的内涵使其不能为更广阔的领域所接受。

这种情况在20世纪90年代发生了改变。这似乎是激进方案的一种普遍模式:只要它们被看作是一种对现存秩序基础的威胁,就只能维持边缘地位,但是一旦它们解决了需要处理(只要是因为公众舆论开始不依不饶地要求)的现实的和紧迫的问题,就会被改革力量渐渐加以包装,这些改革力量将激进方案的要求进行重新表述,使其不再从根本上质疑现状,而是声称要将全球化市场经济的需要与可持续发展的要求(创造财富、减少贫困、环境保护、能源安全等)协调起来。这一过程体现出与安东尼·葛兰西(Antonio Gramsci)所谓的"转型"(trasformismo)的相似性,不过在这里"转型"更多是指激进的思想(而非政治领导人)的包装和弱化。

《重塑国际秩序报告》以及威利·勃兰特(Willy Brandt)倡导建立的"国际发展问题独立委员会"(ICIDI)提出了建立新的国际经济秩序的要求,在这种情况下,上述那种去激进化的转型发生得更早。与此类似,可持续发展的思想最初是由世界环境与发展委员会(它更为人所熟知的名称是布伦特兰委员会)提出的,这一思想仍存在某种转型的可能。在里约热内卢召开的

第一次联合国地球峰会上,聚集在"可持续发展工商理事会"中的跨国商业利益集团严重影响和削弱了这一思想。

至于"全球治理"的概念,很多学者都认为冷战的结束在使全球治理成为一个令人尊敬的概念的过程中发挥了重要作用。[①] 西方国家(主要是美国)声称代表了全人类的共同利益,苏联挑战的失败从根本上改变了国际政治讨论的话语。随着替代性的全球体系不再被考虑,推动去政治化的、被弱化的"全球治理"作为一种理想的、各方都同意的、非对抗性的管理世界事务的方式,已经成为可能。这一进程在国际性的"全球治理委员会"的报告发表时达到了顶峰。其中对"全球治理"的定义已经成为最广为引用的标准版本:个人和机构(包括公共机构和私人机构)管理其共同事务的多种方式的总和。这是一个持续的过程,通过它,各种不同的或者相互冲突的利益得以协调一致,并可能采取合作性的行动。

这一定义以及其后来发展出来的其他用法存在三个方面的缺陷。(1)它们都是无关政治的,因为它们将权力从现实的平衡状态中予以删除;(2)它们都是多元主义的,因为它们将行为体、利益以及局部结构的多元化视为根本性的;(3)它们都是非历史性的,因为它们是从这一概念产生的具体历史背景中抽象出来的。[②] 当然,我们也必须不局限于这种简单的批评。因为,即使权力被意识到是与此相关的,权力的概念化通常也是限于权力的"关系性"和"制度性"形式(在现实主义和新自由主义的制度主义论述中)以及"话

[①] Martin Hewson and Timothy J. Sinclais, "The Emergence of Global Governance Theory", In Martin Hewson and Timothy J. Sinclair (eds.), *Approaches to Global Governance Theory*, Albany NY: State University of New York Press, 1999; Michael Barnett and Raymond Duval, "Power in Global Governance", In Michael Barnett and Raymond Duval (eds.), *Power in Global Governance*, Cambridge: Cambridge University Press, 2005; S. Soederberg, *Global Governance in Question: Empire, Class and the New Common Sense in Managing North-South Relations*, London: Pluto Press, 2006; D. Fuchs, *Business Power in Global Governance*, Boulder CO: Lynne Rienner Publishers, 2007.

[②] H. W. Overbeek, "Global Governance, Class, Hegemony: A Historical Materialist Perspective", In A. D. Ba and M. J. Hoffmann (eds.), *Contending Perspectives on Global Governance: Coherence, Contestation and World Order*, London and New York: Routledge, 2004.

语权"(在社会建构主义论述中)。但是,结构性权力的概念仅在国际关系领域中较小或相对边缘的部分得以应用,也只是在历史唯物主义和批判理论的分析方法中得以应用。如果没有对结构性权力在全球政治经济中的作用进行一定的考虑,我们就不能指望开始理解"全球治理"事实上是指什么。

三、现实存在的全球治理

在20世纪90年代,全球治理的概念逐渐越来越多地被社会科学家们所使用,用来评论全球化世界在现实中的实现方式。它开始代表"我们实际上拥有的世界政府"[①],或者现实存在的全球治理。转折点是1995年,这一年《天涯若比邻》(Our Global Neighbourhood)报告发表,也是这一年,一份专门讨论全球治理的全新学术期刊《全球治理》(*Global Governance*)创刊。在这一年里,该术语的使用增加了3倍,而且在后续10年里增长了23倍(见表1),直至之后其开始失去一些吸引力。

表1 "全球治理"一词在学术界的流行程度:1961—2010年

年份	检索出现频次[*]
1961—1970	7
1971—1980	22
1981—1990	84
1991—1995	624
1996—2000	3990
2001—2005	14900
2006—2010	15300

[*] 这是通过谷歌学术搜索对"Global governance"进行全文检索出现的频次数,检索日期是2010年4月1日。

---

① C. N. Murphy, *International Organization and Industrial Change: Global Governance since 1850*, Cambridge: Polity Press, 1994.

这种"现实存在的全球治理"的实质是什么？笔者曾说过，当下所谓的全球治理，是在过去几十年里发展起来的规制性实践与制度的集合，用于管理资本的全球流动与积累的各种条件，"全球治理使私人产权宪法化，保证了资本流动的畅通无阻，控制和制服了具有潜在反叛性的社会力量和国家"。换言之，现实存在的全球治理具有一种清晰而又明确的社会目的或者阶级特征。

全球治理的一般性社会目标隐藏于不同的伪装之下。起初，在20世纪70年代，激进的第三世界政权凭借其在联合国贸发会议及其他联合国论坛中的主导地位，对全球政治舞台具有重要影响，在这些场合，它们发挥其数量优势，倡导一种新的国际经济秩序，这种秩序将通过传统的国家之间的讨价还价而在联合国中得以实现。但是，随着玛格丽特·撒切尔和罗纳德·里根所代表的全球新自由主义时代的来临，全球治理在大多数第三世界国家呈现一种正直而训练有素的形象。国际货币基金组织的制约性（这一点被其主要的出资国比如欧盟等所效仿），世界贸易组织（WTO）的规定，以及极具限制性的全球移民与收容体制等，这些全球治理实践都有利于保障资本的主权，而同时容纳和管理着新自由主义经济重构导致的社会混乱。而在这些实践没有充分展开的地方，苏联的崩溃以及随后全球国家体系的重构使打着"人道干预"的幌子在外围国家内部进行直接干预成为可能，从而把发展进程重新引向拓展和稳定全球市场这一更广阔的目标。从20世纪70年代后期直至新千年的早期，第三世界因此一直都是作为全球治理的对象，而非参与治理的合作者。

另一方面，在当代全球体系之中处于核心地位的治理也越来越非正式化和网络化。治理场所和模式的多样性是引人注目的，这种多样性包括政府间规制与超政府规制的结合、公私合作体制以及私人权威与自我规制的形式。这些新型结构的涌现，通常是联合了公共与私人的力量，为此罗伯特·考克斯（Robert Cox）曾提出了一种著名的比喻："遍布全球的星云"（a global nebuleuse）。[1] 20

---

[1] R. W. Co and T. J. Sinclair, *Approaches to World Order*, Cambridge: Cambridge University Press, 1996.

世纪 90 年代后期与新千年早期的新自由主义全球治理，也是越来越多地基于私人力量的自我规制。而且，正如 19 世纪自我规制的市场一样，21 世纪早期自我规制的市场也被断言是建立在固有的法律基础之上，不受直接的政治干预的影响。建立 WTO 的各种协议，建立欧洲内部市场原则的《单一欧洲法案》，建立欧洲央行（ECB）的法令，这些都是最有影响也最著名的一系列安排，构成了斯蒂芬·吉尔所称的"新宪政主义"（New constitutionalism）①。

四、全球治理的未来

尽管获得了成功，但是"现实存在的全球治理"并没有使现状变得稳定和持久。它一直遭到来自各个方面的持续不断的攻击。首先，一直存在一种对全球化的批评，主张通过强化全球公民社会②以及通过替代性的"世界主义民主"（cosmopolitan democracy）③ 来推动全球治理的民主化。大多数此类研究著作的意图都在于推动全球秩序朝着去层级化（de-stratification）的方向发展，也即进一步削弱国家权威在全球系统的治理当中的直接作用。④ 而新自由主义全球化进程的辩证法则指向另一个方向。

自进入新千年以来，全球资本主义秩序已经进入了一个新阶段。新世纪的前几年使主导了过去 20 年的许多发展趋势发生了大转变。那种进一步实现自由化、去层级化和去领土边界化（de-territorialization）的预期显得日益难以

---

① S. R. CiII, "New Constitutionalism, Democratisation and Global Political Economy", In R. Wilkinson (ed.), *The Global Governance Reader*, London and New York: Routledge, 2005.

② J. A. Scholte, "Civil Society and Democracy in Global Covernance", In R. Wilkinson (ed.), *The Global Governance Reader*, London and New York: Routledge, 2005. 但德兰维尔对此路径进行了激烈批评。A. Drainville, *Contesting Globalization: Space and Place in the World Economy*, London: Routledge, 2004.

③ David Held, *Democracy and the Global Order: From the Modern State to Cosmopolitan Governance*, Cambridge: Polity Press, 1995.

④ M. Rupert and M. S. Solomon, *Globalization & International Political Economy: The Politics of Alternative Futures*, Lanham, MD: Rowman & Littlefield, 2006.

维持。一方面，我们看到了地缘政治对抗的复苏，其规模之大超出了我们几年前的预期。另一方面，全球金融危机迫使各国政府在管理经济和资本积累中重新承担起了领导者的角色。

首先是全球金融危机。在 2007 年，美国房地产市场的危机使此次危机开始被人所注意。美国房产抵押坏账的积累引发了金融危机，并迅速蔓延到全球主要金融市场，进而发展为一场自 20 世纪 30 年代以来最为严重的全球性大衰退。在这一过程中，市场自由化的意识形态遭到了巨大的打击。典型的例子是，格林斯潘 2008 年 10 月在美国国会承认，此次市场崩溃暴露了他整个一生的经济学思想中存在的一个错误，使他陷入了一种"震撼性的怀疑状态"。新自由主义的自由市场的时代已然终结；在最主要资本主义经济体的管理中，国家的角色将不可避免地在性质上不同于 20 世纪 80 和 90 年代，这使一些人甚至谈到了"国家资本主义的回归"。

其次，新自由主义全球化已经产生了新的地缘经济紧张关系和地缘政治紧张关系，这既体现为对世界主要油气资源的控制斗争在加剧，也同样体现在全球经济的重心从大西洋转向太平洋，特别是转向中国。这种历史性转移可以根据美国霸权的衰落来进行解释。不过，这也可以视作新自由主义全球化这一工程成功的代价，以及它如何将资本主义增长传播到资本主义核心地带之外。因此，正是资本主义的不平衡发展本身成就了新的竞争性积累中心——或者是所谓的"霍布斯式竞争者国家"（Hobbesian Contender States）的崛起①，同时也造就了更多的分化而非更强的团结②。这些崛起的竞争者国家，宣示着后冷战世界单极时代的消亡，以及一个多极世界的兴起，这些国家不可能被排除在全球权力中心之外。在一些为现实提供智力支持的机构（比如世界银行和布鲁金斯学会）中，越来越多的人意识到这一不可避免的事实。出自这些机构的改革建议的要点旨在增强国

---

① K. Van der Pijl, *Global Rivalries: From the Cold War to Iraq*, London: Pluto Press, 2006.
② A. Schmidt et al., "Ceopolitics, Global Governance and Crisis Narratives", IDS Bulletin, 40 (5), 2009, pp. 89 – 100.

家和国家间组织在国际体系的治理中的作用。① 也许可以认为,这些新建议无非就是为了重建美元主导的新自由主义正统。② 然而,回归到作为全球治理基础的国家间的讨价还价,是有意义的,并且这种回归释放出了一种全新的辩证法,它不同于20世纪最后25年由市场驱动的新自由主义的全球治理。

五、总结

全球治理并不是一个非常有用的概念。它含糊不清,并不精确,更糟糕的是它具有误导性。但是不幸的是"全球治理"这一概念并不会消失。考虑到这一概念已有的影响力,我们最好赋予这一概念以历史性,即强调它在其中被使用的具体历史背景。在过去20年里,所谓的全球治理实际上是新自由主义的全球治理,服务于资本在全球范围内积累的自由。

通过对全球治理概念的历史化,我们得以敏感地认识到其所指称的社会实践走向衰落的必然性。不正是卡尔·波兰尼(Karl Polanyi)在六十多年前提出,放纵资本主义市场和创建自我规制的市场文明具有局限性和内部矛盾吗?③ 顺着这一逻辑,我们知道在某些时点,这些矛盾会积累到某种程度,以至于资本会从非正式的治理中摆脱出来而重新回到旧有的政府手中,从柔性的规制转向硬性的法律,从自由放任转向社会保护,从基于市场的治理转向国家引导的统治,以及从自由主义资本主义转向权威主义资本主义。从近年

---

① J. M. Boughton and C. I. Bradford Jr., "Global Governance: New Players, New Rules", *Finance and Developmen*, 44 (4), 2007, pp. 10 – 14; C. I. Bradford Jr. and J. Lion (eds.), *Global Governance Reform: Breaking the Stalemate*, Washington: Brookings Institution, 2007.

② P. Cammack, "All Power to Global Capital!", Papers in the Politics of Global Competitiveness 10, Institute for Global Studies, Manchester Metropolitan University, 2009, espace Open Access Repository. 更加明确的是,已经有人公开提出此类主张。Council on Foreign Relations, "International Institutions and Global Governance Program: World Order in the 21st Century", Washington, DC: Council on Foreign Relations, 2008.

③ Karl Polanyi, *The Great Transformation: The Political and Economic Origins of Our Time*, Boston: Beacon Press, 1957.

来地缘竞争和资源民族主义的重新兴起来看，以及从国家重新回到资本主义经济的管理核心的地位来看，我们必然想知道钟摆是否已经开始摆向另一个方向，这使关于"全球治理"的讨论成为一场在历史学家之间而非社会科学家之间的辩论。

如何"全球"与为何"治理":
全球治理概念的盲点与矛盾*

[德] 克劳斯·丁沃斯　[荷] 菲利普·帕特伯格 著　晓 谢 译**

全球治理已经存在很多种定义方式,并且这些方式通常相差甚远。但是,尽管很多人在问"什么是全球治理",却少有人去问另一个问题:"什么不是全球治理?"通过提出这个问题,我们旨在对当前有关全球治理的争论进行批判性的评论。更具体地说,我们将讨论与全球治理争论的概念基础密切相关的三个盲点。前两个都是属于常见的批评。有关全球治理的文献被认为是无中生有地对全球性做出了假设,它们受到很多批评,因为它们将跨境规制行为描述为本质上是"后政治的"。我们对近期关于全球治理的教科书以及课程大纲的回顾发现,这些在其著作和教学中使用全球治理一词的人都对这些批评较为敏感。但是,仍然存在第三个而且可能是更加困难的概念上的挑战,即全球治理的文献倾向于高估世界事务中有序协调的数量,而忽视了更加根本性的问题——为什么(以及如何)一些问题被认为属于全球治理范畴而另

---

* 原文载于 *International Studies Review*,2010 年第 12 期。本文原载于《国外理论动态》,2013 年第 1 期。

** 作者简介:克劳斯·丁沃斯(Klaus Dingwerth),德国不来梅大学教授;菲利普·帕特伯格(Philipp Pattberg),荷兰阿姆斯特丹自由大学教授。译者简介:晓谢,中央编译局博士后科研工作站博士。

一些问题却没有？

一、"非全球"的治理

"全球治理"一词有两个逻辑上的替代语，即"非全球的治理"（non-global governance）与"全球的无治理"（global non-governance）。我们现在从第一个替代语视角来讨论"全球治理"在何种层面上才可谓全球的。或者换言之：在何种程度上，被纳入全球治理概念之下的现象真正是"具有全球维度的""世界范围的"或者"全球跨度的"？为了回答这一问题，我们采用了罗伯特·莱瑟姆（Robert Latham）对"全球的"（global）这一定语的两种不同用法之间所做的区分。

二、具有"全球性"的治理

在其第一种用法中，全球治理指的是"具有全球性的治理"（governance that is global），也就是说，各种行为的协调（至少就其愿望而言）是涵盖全球的。① 对于这种特殊的用法，批评者提出，全球治理一词暗示了一种同质性的程度，它远远超出了当下的现实。迪特·森格哈斯（Dieter Senghaas）关于世界的分析清楚地表明，对于跨境行为基于规则的协调鲜有达到全球范围的。为了弄清楚我们在现实中和在分析时究竟处于哪一个世界之中，森格哈斯区分了四个"局部的世界"（partial worlds）。②

在经合组织中，政治、法律、经济与公民社会方面密集的、跨境的以及通常是对称的整合，构成一个"超民族的多层体系"。除此之外，由欧盟的候

---

① Robert Latham, "Politics in a Floating World: Toward a Critique of Global Governance", In Martin Hewson and Timothy J. Sinclaim (eds.), *Approaches to Global Governance Theory*, Albany: State University of New York Press, 1999.

② Dieter Senghaas, "Die Konstitution der Welteine Analyse in Friedenspolitischer Absicht", *Leviathan*, 2003（31），pp. 117 – 152.

选成员国以及某些东（南）亚（国家）社会组成的"新的第二世界"（the New Second world），可以被认为能够积极地或消极地参与跨境治理。但是第三世界和第四世界就不同了。在第三世界，其中心地区能够融入（但仅是非对称性地融入）第一和第二世界的跨国俱乐部，而其边缘地区只是结构性地依赖于其自身的中心（因而很大程度上不能有效参与跨境治理，全球治理就更无从谈起）。在第四世界，各（国）社会不具有规制能力，因为国家要么遭遇了失败，要么被私人行为体所篡夺。

这种分析对于在全球治理文献中广泛流传的"同一个世界"的理念是一种极具颠覆性的挑战。它对于全球治理的思想本身也是一种根本性的挑战。

全球治理概念的实施出现的各种问题，主要与第三和第四世界相关。它们（尤其是后者）缺乏在地区层面实际和有效地实施全球治理体制的基本要件。由于第三世界的人口大概占世界人口的三分之二，而第四世界的人口几乎占世界人口的15%，这意味着大约五分之四的人类缺乏重要的（而在某些情况下几乎是所有的）先决条件来构建全球治理机制，也无法将其可靠地、具有操作性地转化为具体的政治纲领（即履约）。这一根本性的事实通常甚至都进入不了全球治理的话语当中。

因此，通常被称为"全球治理"的东西，其实照字面上说很少是"全球性的"。批评者依旧认为"全球"治理的第一个概念因此正好属于森格哈斯所指出的早期全球化话语所犯的同一种错误：经合组织国家的那种非常特殊的经验在被应用于整个世界时被抽象化了，并且"被盲目地普遍化了"。

正如托马斯·里斯（Thomas Risse）最近指出的，这种普遍化是存在问题的，原因至少有二。① 首先，占主导地位的治理范式的基础是对公共的与私人的、国家的与非国家的、正式的与非正式的进行清晰的区别，它们是主要的分析范畴。然而，这些范畴的形成都是以现代发达阶段国家的经验为基础的，因而只适用于描述当今政治世界中的一小部分地区的情况。其次，治理视角

---

① Thomas Risse, "Governance in Raumen begrenzter Staatlich-keit: Reformen ohne Staat?", Paper read at 23. Kongress der Deutschen Vereinigung fur Politikwissenschaft, at Munster, 2006.

所固有的特征是，它在等级制的和非等级制的治理模式之间进行了明确区别，其中等级制的权力掌控与国家紧密联系。可是，这种理想形态的类型学没有承认衰败国家或失败国家存在的现实，这些国家往往无法实现等级制的权力掌控，而且与此同时，等级制的权力掌控并不一定仅限于国家及其代理人。

尽管冠有"全球"的名义，全球治理话语似乎永远缺乏有关国际关系的主流分析对经合组织国家以外的世界的那种关注。全球治理的这一概念恰恰从根本上就是存在明显矛盾的：一方面，它围绕"全球性的"政治问题对于具有极大同质性的基于规则的协调做出了隐含性假设，这一假设看起来惊人地幼稚；另一方面，全球化这一标签与其所试图描述的现象之间的差异，使我们一定程度上敏感地觉察到了进行真正全球性的治理的可能性及其阻碍。因为只要我们谈到"全球性的"治理，很难忽略的问题就是我们归属于这一概念之下的那些现象是否具有真正的全球性。

这里同时既包括了分析性的问题（比如，卫生治理的何种要素是在全球层面上组织起来的），也包括了规范性的问题（比如，卫生治理的何种要素应该在全球层面上组织起来）。从某种意义上看，我们不难发现，关于全球治理的许多近期文献都明显地关注到了全球性的问题。他们的关注通过两种方式进行，我们可以通过参考吉姆·惠特曼（Jim Whitman）的两本书来说明这两种方式：2005年的《全球治理的局限》以及2009年的《全球治理的原理》。首先，许多使用全球治理一词的作者经常提出的问题是，他们所描述的全球治理形式是否以及在何种意义上属于（或者能够算是）真正全球性的。比如，在《全球治理的原理》一书中，惠特曼承认："无论覆盖范围多么广泛，全球治理的制度安排在某种程度上总是不够的。"其次，那些应用全球治理视角的著作往往使我们敏感地察觉到了如下看法，即某种全球性形式在当代社会关系中呈现得比我们一般设想的要更多。在其更早的作品《全球治理的局限》一书中，惠特曼在主张以下观点时，似乎就提出了这一观点：人类行为及其后果涉及的范围是全球性的，但是相关的理解、协调、舆论和指令却限于更小的、更狭窄的区域，它们受到相互冲突或彼此竞争的利益和实践的影响。

总之，全球治理的争论必然具有将特殊经验盲目普遍化或"全球化"的危险。与此同时，它也能帮助我们在曾经的研究日程中没有注意到的地方辨别出"真正的全球性"。可以说，全球治理并不限于经合组织国家。相比于其他标签（诸如"国际关系""跨国规制"或者"世界事务"等），全球治理这一标签随着时间而变化的使用方式是否使其相应的研究议程更多或更少关注森格哈斯所谓的第二、第三和第四世界，这一问题仍有待讨论。不过通过对近期文献略加浏览，我们却发现，不同概念阵营中的研究者展现出的自我反思的程度并不依赖于他们所使用的标签。

三、"在全球层面"的治理

我们后面的评论将涉及关于全球治理的第二种理解，即"在全球层面的治理"（governance in the global），换言之，就是所有层级的社会互动都取决于全球层级。① 根据这种理解，对社会活动基于规则的协调只有在它不具有跨境效应时才不是全球性的。因为不具有跨境效应是一种仅适用于极少数情况的似是而非的设定，所以，没有囊括在全球治理概念之内的现象已是少之又少。因此，基于规则的社会互动也是全球治理的一部分吗？如果我们接受詹姆斯·罗西瑙对全球治理的宽泛定义，即将其视为"所有层面的人类活动（从家庭到国际组织）的规则构成的各种体系，在这些体系中，通过运用控制权来实现具有跨国影响的目标"②，那么，这事实上似乎就是正确的结论了。虽然我们可能会在直觉上拒斥这种对全球治理的宽泛理解，认为它在分析层面上是没有意义的，但是马丁·休伊森和蒂莫西·辛克莱准确地将这一概念的涵盖宽度视为罗西瑙对全球治理研究的一大贡献。通过强调世界政治的微观基础并将其理解为一种"全球生活的社会学"，他们认为，罗西瑙不仅从根

---

① Robert Latham, "Politics in a Floating World: Toward a Critique of Global Governance", In Martin Hewson and Timothy J. SinClair (eds.), *Approaches to Global Governance Theory*, Albany: State University of New York Press, 1999, p. 28.

② James N. Rosenau, "Governance in the Twenty-first Century", *Global Governance: A Review of Multilateralism and International Organizations*, 1 (1), 1995, pp. 13–43.

本上指出了全球治理具有多层面的特征，也指出了全球治理是普遍存在的。正如他们所坚持认为的，这一概念暗含着"日常生活在被彻底改变的环境中的一种存在主义或本体论的前提"，也就是一种社会情境，在其中，决定我们个人行为的规范、规则以及权威的根源日益来自于有着领土界限的共同体之外。

不过，有人也许会说，全球治理的这样一种宽泛定义会导致分析力的巨大损失，因为它必然涵盖了差异非常大的不同现象。因此，对全球治理的这样一种宽泛理解可能既包括那些在全球层面有着严格规制的议题，例如国际体系中暴力的使用，也包括在国际和跨境层面上缺乏明确规则的议题，诸如动物权利、失业或者堕胎等。建立在罗西瑙的定义基础之上的研究视角能够在所有这些例子中看到治理的存在。

例如，堕胎问题的全球治理就包括国家的以及次国家的法律（这是罗西瑙的"以国家为中心的世界"中的治理），此外还包括一系列更加分散的国际的和跨国性的规范以及各种行为体为了推动或者反对在自己以及他人的社会中实施更加严格的规制而采取的行动（这就是罗西瑙所谓的"多中心世界"中的治理）。因此，全球治理视角的支持者可能只是指出了将国际体系中暴力使用的治理与堕胎的全球治理区分开来的全球治理的不同形式。结果"全球治理"一词的排序功能（ordering function）在这种情况下就削弱了，因为其外部界限（即不属于全球治理的部分）仍不明确。不过，这几乎不是一个有效的批评，因为批评者们青睐的其他概念，比如"全球政治""国际关系"或者"跨境规制"等，都面临同样的问题。而事实上，全球治理中，受到密集的和/或正式的规制的领域与受到松散的和/或极其非正式的管制的领域之间的对比，可能会使我们真正洞察到许多相关的动态机制：首先是政策问题得以社会性地建构起来的过程，该过程将决定某议题是否属于"全球治理"或"世界事务"的范围；其次是导致一些行为体和政策领域去选择正式或非正式治理的利益与互动关系；第三是认为非正式的（因而也是更不明显的）治理可能会产生与正式的（因而也是更明显的）治理同样的结果的观念。

四、治理与政治：治理是"后政治的"吗？

紧跟"为什么是全球的"这一问题之后，全球治理话语经常要面对"为什么是治理"这一问题。主要的挑战可以总结为两个简单的问题：使用"治理"而不是"政治"的说法，其在分析上的优势是什么以及做出这种选择具有什么内涵。

全球治理话语的批评者认为，治理这一标签的使用是在附和一种新的说法，这种说法强调"掌权"和"管理"的技巧，大体而言，也传达了一种关于世界政治的去政治化的图景。① 与此同时，看起来很明显的是，全球治理概念所概述的社会实践，其政治性事实上并不低于那些被归在"国际政治"这一标题下的实践。

那种指责全球治理被描述为"非政治"或者"后政治"的批评，通常与治理一词的语言内涵有关，比如与借助于"掌舵"（即掌权）这样的隐喻有关，因此这些隐喻具有伪装性，使有关政治目标的核心问题（即航线）或者决策者（"船长"）的选择常常看起来似乎依旧是悬而未决的。在这一意义上，治理话语是"后政治的"，因为它忽视（或者否定）了通常所认为的政治的本质，即决定集体目标和规则的过程。

对"掌舵"的抽象强调，揭示出治理视角与在更早版本的功能主义中流行的技术管理型概念存在一种紧密联系。但是，与那些更早的争论不同，治理一词的当前用法被认为是无视治理主体与客体之间的区别。关于"掌舵"的早期理论从未忽视其与政治的联系（即为了公共利益做出合法决策的问题），与此不同，后起的治理理论却因其只狭隘地关注不同治理机构和机制的效果与有效性问题而受到批评。

正如在前面的情况中一样，全球治理话语的替代性解读也已经出现。根

---

① Frank Biermann, "Earth System Governance" as a Crosscutting Theme of Global Change Research, *Global Environmental Change*, 17 (3-4), 2007, pp. 326-337, p. 327.

据其中一种解读,全球治理作为世界上所有基于规则的协调的总和,在本质上等同于政治的有序的部分。根据这种阐述,我们可以将罗西瑙解读为一位总在不断提醒我们全球治理确实无处不在的研究者。结果"为什么是治理而不是政治"这一问题的含义就再次陷入矛盾。一方面,伴随治理这一标签产生的是一个概念包袱,其中包含了术语上隐含的、去政治化的有关"社会掌舵"(societal steering)的思想;另一方面,全球治理的视角,作为一种认识"人类存在的整体"如何正在日益成为跨境的、国际的和基于规则的"治理"之对象的工具,正受到欢迎。对于前一视角的追随者来说,关于全球治理的论述本质上属于更广泛的指向管理思想的新自由主义转型的一部分。对于后一视角的拥护者而言,全球治理视角提供了一个机会,来重绘世界政治的地图和扩展我们对该学科的理解,包括研究的对象以及我们在研究这些对象时所要借助的社会理论。

通过对近期一些全球治理文献的简要回顾就可以发现,两方面的研究著述都有。一些作者确实将全球治理标签与一种更加属于管理学的分析路径联系起来。[①] 但是,其他许多人抓住了"后政治学"的观点,对"治理 vs. 政治"这一主题进行了具体阐述。

总之,治理话语肯定充满了与"掌舵"相关的词汇(但是值得指出的是"政治学话语",更不要说与国家相关的话语,都很难避免类似的词汇),因此非常重要的是不要忽视以下事实:"现实存在的全球治理"与我们关于全球治理的话语在本质上都是政治性的。结果,我们中的一些人可能希望将一本导论性的教科书(或者研究生教材)命名为《全球政治学》而非《全球治理》。但是,除非能够与书本(或课程)的内容相匹配,否则,假设认为这个标签能够担当此任,就会像认为这类全球治理的文献对全球治理的政治缺乏兴趣一样,显得非常奇怪。就像亨克·奥弗比克在其文章中所做的那样,这些批评者主要是通过援引全球治理委员会的研究报告来证实其主张的,这一情况

---

① John N. Clarke and Geoffrey R. Edwards (eds.), *Global Governance in the 21st Century*, Basingstoke: Palgrave Macmillan, 2004.

说明了一件事，即这一有关全球治理话语的报告（可能还有其他建立在这一报告基础上的著述）没有重视"现实存在的全球治理"的政治性以及未来全球治理的不同前景之间的竞争性。但是这种批评并不令人诧异，也不是特别相关。并不令人诧异是因为全球治理委员会本身就是某种政治机构。而它在很大程度上也并不相关，是因为当前关于全球治理的学术话语只是大量地引用了该委员会的这一报告。

五、全球"无治理"？

全球治理一词不仅意味着治理是真正全球性的，也意味着全球（或者其中的大部分地区）都得到了真正的治理。现实中，全球治理的领域通常分为具体的问题领域，比如全球经济治理、全球环境治理或者全球卫生治理。但是，对于其中大多数领域来说"全球治理"并没有超越世界上存在的与各个具体领域相关的掌舵机制的总和。相应的，旨在描述某个具体的全球治理领域的尝试通常一开始都要建立一个与各自领域相关的各种规制机制的清单。如果对于研究全球治理的学者而言，罗列清单就是做出选择的方法，那么，我们可以预期到会存在以下几个盲点。

首先，全球治理研究可能高估了政治世界中基于规则的协调的数量。因为它的概念工具箱是作为一种启发性手段来发挥作用的，以便识别出基于规则的互动而非其缺失，所以，它可能对下述观念缺乏一定的反应性，即"没有目的的人类活动（其数量丰富，而且很大程度上是世俗的）构成了全球秩序的大部分内容和主题"。[①] 这一判断，对于描述"现实存在的全球治理"以及对于规范性地指导未来跨境政治行动的路线而言，也是可能成立的。

其次，如此理解的全球治理研究可能仅狭隘地关注那些非常容易识别的规则，简言之，就是那些在国际法律文本、国际组织及其下属机构的决定，

---

① Jim Whitman, *The Limits of Global Governance*, Basingstoke, UK: Palgrave Macmillan, 2005, p. 31.

或者是由跨国公司与跨国游说团体发布的行为准则中记录在案的规则。这种情况发展到了这种程度,以至于全球治理的研究在探究全球(经济、卫生)治理的深层规范结构以及更加微妙的运转方式时面临诸多困难。换言之,一种狭隘理解的治理研究偏向于正式的以及高度制度化的规则,但是更加根本性的"游戏规则"以及非正式的治理框架可能常常都会被忽视。因此"猜单式"的方式与罗西瑙的基本承诺背道而驰,后者认为全球治理研究的兴趣在于考察具有跨境影响的大量规则体系。

第三个缺陷在于,全球治理研究在搜寻容易确认因而也是明确的规则的过程中,可能会集中关注那些涵盖大量正式规则的议题领域。学者们因此可能无法深入探究(或者甚至无法识别出)其他那些治理的制度化程度更低,但有效性并不一定更低的全球治理领域。因此,我们发现有大量关于化学品的全球治理的相关研究,却少有关于堕胎、动物权利或者失业的全球治理的研究,因为后面这些议题通常被视作是国内问题而属于非全球治理。一些研究,比如罗格·金(Roger King)关于大学的全球治理的研究,说明上述情况并非一种必然的发展结果,而通过"世界模式"、标准或者排名进行的非正式的"掌舵",可以成为具有经验导向的全球治理学术研究的核心要素。[1]

最后,第四个被遗漏的问题是,为什么某些议题逐渐被公开视为或者构想为全球治理议题,而另一些议题却不是如此。关于这个问题通常的解释是:存在一些仅凭单个国家(甚至仅凭国家集团)不能独自解决的"全球问题"或"全球挑战"。如果没有找到解决问题的"全球方案",我们就会面临"治理缺口"问题。[2] 然而,何谓"全球性的"政策问题?我们如何才能识别它?仅有部分议题被构想为全球政治问题,而其他问题要么仍属于国内挑战,要么根本不被认为是"问题",这一点所指向的是前面所指出的那种批评,即全

---

[1] Roger King, *Governing Universities Globally: Organizations, Regulations, and Rankings*, Cheltenham, UK: Edward Elgar, 2009.

[2] Wolgang H. Reinicke, Francis Deng, Thorsten Benner, Jan-Martin Witte, Beth Whitaker and John Cershman, *Critical Choices: The United Nations, Networks and the Future of Global Governance*, Ottawa: IDRC, 2000.

球治理是一种"后政治"的话语,其中我们可以争论如何最好地处理气候变化问题,却不能否认气候变化是一个需要我们优先解决的全球问题。作为对这一批评的回应,非常重要的是全球治理文献不能理所当然地将相关议题或领域构建为"全球治理",而是要考察它们如何以及为何被视为全球治理的一部分,以及具有何种结果。

总之,如果研究全球治理的学者们致力于一种"全球生活的社会学"(或者更准确地说,全球政治生活),那么隐含的规范、角色、习惯以及常规都应该像明确的规则一样成为我们研究的核心。结果,只是把那些其特色在于拥有大量正式规则的政策领域归属于治理范畴,而把其他所有的政策领域(比如对全球森林及其管理的规制)都描述为"无治理"(non-governance),这就意味着丧失了罗西瑙提出的全球治理概念的创新需求,因为这会将那些由规范(而不是正式规则)在指导不同主体之行为的政策领域排除在全球治理范围之外。事实上"无治理"本身具有误导性,因为很难想象一种完全不受任何非正式规范支配的社会关系。认真考虑"全球生活的社会学"的呼吁,意味着全球治理学界将需要像对待明确规则一样,认真考虑全球治理中的这些"软"因素,而且应该将分析拓展到如下方面:一是广义理解的治理的整个领域,二是那些使用明确的和正式的规则作为分析准绳来分析"现实存在的全球治理"时所遗漏的领域。

六、结论

作为观察世界政治的一个特殊视角,全球治理为传统国际关系学者们提出了一种相当大的挑战。首先,它将研究议程拓展到一种"多中心的"世界,弥补了该学科之前仅关注"以国家为中心的世界"的不足。尽管这种拓展在某种意义上早已发生,因为20世纪70年代(以及更早)的有关跨国关系的文献已经在设想并部分意识到了这种拓展,仍不明确的是如何才能更好地研究这种多中心世界的复杂性及其与以国家为中心的世界之间的关系。

其次,全球治理议程也要求我们不仅要看到正式的规则,也要研究我们社会化世界中存在的大量跨境控制机制。与这些控制机制相关，治理视角的分析跨度不时因为其界限（即不是治理的部分）仅有模糊的界定而受到攻击。另一方面，概念的开放性也可被视为一种优点。它基于如下假设：一个规范的有效性比其实质更加重要。① 因而我们可以对非正式的和正式的规范、标准以及规则基本上都等而视之，认为它们对各自的目标行为体都具有类似的作用。

最后，有批评指出，"现实存在的全球治理"极少是全球性的，而研究者与实践者们倾向于把全球治理描绘为一种后政治的活动，这样的批评将继续成为更广泛的全球治理话语的一部分。正如我们在本文中指出的，这并不是一个重要问题。全球性的问题，无论是分析意义上的还是规范意义上的，在全球治理话语的背景下都会比在同样适用的传统国际关系话语下，得到更多（而不是更少）的明确讨论。事实上，可以说当代国际关系的规范性转向在本质上与一种全球治理话语的兴起存在联系，在这一转向中，两个领域从一开始就是一致的，尽管其方式并不是最具说服力的。

一种流行的指责认为，全球治理被描述为后政治的，但这一批评似乎只适用于全球治理话语中的一小部分。事实上"全球治理的政治学"正是许多应用全球治理视角的著作开篇就谈到的内容。如果我们承认（正如许多研究者做的那样），全球治理实际上与政治相关，那么，全球治理的视角将会帮助而非阻碍我们扩展对世界政治的理解，并对属于国际关系学科范围内的传统观念提出质疑。而且，如果如罗西瑙所设想的那样，实践一种"全球生活的社会学"会引导我们去质疑我们自己对国际关系的理解，在本质上也引导我们去思考为什么关于跨国恐怖主义的研究处于我们学科的核心，而减少母亲生育死亡率的跨国努力却没有这样的地位，那么，这就不是一件小事了。

---

① MarcHuft, "La gouvernanceest-elle un Concept Opérationnel? Proposition pour un Cadre Analytique", *Revue Féderalisme-Régiouali*, sme, 7（2），2007.

全球治理的作用是什么？*

［法］帕斯卡尔·拉米 著　曹 文 译**

我将全球治理定义为帮助人类社会以可持续的方式（即公平和正义的方式）实现共同目标的机制。各国相互依存的不断加深，意味着我们需要在尽可能协调一致的基础上，分析、讨论、理解和联结彼此之间的法律、标准、价值观以及其他塑造人们行为的社会规范。在我看来，这是人类在经济、社会和环境方面获得可持续发展的前提条件。

当前，三个层面的治理在不同程度上符合这些要求。打个比方，这就好像三种形态的物质：气体、液体和固体。气体是无等级差异的粒子共存的状态，治理的气体状态就是指由主权国家组成的国际体系，主权国家在这一体系中以一种本质上横向的逻辑和分散的责任机制联系在一起。包括 WTO 在内的大多数国际组织按照这一模式运作。治理的液体状态的范例是欧盟。成员国同意将部分主权让渡给一体化的国际组织，以加强该组织的协调能力与效力。治理的固体状态则是民族国家，它们掌握能够迫使个人纳税或遵守规则的"硬实力"，也就是武力。

---

* 原文载于 Global Journal，2010 年 7—8 月刊。本文原载于《中国党政干部论坛》，2011 年第 2 期。

** 作者简介：帕斯卡尔·拉米，世界贸易组织前总干事。

我们如今面临的挑战是如何建立一个超越气体状态的全球治理机制，一方面改善领导力、效力与合法性三者之间的平衡，另一方面确保协调一致的凝聚力。

一、全球治理的具体挑战是什么？需要克服的首要障碍又是什么？

全球治理的首要挑战是如何确定领导者。由谁来领导？是一个超级大国还是一部分国家的领袖？谁来选择这些国家，抑或是由一个国际组织来领导？按照传统的合法性原则，团体的领导应通过该团体的成员或他们的代表进行投票来选择。这里隐含的逻辑是，确立领导者的机制必须拥有凝聚大多数民众共识的政治能力，并能够使民众确信其自身政治权利得到保障。正是因为合法性源于民众与领导者之间的亲密关系，全球治理的第二个挑战是两者在全球层面固有的距离，国际性决策对于民众而言过于遥远，既难以参与又无法直接问责。一种较为普遍的观点是，这种距离会造成所谓的"民主缺陷"和缺乏责任。

民族国家的合法性是独一无二的。当它们成为一个国际组织的成员时，会将合法性有限地传递给该组织。理论上，民主国家在不同领域的协调行动理应形成协调的全球行动，但实际上，国家在国际问题上往往是不一致的。

与实际权力的距离、治理层次繁多，等等，都对全球治理的效率构成了挑战。民族国家或多或少反对将权力转移给国际机制，拒绝与国际机制分享权力。通常情况下，一国的外交系统不会因为国际合作而受到表彰，也几乎没有外交官因为对外"说不"而使其职业生涯受损。相反，对外"说是"的风险要高得多。

通过传统的国内民主模式来解决全球问题有其自身的局限性，而且如果全球治理不能获得其自身的民主声望，如果民众发现那些他们关注的日常问题由于全球化而被政治家在选举中忽视，那么这反过来会损害国内民主的信誉。

二、欧洲提供了新的全球治理的范式

如果说地球上有一个地方存在全球治理的新模式,并经过了"二战"后数十年的检验,这个地方就只能是欧洲。欧洲一体化是迄今为止最具雄心水平的超国家的治理机制,它展现了成员国对相互依存的需要、界定以及实践过程。当然,这一过程无论在地域上、深度上(例如成员国向欧盟让渡的权力)还是在身份认同方面都尚未完成。

同时,我们必须注意到,欧盟是欧洲大陆独特地缘和历史的产物。欧洲大陆惨遭两场世界大战和大屠杀蹂躏,数百万人因此丧命,经历噩梦的欧洲幸存者拥有和平、稳定和繁荣的共同梦想。正因为这种地缘和历史的特殊性,我们在讨论或推广欧盟范式时必须格外谨慎。

20世纪50年代欧洲煤钢共同体的建立是基于克服噩梦、寻求和平的政治意愿。正如当时的法国总理罗伯特·舒曼所说,和平植根于"真正的休戚与共"。那个时代的人们把共同的政治意愿落实到一个具体项目上,将当时欧洲经济的两大关键产业煤和钢合并经营。此外,他们还创建了超国家的权力机构——欧洲煤钢共同体高级机构。欧洲煤钢共同体的诞生与设计,已经体现了欧盟的核心精神,即创立享有共同主权的机制,成员国通过这一机制处理彼此关系,无需像以往那样不断签订国家间的条约。

欧盟治理范式的显著特点是政治意愿、明确目标和制度框架三个要素的结合,在威斯特伐利亚原则的基础上实现了飞跃。主要的创新包括:欧盟的基本法高于成员国国内法律;建立了专享立法倡议权的欧委会;建立了判决对成员国法院具有约束力的欧洲法院;建立了两院制的欧洲议会系统,欧洲理事会代表成员国,欧洲议会则代表欧盟公民。这些制度创新是对特定的共同目标的补充,而非替代。实际上,全球治理并不缺少这样的共同目标。欧洲统一运动的总设计师让·莫内曾指出:"主权国家的架构已经无法解决人类今天面临的问题,欧洲共同体只是我们迈向未来世界组织形式的一小步。"

从这个观点出发,我们可以从领导力、内部协调、效率与合法性的角度对欧盟机制进行考量。在内部领导力方面，欧盟表现出色。20世纪90年代欧洲共同市场的建立和随后欧元区的形成，都是政治意愿、共同目标和机制创新协同作用的成功范例。但也正是由于对外方面缺乏上述三个要素，欧盟的外部领导力（对世界事务的影响力）则相对较弱。国际贸易是一个例外，因为欧盟在过去50多年里已经形成了贸易开放的共同目标，有共同的贸易谈判代表，在贸易领域保持口径一致，发出统一的声音。

在内部协调方面，欧盟表现得相当好，这得益于其内部机制。欧委会坚持共同领导原则，在大多数领域独享立法倡议权；欧洲议会的权力不断扩大；专业化水平的加强和提高（包括通过《里斯本协定》），都促使欧盟的行动越来越协调。但不能否认的是，欧盟与成员国权力的界限不清，这一联邦制的通病仍然是内部协调的主要障碍。当前的债务危机暴露了欧盟在宏观经济政策领域和预算问题上缺乏协调，而能源和交通领域同样存在类似的问题。

在效率方面，欧盟成就卓越。这归功于欧盟法院在法治方面取得的成绩，同时也归功于投票权的不断扩大以及欧委会与欧盟法规保持一致的能力。

合法性是欧盟表现最差的领域。欧洲公众舆论和欧盟之间的分歧正日益扩大，尽管欧盟做出了适应民主要求的努力，但民主仍被排除在欧盟的机制安排之外。特拉维夫大学国际研究中心主任埃利·巴尔纳维将此称为欧盟在民主方面的"冷淡"，其原因仍然难以解释，应得到知识分子的更多关注。如果从人类学的维度分析，欧盟架构仍然存在盲点，核心问题是认同感与归属感之间，历史、地缘和日常生活之间的复杂关系。这就好像，人类社会通过战争创造了那么多神话，却无法在和平时期创造出一个神话。

三、欧盟一体化在过去60年的迅速发展为全球治理提供了有益的启示

启示之一：在缺乏明确共同目标的情况下，仅仅依靠政治意愿或者制度框架是无法实现目标的。同样，如果没有制度框架，仅靠共同目标也无济于事。这三个要素对于一体化而言缺一不可，但即便三者兼备，仍可能缺乏实

际上或者认知上的合法性。根本问题在于，像欧盟这样的超国家机制需要各国领导人长期的政治承诺，而且这种承诺不随各国内部选举引起的政治变化而变化。

启示之二：法治与确保承诺履行至关重要。全球治理必须植根于利益相关人在法律和规则方面所做出的承诺，同时确保承诺得以履行。这正是多边贸易体系过去六十多年的核心原则，通过具有约束力的争端解决机制迫使成员国履行承诺，规范国家间贸易。对于当前国际社会关注的气候变化问题和核不扩散问题，如何建立承诺并确保履行也是核心问题。

启示之三：启示之三涉及辅助性原则，即在最有效率的治理层面采取应有的行动。教皇本笃十六世的最新通谕也提到这一观点："辅助性原则应成为全球化治理的标志，不同层面相互联结、共同工作。全球性问题需要全球性公共物品，就必然要求有全球性的权力机构。这样的权力机构必须按照辅助性原则分层次建立，只有这样才不会侵害自由，才能真正有效。"显然，那些能够在地区、区域或国家层面解决的问题，不应成为国际机制的负荷。

启示之四：在民生政策属于国家层面的情况下，全球治理的合法性如果要得以加强，就应在国内政治讨论中更多地引入国际问题，以促使各国政府在国际层面采取更负责任的行动。要建立国际组织的合法性，仅仅成员国是民选政府，或者采取"一国一票"协商一致的决策方式是不够的。我们必须抹去地区、国家和全球民主的界限，国家内部的行为体——政党、公民社会、议会、贸易联盟和公民个人——都必须确保那些与他们利益相关的全球性问题，在国家和地区层面得到了充分讨论。令人欣慰的是，这一过程已经开始。我们刚刚经历的全球经济危机，加速了全球治理向一个新的制度框架转化，我将这一框架称之为"协调三角形"。

"协调三角形"的第一条边是二十国集团，取代原先的八国集团，为全球治理提供政治领导和政策指南。第二条边是国际组织及其附属的非政府组织，在法规、政策、项目或报告方面承担专业性职能。第三条边是联合国，提供合法性的综合框架，以保证对行为体的问责。

全球化是当今人类民主的主要挑战，我们的治理制度必须应对这一挑战。

如果公众认为全球性问题无法得到解决，那么民主就可能被有排外倾向的民粹主义侵蚀而遭到削弱。即便公众相信全球性问题能够得到解决，但他们如果感觉自身被决策过程忽略，那么民主仍然存在危险。无论是欧洲治理还是全球治理，我们今天的制度设计比以往任何时候都更需要给予民众参与的途径，使他们真正参与塑造未来世界，塑造他们希望传承给子孙后代的世界。

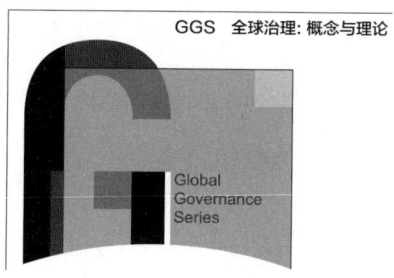

第二部分 | 结构与机制

全球治理机制的合法性*

[美] 艾伦·布坎南　　[美] 罗伯特·基欧汉　著
赵晶晶　杨娜　译　　吴志成　校译**

"合法性"一词具有规范和社会学的双重含义。在规范意义上认定一个机构是合法的,也就意味着该机构拥有统治的权力,其中包括颁布规则,并通过奖顺罚逆的方式确保规则得到遵守。在社会学意义上,当某机构被普遍认为拥有统治的权力时,就可以判定该机构是合法的。当人们对世界贸易组织是否具有合法性产生分歧时,对合法性的判断就具有典型的规范性。他们并非质疑自己或他人是否相信此机构拥有统治的权力,而是质疑该机构自身是否拥有统治的权力。

本文试图从规范的角度阐述一种全球治理机制合法性的公共标准。这种标准提供对全球治理机制进行原则性评判的基础,当民众因这些机制未能满足其对全球性正义的需求而产生强烈不满时,这种标准可能导致一场改革。

---

* 原文载于 Ethics & International Affairs, Vol. 20, No. 4, Winter 2006。本文原载于《南京大学学报》,2011 年第 2 期。

** 作者简介:艾伦·布坎南(Allen Buchanan),美国杜克大学哲学系教授;罗伯特·基欧汉(Robert Keohane),美国普林斯顿大学政治学系教授。译者简介:赵晶晶、杨娜,南开大学周恩来政府管理学院研究生。校译:吴志成,南开大学周恩来政府管理学院教授。

有一种日益遭受质疑的合法性概念，将合法性与被理解为国家一致同意的国际合法性相混淆；另一种观点的视角则不太现实，认为全球治理机制的合法性判断需要与现有民族国家采用相同的民主标准。本文采取介于两种极端观点之间的折中立场。

本文对合法性问题的研究整合了概念分析和道德判断，道德判断以什么是适当的目标、正义应该满足什么标准来评判新兴的、正在发展的全球治理机制。由于这些标准会因进一步的反思和行动而出现变化，本文所探讨的并非关于合法性永恒不变的必要和充分条件；相反，本文仅提出如何评估全球治理机制合法性的原则性构想。本文阐释的核心是，全球治理机制要确保其合法性，就必须具备一定的认知优点，并通过与机制外的代理人及组织的互动，促进对其目标不断的批判性修正。有关合法性的原则性全球公共标准能够引导公众遵循民主原则，区分合法与不合法的治理机制，从而对合法性的评判达成合理的一致。如果确立广泛认可的标准，无论是合乎该标准还是努力去达成该标准，都会增进有价值的全球治理机制的公众支持度。

全球治理机制包含各种多边机制，如世界贸易组织、国际货币基金组织、环境机构（如根据京都议定书建立的应对气候变化机制、法官与调解者网络、联合国安理会以及新的国际刑事法庭等）。这些机构类似于国家政府，因为它们同样也颁布规则，并对遵循或者触犯这些规则的后果给予明确规定，同时声明自己拥有此种权威。然而，全球治理机制从未奢望获得完备的政府职能。这些机制并非像国家政府一样在永久专属的领土内合法行使垄断暴力，同时这些机制的设计和主要行为需要国家的一致同意。

判定全球治理机制是否具有合法性——以及它们是否被普遍认定为合法是一项紧迫的任务。全球治理机制能够促进国际合作，同时协助建立一种协调性框架，以限制自主的跨国非国家行为体（从公司到毒贩和恐怖分子）滥用机制。然而，全球治理机制也限制了社会的选择，有时也制约了民主国家主权的运用，在带来收益的同时也增加了负担。例如，众多国家为了有效参与世界经济而加入世界贸易组织，但世界贸易组织成员需要接受大量规则以及服从其争端解决体系的权威，这些规则将会极大地侵蚀国家主权。此外，全球性规则也会对个人产生不利的影响。如果这些机构缺乏合法性，它们的权威就无从找寻，也无权享有民众的支持。

对机制合法性的判断具有特殊的实践价值。一般说来，如果机制是合法的，这种合法性不仅能构成我们可以回应其主张的特点，而且能形成民众可以批判其机制形式的特征。我们应该支持或者至少不干扰合法机制的运作。此外，即使当我们对其有诸多不满时，合法机构的代理人也应该得到客观尊重。当我们判定一个机构具有合法性时，如果该机构存在缺陷，我们应该本着改革而非全盘否定的态度去关注对其的批判性话语。

重要的是，全球治理机制不仅应该是合法的，而且应该被视为合法。合法性的认知非常重要，因为在民主时代，多边机构只有被公众视为合法才能繁荣发展。如果无法确定合法性的适当标准，抑或假定的合法性标准并不现实，那么公众对全球治理机制的支持可能会遭到破坏，同时机制提供重要公共产品的有效性也可能被削弱。

一、正义性、自利性与合法性

（一）合法性评估的社会功能

全球治理机制之所以有价值，是因为它们创造了使成员国及其他行为体以互利的方式协调彼此行为的准则和信息。它们能减少交易成本，创造成员国及其他行为体展示可信度的机会，克服背叛承诺问题，同时提供包括原则性的、和平解决冲突方法在内的公共产品。然而，机制发挥重要作用的能力依赖于它所针对的对象是否认为其制定的规则具有法律约束力，以及机制中的其他行为体是否支持其运作，至少不对该机制的运行加以干扰。仅有相关行为体认为某些机制是必需的还远远不够，还需要认可机制是值得支持的。因此，如果机制意欲发挥重要的协调性作用，就必须应对更高层次的协调问题。

一旦机制开始运转，对该机制的持续支持和对其规则的遵守有时仅仅是国家自利的产物。机制事实上能促成协调一致，或者所有的或至少较为强大的行为体认为，能够借助该机制获得具有价值的其他收益。比如一旦公路法规确立，违反规则的惩罚措施开始实施，大多数民众将会出于纯粹自利的理性观念而遵守规则。在这种情形中，没有出现对合法性的质疑，因为协调是机制的唯一作用，且机制会选择特别协调的观点而不会造成民众的分歧。但是全球治理机制并不是类似公路法规那样的纯粹协调机制。即使所有人都认为，在某些领域需要某些或其他机制（如全球贸易规制），并且所有人或许都赞同某些特殊机制中的任意一种机制都优于无机制状态，但基于不同利益和道德观的政党仍会发现，一些可行的机制往往要比其他机制更具吸引力。众所周知的事实是，一些机制获得协调性支持符合自身利益，而另一些特殊机制可能不足以确保自身获得足够的支持。

合法性概念允许多种行为体通过寻求被道德因素，而非纯粹的战略或排他的自利动机驱动的共同能力，协调他们对各种特殊机制的支持。然而，如果合法性的判断是为了发挥协调性作用，则这些行为体不会坚持认为，只有那些从他们道德观立场出发被视为最优选择的机制是可以接受的，因为这种认识在面对有分歧的规范性观点时会阻碍协调性支持的形成。更具体地说，除非某项机制完全具有争议性，否则行为体都会假定它值得支持。因此，我们需要合法性的标准，这种标准从不同道德观来看都是可以接受的，并且没有正义性标准那么严苛。这种标准必须诉诸多种行为体所具有的被道德因素驱动的能力，但无需预先假定能够获得比现在更多的道德共识。

（二）合法性与自利

机制推动实现个体利益与机制是否合法是两回事。正如安德鲁·赫里尔（Andrew Hurrell）指出的，合法性意义下的规则"与纯粹的自利或工具性行为，或强制性规则是可以区分的"①。有时自利可能会表面支持遵守某种机制下的规则，亦即将某项规则视为依据某种重要理由而加以遵守是符合行为体利益的，这与正面评估特殊规则内容是各自独立的。机制从自身利益出发，将规则作为有约束力的方式，比评估如何遵守具体规则才能对自身利益产生积极影响更佳，但是对增进个体利益的机制是否合法的质疑意义重大。因此，被理解为统治权力的合法性概念是一种道德观念，不能简单归纳为理性自利。即使机制在运作中与需要服从其统治的每一个对象的理性自利立场都不一致，机制具有合法性还是意味着它具有统治的权力。

基于道德因素而非完全基于纯粹自利因素达成对全球治理机制协调性支持的方式有很多优势。首先，对道德因素的诉求在维护只有这些机制能够提供的收益中具有有益的价值，因为作为心理学现象，当我们试图决定采取何种实践态度去面对特殊的机制安排时，道德因素的作用举足轻重。例如，我们不仅仅关注环境规制能否消减大气污染进而为大众谋利，而且也关注这种机制在创造收益的同时也耗费了相当的成本。考虑到存在着对机制安排是不是最优选择的广泛质疑，我们需要找寻一种共享的评估视角，以使我们在不忽视最基本道德行为的前提下达成对有效机制的协调性支持。其次，最为重要的是，如果我们对某项机制的支持建立在自利或惧怕强权的基础上，这项机制可能更加稳定。个体利益会随着环境的变化而变化，而高压政治的威胁也不总是持续的，同时道德行为可以在这些情形中维护对有价值机制的支持。

随着对合法性质疑的增多，出现了大量有关如何设计治理机制的道德争议。然而，为了达成对合法性问题的一致看法，应该针对多种道德因素达成共识，这些道德因素与评估可替代性机制设计相关。评判的实践植根于复杂的信念，当机制能够满足更苛刻而非仅仅相互获益的标准时，即使这些机制不能使我们的利益最大化，抑或并不符合我们的最高道德标准，它们也值得支持。

---

① Andrew Hurrell, "Legitimacy and the Use of Force: Can the Circle Be Squared?", *Review of International Studies*, 31, supp. S.1, 2005, p.16.

合法性不但需要机制代理人合法地履行其职责，也需要机制规则针对的对象有自决性理由去服从它们，同时在机制运作中居于主导地位的行为体也需要有自决性理由来支持此机制，或者至少不干扰该机制的运作。除去对该规则内容的任何正面评估，仅当某个个体具备服从的理由时，它就具有服从此项规则的自决性理由。例如，如果我同意服从的话，我拥有自决性理由去遵守我加入的俱乐部的规则，并且这个理由与我认为任何一种特殊规则是否良性或有用无关。如果我认为一种机制拥有权威，则意味着存在自决性理由促使我们遵守这种机制下的规则，或者至少确保不妨碍规则的运行。合法性的争议不仅关注机制代理人在道德上允许做什么，也关注机制下的规则所针对的对象是否认为该机制拥有权威。

对全球治理机制合法性的讨论结合了国家与个人两种视角。事实上，正如近来民众对世界贸易组织的抗议，无论是通过扰乱重要会议直接施加影响，还是间接通过将政治成本加诸他们的政府以寻求对机制政策的支持，经过政治动员的个体对全球治理机制的运行都产生了消极影响。因此，全球治理机制的合法性意味着统治的权力，它被理解为机制代理人具有制定规则以及试图确保这些规则被遵守的道德正当性，同时服从规则的民众有自决性道德因由促使他们去遵循规则或者至少不干扰他人服从规则。

如果一种机制被普遍认为并不符合合法性的标准，结果可能是至少在机制变革以符合这些标准，或确立新的替代机制以符合这些标准之前缺乏协调。因此，简单地将合法性论争的作用表述为对机制的协调性支持或许是一种误导。当然，合法性论争的作用包括获得建立在道德因素基础上的协调性支持，也包括提供批判但切实的最低道德标准，以确定这些机制是否值得支持。

（三）正义性与合法性

上述对合法性社会功能的评估有助于厘清正义性与合法性之间的关系。混淆合法性与正义性的概念会破坏合法性社会功能的评估。决定并非只有正义性机制拥有统治权力的原因，一是对正义性需求存在大量争议，即合法性标准阻碍了获得协调支持的合理目标的实现,支持的对象是建立在道德因素基础上的重要机制;二是即使对正义性需求看法一致,由于实现正义性的进程需要有效的机制,因无法满足正当性要求而减少对机制的支持,或许会与正义性立场背道而驰。将合法性谬解为正义性,力图尽善尽美却往往事与愿违。

二、三种独立的合法性标准

在详细阐释合法性概念后,我们要探究合法性的标准,即机制获得统治权力所必须具备的条件。我们将列举三种有关合法性适当标准的备选,包括国家同意、民主国家的一致同意以及全球性民主,每一种都是不充分的。

(一) 国家同意

第一种观点相对简单。当(且仅当)全球治理机制的创建是经由国家同意时,这些机制是合法的。在这种概念中,合法性仅体现为合法律性。由国家依据国际公法的程序并与这种程序保持一致而合法构成的机制,事实上是合法的或者至少满足了合法性的假定。这可以被称为国际立法的来源论(简称来源论)。有关来源论更为复杂的观点是,基于国家拥有确定机制是否按其要求运转的合法利益,国家同意会要求周期性的再确认。[①]

由于许多国家是非民主国家,并且因侵害了公民的基本人权而导致其自身不合法,来源论难以揭示国家同意如何加剧全球治理机制合法性的衰落。在这样的情形中,国家同意无法让渡合法性,理由很简单:不存在可让渡的合法性。无论国家的特性如何,断言国家同意足以确保全球治理机

---

① Allen Buchanan, *Justice, Legitimacy and Self-Determination: Moral Foundations for International Law*, Oxford: Oxford University Press, 2003, esp. ch. 5.

制的合法性，是倒退至未能将最低限度的规范性必要条件加诸国家的国际秩序概念之中。实际上，很难理解国家同意为何成为合法性的必要条件之一。

然而有一点值得探讨，即使认为不合法国家的一致同意无法使全球治理机制合法化，仍有一种工具性正义将国家同意视为合法性的必要条件，因为这对强国盘剥弱国的倾向提供了监督机制。换言之，假设无论是否尊重国民的基本权利，所有国家都是值得尊重的道德代理人，这是重要的价值观念，这种关于国家的概念被重视人权的国家一致接受并非不可能。

国家同意的拥护者可能会如此回应：我的构想并非应该退回到国家道义的消极假设；相反，出于普世主义的理由，我们应该赞同将体现所有国家一致同意的全球治理机制视为合法。然而，无论全球治理机制具有多少价值，仅仅因为并非所有国家都对其一致同意，而否定其合法性的观点，就意味着在牺牲否决专制合法性的代价下保护弱国。应该看到，弱势国家在多边机制中拥有数量的优势，通常说来，它们在机制中遭遇强国主导的威胁远少于强国在机制约束外的行动给它们所带来的威胁。

（二）民主国家的一致同意

当谈论范围限定为民主国家时，国家同意赋予全球治理机制合法性的观念似乎更合乎情理，然而，即使是满足了国家合法性条件的民主国家，仅享有国家同意的事实也不足以确保全球治理机制的合法性。

从弱势民主国家的立场来看，它们极少自愿参与世界贸易组织这样的全球治理机制，却需要承受不参与这些机制的巨大代价。而这种"实质性"自愿通常被视为同意的必要条件，尽管同意具有合法化作用，但个别弱势国家的脆弱性足以削弱民主国家一致同意能够确保合法性的观点。

民主国家的一致同意并不足以确保全球治理机制的合法性还有一个原因，即"官僚自主性"为国内层面民主造成的麻烦比全球层面更显著。问题在于对运转中的现代国家来说，国家代理人的大多数做法并不遵从民主决策，即使国家代理人的行为不恰当，公众通常也会对其采取认可的态度。确定个体公民将权力委托给国家代理人的流程并不困难，难在公众意愿对政治权力运用的影响力会在某些情况下变得很小以至于微不足道。考虑到现代国家中的民主授权问题充满争议，全球治理机制需要延长委托流程，民主国家的一致同意不足以证明合法性。

尽管如此，民主国家的一致同意仍是全球治理机制合法性的一种必要条件。事实上，全球治理机制如果在缺少民主国家一致同意的前提下试图用它的规则对这些国家施加影响，将会侵犯这些国家的公民自决权，而且事情还远非如此简单，因为民主国家的公民自决权不是绝对的。如果通过民主进程造成了多数群体侵害少数群体的事实，就会使我们论及的民主国家遭到制裁乃至干预。有人通过限定全球治理机制合法性的必要条件来调解这种矛盾，即全球治理机制享有民主国家的一致同意，同时所有公民的权利都得到切实的尊重，然而，并非必须得到所有满足上述条件的国家一致同意，因为不能排除少数此类国家坚持寻求独立于全球治理体系之外。此外，民主国家也可能发起或参与非正义战争，从遵循变为违背国际机制。曾发动非正义战争的民主国家反对旨在限制非正义战争而建立的全球治理机制，这种行为并不会造成该机制丧失合法性。有一种有说服力的推测持较为合理的立场，即除非民主国家持续一致同意，否则全球治理机制就是不合法的。因此，尊重权利的民主国家的持续一致同意构成了问责的民主渠道。

无论问责的民主渠道价值如何，它都是不充分的。首先，国家层级中"官僚自主性"侵蚀多数人权利的问题在全球官僚政治体系中更为严重。其次，并非所有受到全球治理机制影响的民众都是民主国家的公民，因此即使民主国家持续的一致同意增进了问责，也未必实现了对所有民众权利的问责。如果日趋富有的民主国家比非民主国家更强大，那么需要民主国家不断达成一致同意的必要条件或许可以促进对世界上最困苦人民的利益造成侵害的问责。从任何宽泛的普世主义道德理论的立场来看，依据通常构想建立的民主国家存在一个极大的缺陷：政府虽被视为"主权人民"利益与偏好的代表，但民主国家的公民不能涵盖所有人民或合法的利益受到政府行为深刻影响的人民。因此，民主国家一致同意的条件不够充分，但认为全球治理机制合法性需要较高程度民主的观点看起来似乎还是比较合理的。

（三）全球性民主

由于民主被普遍视为国家合法性的黄金标准，因此仅当全球治理机制具有民主性时才被视为合法。同时，由于全球治理机制日益影响人民的福利，因此它们应该给予每个人决定全球治理机制应该如何运作的平等话语权，只有在这个意义上它们才是民主的。

这种观点最大的困境在于，全球层级没有满足民主的社会与政治条件，并且无法认定这种条件在将来能够实现。即使有人认为民主只需要极少的个体直接参与，当前也没有为全球治理机制提供民主控制基础的全球政治结构。任何试图建立以依赖现有国家的全球性民主联邦为形式、类似于邦联结构的尝试都缺乏合法性，而许多国家并非民主国家或缺乏国家合法性的必要条件，也无法赋予全球治理机制合法性。此外，目前也不存在经广泛共识而建立的、将某种共同领域视为全球集体决策的适当主题，或是习惯性商谈公共事务的世界性全球公共政治共同体。同时，也不存在对共同探讨全球共同利益的规范性框架共识。实际上，目前甚至不存在对全球政府形式的适当共识，更不用说全球性民主。最后，自由民主虽然令人向往，但民主如何维护个人和少数者的权利仍是个问题，而且民主不仅需要选举，它还包括一套复杂的机制，如言论自由的出版业和媒体、活跃的公民社会以及监督行政代理机构和官员滥用职权的机制。可见，全球性民主观念显然不切实际。

具有合法性的全球治理机制应该能提供并维护国家无法供给的收益，因此，全球治理机制的价值保证比国内民主的假设更具批判性，同时也更热衷拓展全球治理机制合法性的替代性概念。

三、复合合法性标准

（一）合法性标准的特点

根据我们对全球治理机制社会功能和对其合法性标准主要观点的批判性讨论，可以总结出全球治理机制的合法性标准应具有如下特点：一是尽管始终存在重要的道德争议，特别是关于正义性的必要条件，但在普遍接受的道德因素基础上，必须具备为争论中的全球治理机制提供协调性支持的合理公共基础；二是不能混淆合法性与正义性概念，但也不能将极端不公正的机制认定为合法；三是可以将民主国家持续的一致同意视为合法性的必要条件而非充分条件；四是虽然合法性标准不会将全球民主政权的统治视为合法性的必要条件，但它应该提升符合民主标准的核心价值观；五是必须仔细审视全球治理机制的动态特点，包括它们的意义、随时间推移而变化的目标；六是必须正视官僚自主性问题和民主国家漠视他国人民合法利益的趋向。总之，合法性标准必须提供比民主国家的一致同意更充实、更全面的合法性问责机制。

（二）道德分歧和不确定性

合法性标准的首要目的是复杂的，并且还有进一步阐述的空间。目前，合法性的核心特征是争议的持续存在，争议包括全球治理机制的适当目标是什么（对国家主权的约束），全球性正义需要做什么，如果发挥影响，全球治理机制在诉求全球性正义中应该扮演何种角色。道德争议并非只针对全球治理机制，也延伸至国家的适当性角色。

但是，就全球治理机制来说，目前存在着两种激化道德争议的情形。首先，就国家而言，通过提供确保每个公民在选举中被平等对待的公共进程，民主进程至少在理念上提供了协调争议的方式，然而，民主仍难以在全球层级获得。第二，尽管在普世主义者中存在普遍的认知，即当前存在着严重的全球性正义问题和对全球性正义的有效诉求，需要全球机制发挥重要作用，然而目前无法为诉求全球性正义提供原则性的机制职能的分工说明，问题则在于全球机制体系目前尚无统一的公平和有效的正义性责任分配。正义性责任在全球机制以及国家与全球机制之间应该如何分配，主要取决于对两个问题的回答：考虑到国家主权的适当性范畴（这将决定全球机制作用延展的范围），国家在诉求全球性正义中应承担哪些适当性责任？多种全球机制在诉求全球性正义中有哪些能力？这两个问题目前尚无令人满意的回答，因为全球治理机制是新兴事物，民众也刚开始谨慎思考在全球范围实现正义的问题。因此，困难不仅在于存在大量全球治理机制的适当性目标及其在诉求全球性正义中应该扮演何种道德正义性角色，同时也存在着道德的不确定性。一种看似合理的全球治理机制的合法性标准应以某种方式协调道德争议与不确定性。

（三）三种独立的标准

确立全球治理机制的合法性标准不妨先从机制属性入手，包括最低道德接受度、相对获益和机制的整体性。

1. 最低道德接受度

全球治理机制不能陷入极度的非正义境地，否则不会得到人们的支持。在我们看来，最基本的非正义案例就是侵犯人权。同时，最合理的人权概念可以称为基本人权利益的概念。本文只能泛泛概述其要点。约瑟夫·拉兹（Joseph Raz）认为，权利通常是规范性关系（特别是责任和授权），如果权利能实现，则会对利益起到重要的保护作用。[①] 如果要证实拉兹的论断正确，就

---

① Joseph Raz, *The Morality of Freedom*, New York: Oxford University Press, 1986, S/N17.

必须认定一种利益，证实它对履行责任具有足够的道德重要性，解释为何这些责任属于权利拥有者；同时，如果讨论的规范性关系令人满意，将会实现对利益的重要保护。考虑到对利益的标准性威胁，某些权利可被称为人权，因为它对人类基本利益来说起到了重要的保护作用。这些标准性威胁随着时间的流逝发生变化。如当人类社会创建法律体系和政策并试图推行它们时，也为损害基本人权创造了新的机会。因此，即使基本利益阻止这种情况发生，但特殊的人权内容甚至涵盖在人权内的权利都可能发生变化。例如，无论何时何地，所有人都拥有同一种基本的人身安全利益，在由国家强制权力支持的法律社会体系中，需要赋予相关权利及法律，平等保护这种利益。

人权理论家对人权确切包含哪些内容以及应该如何阐述特殊权利的内容存在分歧。然而，对人权应包含人身安全、自由（至少包含免于奴役、劳役和强行占有）及生存权利的共识依然存在。假设它们成立，我们至少可以进一步表述为：只要不执意侵害最少争议的人权，全球治理机制就是合法的。这是合法性的最低道德要求。但从反映我们对这些机制态度的争议与不确定性的规范性视角来看，目前很难证实存在一系列必须尊重的更广泛权利。毫无疑问，追求更易达成共识的人权标准有助于这些标准的贯彻实施。这告诉我们，不仅要求全球治理机制至少要尊重人权，而且也希望这些机制随着我们逐渐了解人权更清晰的范围而不断迎合其更高的标准。

对诸多全球治理机制来说，尊重人权是恰当的，但奢求它们在推进人权过程中发挥主导作用则是不恰当的。尽管如此，合法性理论不能忽视的事实是，在某些情形中，对全球治理机制是否合法的争议，大部分涉及无法积极推进的人权机制是否值得支持。有关全球治理机制合法性标准的设想，必须考虑在保护人权过程中发挥更直接和实质性作用的全球治理机制。

当关注世界种种不公正现象并意识到需要采取机制化行动加以改善时，我们贸然将这些责任赋予了全球治理机制，继而批判它们未能履行职责。有人认为，如果某种特殊的全球治理机制能在推进人权过程中发挥一定的作用，那自然是好事；也有人认为，推进人权是全球治理机制的责任，它非常重要，如果无法履行则会致使该机制丧失合法性。这里应该避免两个误区，一是

"责任倾销",即仅因为某些特殊机制拥有承担某种责任的资源,同时却没有行为体担负这份责任,就无端假定该机制负有此项责任。[①] 责任倾销不仅造成机制责任得不到支持,而且分散了对决定机制与个人公平分配责任这一艰巨任务的注意力。二是如果一个人不加分析地假定某种全球治理机制负有提供X的责任,并且假定X是正义的核心内容,那么此人可能会根据这种机制未能供给X,推断出该机制严重不公正故而丧失了合法性的论断。这种论断只有在该机制负有供给X的正义性责任时才是成立的。而即使事实上全球治理机制可以提供X,同时X是一种人权,也并不意味着该机制因未供给X就会引致严重的不公正现象。某项全球治理机制甚至只有该机制能够供给X,仍不足以证明该机制负有正义性责任或供给X的任何责任。

我们陷入了困境。当代机制必须在道德争议与不确定的环境中运转,限制了我们合理设置这些机制或维护特别人权的期望。一方面,对合法性标准的考量必须规避仅适用于某些全球治理机制的道德要求。这些考虑类似于最低道德接受度要求的适当性,通常理解为避免侵害最少争议的人权。另一方面,合法性标准应该以某种方式反映这样的现实,即对某些全球治理机制合法性的争议是针对这些机制是否应该满足日益增多的正义性需求。换言之,应当承认,如何处理深刻的道德分歧与不确定性是解决合法性问题的当务之急。在我们看来,摆脱困境的方法是将对道德问题原则性的、非正式协商所需的条件纳入合法性的自身标准。合法性标准应包涵最低的道德接受度,同时接纳乃至鼓励更多限定全球治理机制发展的有关正义性的严格的必要条件,例如正义性机制职能分配的原则性基础。

2. 相对获益

此种合法性的独立条件相对简明易懂。如果全球治理机制存在的正义性不是排他的,也应是工具性的。国家或者机制性规则针对的对象应遵守它们,

---

[①] Allen Buchanan and Matthew De Camp, "Res ponsibility for Global Health", *The Oretical Medicine and Bioethics*, Vol. 27, 2006, pp. 95–114.

个体行为体支持或至少不干扰机制运行的基本原因是，这些机制能够提供其他方式无法获取的收益。如果机制无法有效发挥应有的作用来证明其存在的价值，则这种不充分性会破坏它的统治权力。

这里的"获益"是一种相对概念。当交易无需支付过高成本即可轻易获得收益时，就会出现合乎最低道德接受度标准的替代性机制，机制的合法性将遭到质疑。相对获益与其他标准之间的平衡是最棘手的问题。合法性不应与最优化效率及效用混淆。我们探讨的其他价值观念在其自身的权利中同样重要；无论如何，机制的稳定性是优势。然而，如果机制在逐步增进有效性和效率时，依然维持次优性状态不变，其合法性将以间接方式遭受质疑：推行该机制的行为体或者毫无担当，或者并未努力提供应有的收益以证明机制初创时的正义性。

3. 机制的整体性

如果机制在实际运作中与其自称的步骤或主要目标之间有极大的不一致，它的合法性就颇受质疑。20世纪90年代联合国在伊拉克的石油换食品丑闻就是一个例证。该计划是为了促进伊拉克石油在严格监管下出售，以换取联合国托管制裁下的食品进口，目的既是为了杜绝伊拉克国民营养不良，也是为了反击伊拉克坚称联合国对伊拉克成千上万儿童的死亡负有责任的宣传，但并未放弃向萨达姆·侯赛因政权施加压力，要求其放弃臆测的大规模杀伤性武器。但是石油换食品导致了大量腐败的出现。石油换食品成为一项浩大的工程，允许伊拉克政府将价值642亿美元的石油卖给248家公司，同时授权3614家公司将价值345亿美元的人道主义物资卖给伊拉克，其中超过一半的公司曾经向萨达姆及其亲信支付非法的额外费用或回扣，导致至少包括一个联合国高级官员在内的该计划行政管理人员牟取私利和大额金钱收益。[①] 最令人诟病的是，联合国安理会的监督机构和联合国秘书长办公室都未遵循联合

[①] The Volcker Commiittee, For the Report of the Independent Inquiry Committee into the United Nations Oil-for-food Program, October 27, 2005, www.iic-offp.org/story27octo5.htm.

国规定的问责程序。当根据历史记载审视联合国其他机制在运用资源过程中出现臭名昭著的问责失败现象时，对安理会和秘书处合法性的质疑也就加剧了。

如果一种机制的实践或程序将会破坏能够证明该机制存在价值的目标，则应推定该机制为不合法。因此，如果安理会决策进程的基本特征致使机制无法成功获取被视为其当前主要目标之一的诉求，进而造成对基本人权的侵害，就会使其合法性遭受指责。另举一例，兰德尔·斯通（Randall Stone）指出，在20世纪90年代，国际货币基金组织曾在其贷款中未能一视同仁地应用其自身设定的标准，而是整体放宽了对富足且具有强大资助力的国家的限制。[①] 相似的，如果世界贸易组织声称对所有成员国提供贸易自由化的收益，同时却出台将其贫弱的成员国排除在自由化收益之外的政策，这也会破坏其合法性。如果一种机制不能合乎整体性的标准，我们就有理由相信，主要的机制代理人不值得信任或者非常不称职，这种机制缺乏对缺陷的纠正措施，因此无法有效提供公共产品以赢得支持。

整体性和相对获益相关但不尽相同。如果一种机制的行为与其规定的程序及声明的目标之间存在矛盾，则我们对其能否给予应有收益的信心就不足。整体性具有比相对获益更为高瞻远瞩、更有活力的优点，它很少根据当前的形势来衡量获益。如果一种机制能够合乎整体性的标准，就有理由相信该机制的行为体将不仅给予目前用来构成机制行动的适当性目标收益，同时也能在机制的目标发生改变时维持该机制的有效性。

四、合法性的认知层面

最低道德接受度、相对获益以及机制的整体性是全球治理机制合法性看

---

① Randall W. Stone, "The Political Economy of IMF Lending in Africa", *American Political Science Review*, Vol. 98, No. 4, Nov. 2004, pp. 577-591; Randall W. Stone, *Lending Credibility: The International Monetary Fund and the Post-Communist Transition*, Princeton: Princeton University Press, 2002.

似合理的、可以推定的、相互独立的必要条件,但简单地认为它们是必要条件则是极端的,因为可能存在一种机制无法满足其中一项或两项条件的特殊情况,但依然有理由被视为合法。如果不存在可行的或易得的替代性机制安排,如果非机制的替代性选择不尽如人意,再或者有理由相信机制有资源和政治意愿去纠正不足,就会出现上述的这种合法情况,尤其是我们对一种机制的期望程度依赖于它提供的收益价值,以及并不存在可行的替代性选择的时候。例如,我们可能将一种机制视为合法,即使它缺乏整体性但仍可以对基本人权提供重要的保护,同时基于该机制的替代性选择很难被接受。相反,机制能够在渐进自由化的贸易中发挥有效作用的事实,并不足以反驳因该机制侵害了人权而不合法的推断。

我们提出的三种独立条件是如罗尔斯所称的"重要原则"① 的最好见解:机制中三种条件满足得越多,同时这种机制满足其中某项条件的程度越深,它拥有的合法性就越强。

但是,这三种条件的适用性存在两个局限。一是实际认知问题。就一种机制能否满足三种独立性条件中的任意一种做出合理判断,需要掌握大量有关该机制运作及其在众多主导领域中的作用,以及替代性选择可能发挥作用的信息。然而,一些机制无论是否蓄意为之,都不仅未能提供所需信息,而且可能使这些信息无法为外人获得,或者致使信息获得的成本高昂;即使该机制并不试图限制相关信息的取得,但这些信息也不可能以相当完整、可以理解的形式获得。二是道德分歧与不确定性问题。即使对是否在侵害人权过程中发挥了重要作用达成充分共识,但就全球治理机制是否应该满足更高的道德标准存在持续争议。正如上文所强调的,部分全球治理机制应该在诉求全球性正义中发挥的作用既存在争议也存在不确定性的主要原因,是我们并未就全球治理机制为实现全球性正义应该如何进行职能分工达成一致。

此外,仅仅要求全球治理机制不要侵害基本人权并无法消减对富国不公平地主导全球治理机制的抱怨,因为即使机制为所有参与者提供了收益,但

---

① John Rawls, *A Theory of Justice*, Cambridge: Harvard University Press at the Belknap Press, 1971.

更为富有的成员依然会不公正地获得更多的收益。虽然所有的当事方都认可正义性的重要，然而对于正义应该包涵什么却存在争议，对于正义是否足够，或者平等是否必须，以及如何理解平等，甚至哪些领域需要平等（福利、机会、资源等）都存在争端。因此，除了全球治理机制在诉求全球性正义中应该起到何种积极作用的问题外，如果这种作用的确存在，那么，对于机制内部应该满足何种正义性标准也存在争议；而机制在多大程度上缺乏正义性将导致其合法性丧失也是争议的内容。合法性的全球公共标准构想并不能掩盖争议的存在。

（一）全球治理机制合法性的必要条件

下文将指出，对实际认知问题及道德分歧与不确定性问题的适当回应是关注机制的认知—协商能力，机制提供的可靠信息需要达到尽力解决规范性争议与不确定的适当程度。为了打下扎实的论述基础，我们先考察在全球治理机制合法性的必要条件中的两种要素：问责和透明度。

1. 问责

对全球治理机制的批判通常是指责它们缺少问责。为了了解问责作为合法性标准的优势和局限性，首先要对问责进行简要而有用的分析。问责包括三要素：一是维护问责的标准得到满足；二是问责主体可获得信息，继而将讨论的标准应用于需要对其负责的当事人行为中；三是问责主体强行约束的能力，以及未能满足标准的失败代价。制度是否达到问责主体适用标准的信息需求，意味着制度运行的透明度对任何问责形式都至关重要。

认为全球治理机制由于缺乏问责而不合法以及使它们具有合法性的关键是可被问责的观点是一种误解。合法性遭否定的大多数全球治理机制都包涵问责机制。问题在于，现有的问责模式具有道德的不适当性。例如，世界银行传统上具有高度的问责机制，但它是对最大捐资国负有问责性，因此世界银行必须依照这些国家的利益，至少在这些国家允许的范围内运作。这种问责不能确保适当考虑规则或国家合法性利益的行为体有价值地参与。在这种情况下，不能忽视高程度问责保证机制的缺陷。

问责就其本身而言并不充分，应该对问责加以正确的分类。至少，对机制结构的有效规定应保证机制代理人通过确保满足最低道德接受度和相对获益条件的方式对运作的行为负责。但考虑到在某些情形中，针对全球治理机制应有的目标，如果机制在诉求全球性正义中发挥作用，则发挥何种作用存在严重的争议。如果从这个狭隘的角度理解问责，问责就无法成为全球治理机制合法性的强有力保障。本文的观点是应该正确阐释问责概念，即回答问责应该采用哪些标准，问责主体应该是谁，以及问责主体应该代表谁的利益。如果不了解机制在追求全球正义过程中应该发挥什么作用，就不能明确回答以上问题。因此，考虑到道德分歧与不确定性的存在，狭义的问责没有规定有争议的问责细则，其合法性不充分。构成适当问责的要素取决于合理的争端，全球治理机制的合法性部分取决于它们在问责界定上是否以促进原则性的、实际上非正式的协商方式加以运作。这里必须修正现有的问责标准，明确现有概念的规定，即谁是恰当的问责主体并且代表谁的利益。

2. 透明度

透明度通常被宣扬为对全球治理机制合法性担忧的最恰当回应。然而透明度本身就是不充分的。首先，如果透明度仅仅意味着机制如何运作的可用确切信息的获得，即确保机制根据现有的问责细则被精确加以评估，则这种透明度是狭义的；如果关于机制如何运作的信息满足狭义的问责，则它能花费合理的成本而较易达成。其次，如果批判修正问责细则的能力是合法性必需的，那么不仅对现有问责主体的当事人，而且对反对问责细则的人们来说，机制如何运作的信息应该是可以获得的。

广义的透明度对问责细则的批判性修正是必需的。机制实践和道德原则共同塑造了根据批判性反思与讨论而修正的问责概念。在广义的透明度条件下，确保制度化设定的最初问责主体评估官方行为的信息可能会被机制的外部代理人（例如非政府组织和跨国家公民社会中的行为体）所用，同时被用以批判机制的进程和结构，以及机制在诉求全球性正义中的最基本目标和作用。广义透明度特别重要的方面在于对公共正义性的责任。机制行为体必须提供更具争议性和更为重要的机制政策的公共正义性，同时还需有助于及时进行批判性反馈。潜在的批评家必须能够确定公共正义性是否令人信服，是否与现有的问责细则一致，以及这些正义性是否需要对现有的问责细则加以修正。为了确保广义的透明度，可以尝试借鉴国家层级行政法规的评论程序。

前文已经指出，虽然相对获益、最低道德接受度以及整体性是合法性合理的、可以推定的必要条件，但是机制外的行为体很难确定这些条件是否都得到满足。广义透明度可被视为满足最低道德接受度、相对获益以及整体性标准的代表。例如，局外人更容易发现一种机制并未满足用以判断该机制是否违背其自设程序的相关信息，而非确定该机制是否在事实上确实违背了这些程序。相似的，确定一种机制是否能有效解决某些全球问题可能是非常困难的，但是判断这种机制是否汇集或者整体性限制局外人接触评估机制有效性的信息则相对容易得多。如果一种机制一直未能使局外人获得必需的、用以确定三种相关合法性的、可以推定的必要条件是否得到满足的信息，那么这种机制本身就催生出它是不合法的假定。

合法的全球治理机制应该拥有三种认知优点。首先，由于全球治理机制的主要作用是协调，因此这些机制应该汇集并且适当管理有关协调的可靠信息，否则它们将无法满足相对获益这一条件。其次，问责需要狭义的透明度，用以确定机制在实际中是否有效且高效地发挥了现有的协调功能，因此这些机制至少在狭义上应该具有透明度，同时也应具备用以汇集和分析现有问责主体需要的信息，以及引导这些信息的有效规定。再次，也是最严苛的，这些机制应该具有修正问责细则的能力，且需要广义的透明度：必须促使外部正面信息讨论现有问责细则的一切认知。机制必须有职能分工的规定，这些规定针对全球性正义需要什么条件以及如何使争论中的机制适合于实现全球性正义的机制。

(二) 克服信息的不对称

　　机制问责的基本问题是，机制内部人员通常比局外人掌握更优质的信息。局外人可以确定机制是否获得了所有国家的认可，以及这些国家是否都是民主的，但对他们来说很难得出关于最低道德接受度、相对获益以及整体性条件的结论。我们对机制认知优点的强调适合解释信息不对称问题。首先，如果机制代理人始终无法为他们的政策提供公共正义性，或者隐藏对机制运作绩效给予批判的其他信息，我们就有充分的理由相信机制不符合独立的合法性标准。其次，在其他方面可能也存在认知的不对称，而这对机制问责可以产生积极的影响。例如在人权和环境领域，充斥着监督和批判国家政府以及全球治理机制、主张替代性政策的非政府组织，在这些领域存在外部认知行为体的职能分工，一些个体和集团搜集这类问题的信息，而其他人或团体则关注其他方面，关注点不同但有所重叠，同时还有一部分个体和集团专注于汇集和分析由其他外部认知行为体收集的信息。由外部认知行为体掌握的信息分散化的事实导致机制代理人很难了解其他人到底掌握了他们哪些行为，或者很难预测具有潜在破坏性的信息何时以有冲击力的政治方式汇集和解释。最后，在这些条件下，尽管在机制内部人员与局外人之间存在基本的认知不对称，但机制代理人仍拥有强烈的动机去规避可能遭受强烈批评的行为。

　　然而这并非说明透明度的结果总是良性的。实际上，在某些条件下，透明度也会产生有害结果。戴维·斯塔萨维奇（David Stasavage）指出，公开的讨价还价鼓励了某种姿态的出现，这种姿态由于过度的攻击性而增加了谈判破裂的风险。[1] 当激烈讨论的象征性元素与动机需求相结合，可能加剧透明度与效率之间的矛盾。我们的看法并不是结果必定比更加透明化的机制重要。相反，多数外部认知行为体之间的信息分散对信息不对称有利于机制局内人

---

[1] David Stasavage, "Open-Door or Closed-Door? Transparency in Domestic and International Bargaining", *International Organization*, Vol. 58, No. 4, Fall 2004, pp. 667–704.

的现象提供了一定的制衡。这里存在着有关透明度的非常有说服力但仍可反驳的假定,由于透明度的弊端可以通过更深入、细致的公共讨论加以改正,针对官僚机制不对公众负责的秘密行动,反而不会出现相关的民主回应。

此外,如果国家立法机构意欲维护它们的适当性,民主问责的渠道具有有效性,国家立法机构就必须审查全球治理机制的政策。立法机构想要获得重要的信息,就要借助跨国公民社会传播的信息。跨国公民社会完成多数监督,但在问责的处罚层面则是由立法机构更为有效地加以实现。谈到监督和处罚两种功能,广义的透明度被引申为机制的有原则性修正,以及随着时间推移、通过不断增进的内部评判和不断加深的探究性讨论而获得的进步。

机制代理人逐渐产生防止局外人获得信息的动机,因为这些信息最终可能以破坏性方式被解释并加以整合,机制代理人亦剥夺了局外人获取作为评估机制合法性可靠代理信息的权利。从评估机制合法性的视角看,认知性优点具有价值的原因是,引导机制代理人确信他们的机制不能体现这些优点。然而机制代理人还意识到,其机制合法性是否广受认可至关重要。被剥夺信息获取权的机制局外人的反应与被阻止通过独立机构购买二手车的预期购买者的反应相似。他们对局内人的言辞产生质疑并可能得出机制不合法的结论。因此,除非机制能够证明认知优点,否则机制本身就是不合法的。

(三) 争论与修正:与外部行为体和机制相联系

全球治理机制的合法性取决于是否存在对其目标和问责细则的持续、认知与原则的争论。这种争论与修正的进程取决于机制外行为体的行为。然而这还不足以使机制获得信息。利益、责任与机制代理人并不一致的其他代理人,需要对信息的可靠性加以监督、汇集,并且确保所有在机制运作中享有合法利益的行为体都能以可用的方式获取信息。诉诸合法性标准的外部认知行为不但能够敦促遵守现有标准,也能促进其自身要求的提高,因此能够带来积极的反馈。由于全球性民主的缺乏,并考虑到民主渠道的局限性,合法性不仅极大地取决于对该机制自身的认知优点,也取决于外部认知行为体的行为。机制与外部认知行为体之间的有效联系构成了跨国公民社会的问责渠道。

如果这些必要的外部认知行为体有效,他们自身就可以在制度上组织起来。因此机制的合法性不仅是机制特性的功能,同时也依赖于某些特殊机制赖以生存的广义机制环境。借用生物学的词汇,我们提出的是一种社会生态学的合法性概念。

本文已经阐释了合法性复合标准的全部要素。一是全球治理机制应该体现民主国家持续的认可,即民主问责渠道应该发挥良好功效。二是机制应该合乎最低道德接受度、相对获益和机制整体性的独立标准。三是这些机制应该具备一定的认知优点,用以对能否达到以上三种独立标准做出可靠判断,同时通过这些机制与有效的外部认知代理人的互动,最终实现对他们的目标、问责细则以及他们在诉求全球性正义中的职能分工作用的持续争论和批判性修正。

这种复合标准勾勒出全球治理机制合法性具有活力的相关性特征。这种标准强调全球治理机制最基本特征的持续争论和批判性修正的条件,引起表述此类机制合法性环境的特殊道德争议与不确定性。当认识到道德争议与不确定性的现实时,可以发现这种复合标准包含了随时间推移而持续完善的机制不断强大的道德必要条件。同时这种复合标准也明确了机制是否合法不仅仅取决于其自身的特点,也取决于该机制与其外部认知行为体之间的认知—协商关系。

(四)全球民主缺失背景下民主价值观的地位

如前文所述,将当前普遍适用于国家民主合法性的标准应用于全球治理机制是一个错误。当合法性复合标准得到满足时,重要的民主价值观也将得以实现。根据现有的讨论初衷,假定最重要的民主价值观包含:平等对待每个人的基本利益;在原则基础上集体协商达成公共秩序的决策;引导人民相互尊重。如果复合合法性标准得到满足,则三种价值观也将得以实现。在某种程度上这些机制与外部认知行为体之间的联系,为获得未受限于某些集团且全球可得的信息提供了渠道,也使得这些机制越发难以将某些集团利益的考虑排除在外,同时我们更加接近对所有行为体基本利益平等尊重的理念。此外,通过全球获取信息,外部认知行为体网络实际上将所有人民都视为个体,对于这些个体来说,不仅是高压政治的威胁还有道德因素决定了他们是否认为机制规则具有权威性。最后,如果复合的合法性标准得到满足,该机制的每一个特点都会成为有原则的、认知性的、集体协商的潜在目标,同时参与协商的资格将不会受限于机制的利益。

(五) 与民主主权一致

对全球治理机制与民主主权矛盾的担忧是质疑机制合法性的来源之一。我们的分析揭示了全球治理为何以及如何限制民主主权。我们提出的合法性标准特别设计用来帮助全球治理机制纠正民主国家政府忽视其本国公众之外的利益与偏好的倾向。这主要通过两种方式实现。其一,对外部机制认知行为体在广义问责中作用的强调确保随着时间推移更多利益与偏好得到反映。其二,最低道德接受度的必要条件被理解为不侵害基本人权,这为最脆弱环节提供了重要的保障:如果满足了这项条件,民主国家的公众不能忽视其政策选择中最严重的"消极外在性"。满足合法性标准的全球治理机制不应被认为削弱了民主主权,而应被视为确保了民主政府公正发挥作用。

合法的全球秩序应该包括能够促进民主化进程中的国家民主(基本教育权利、言论与集会自由权利等)发挥作用的适当条件、在已经建立民主机制的国家中维护这些条件的人权机制。对声称全球治理机制限制民主主权因而不合法的批判,实则或者通过假定"人民的意愿"不应限制自身政体之外的利益而回避问题的实质,或者低估了民主依赖全球治理机制的程度。

通过阐释复合标准并解释这种标准如何影响核心的民主价值,可以简要地说明这种标准如何满足对合法性标准的渴求。

第一，这种复合标准为达到标准的协调机制提供了支持的基础，在合法性问题成为焦点的环境中，这种支持建立在可以广泛接受的道德因素基础上。为了服务于合法性评估的社会功能，这种复合标准需要对不损害普遍认可的人权的重要性达成共识，相对获益和整体性也是合法性的必要条件，以及致力于减少甚至解决以我们对机制的实践态度为特征的道德分歧和不确定性的宽容承诺。换言之，复合标准在要求比合法性可行的更多道德共识与放弃建设评估全球治理机制的强有力共享道德视角之间选择了折中道路。这种复合标准承认，这些机制应该在更公正的世界秩序中发挥作用，而这种作用极富争议并在目前难以理解。

第二，因为当前仅需要最低道德接受度，复合标准认为合法性并不需要正义，侵害获得广泛认可的人权是极端不正义的，它剥夺了机制的合法性。

第三，这种复合标准将民主国家的持续一致同意视为可推定的必要性，虽然这种一致同意并非合法性的充分条件。

第四，这种复合标准拒绝这样一种假设，除非存在全球性民主，否则全球治理机制不具备合法性，但同时推动核心的民主价值，包括建立在每个个体都有资格参与基础上的认知性公共协商，要求核心机制政策必须得到公众认可。

第五，这种复合标准反映了一种恰当的评价：全球治理机制具有富有活力的、可验性的特征，无论它们采用的方法还是诉求的目标都可能而且应该随时间推移而发生变化。

第六，复合标准要求跨国公民社会的问责渠道功能良好，外部认知行为体的重叠网络有助于通过民主国家共识弥补问责的局限性。

复合标准为全球治理机制的合法性评估提供了合理的共识基础。当相对获益条件得到满足，就很难脱离机制来获得全球治理机制提供的公共产品。但是，只有经过协调，全球治理机制才能提供公共产品，同时不耗费过多成本达成协调需要的相关代理人，将这种机制的规则视为理应遵守的，他们承认由机制颁布的规则是我们必须服从的自决性原因。机制的工具性价值满足了相对收益的条件，也赋予个体不干预机制功能的自决理由。满足最低道德接受度的条件将更重要的道德目标排除在外，否则可能削弱支持这些机制的有利理由。整体看来，对复合标准其他条件的满足提供了支持或者至少不干涉机制的道德理由。其中最重要的就是机制具有认知性优点，以促使标准更为严格并促进机制本身的渐进式发展。因此，当一种全球治理机制满足了这种复合标准的所有要求，我们就有理由相信，这种机制具有了统治的权力，而不仅仅是获益。

五、结语

本文提出了有关全球治理机制合法性的公共标准构想。这些机制提供了国家和以传统条约为基础的国家间关系无法提供的重要收益，但是这些机制是新兴、脆弱且持续发展的。政治动员对机制合法性的挑战破坏了它们有效发挥功能的平台，尽管这些挑战实际上是典型的无原则，并建立在混淆正义与合法性的不现实需求基础上。有原则合法性的全球公共标准可以促使更负责任的批评出现，同时通过制度化集体学习的过程为改进现状提供指导，学习的内容包括从全球治理机制中期待获得什么是合理的以及如何获得它。我们希望本文的建议能为这些目标服务。

全球治理的结构与向度

[日] 星野昭吉 著　刘小林 译

一、全球治理理论的多样性

治理的概念不是国际问题研究领域的产物,而是政治学相当古老的一个概念。在西方现代政治学中,治理绝不是指那种依据国家强制性权力维系的统治形态,而是指社会政治共同体成员,以公益为基础,以共同参与、民主协商的方式形成的决策机制、社会政治管理方式,以及由此而构成的社会政治体制。它既体现政治共同体内部成员之间的权力关系,也反映共同体成员对社会、法律规范的自觉遵从。治理概念的应用并不局限在国家或国家内部各层行政实体范围内,还被广泛应用于一般社会组织和经济组织方面,例如,"协同治理"和"IT"治理。其中"IT"治理,并不仅仅反映网民与网络管理者之间的关系,而且还包括电子政府,特别包括公民电子投票以及通过网络形成的公众舆论。此外,"IT"治理在工会组织以及一些非政府组织中也得

---

* 本文原载于《南开学报》(哲学社会科学版),2011年第3期。基金项目:教育部哲学社会科学研究重大课题攻关项目(10JZDH047)。

** 作者简介:星野昭吉(Akiyashi Hoshino),日本独协大学法学部教授,主要从事国际关系与全球政治研究。译者简介:刘小林,北京师范大学政治学与国际关系学院教授。

到广泛的应用。

但是，从政治学的治理概念到全球范围内的治理概念，绝不是那么轻易而成的。全球治理理论形成于20世纪90年代初期，由美国学者詹姆斯·罗西瑙最初提出全球治理的概念。各国学者围绕这一理论概念产生诸多不同认识，由此形成一些理论争论。到目前为止，可以说全球治理理论并没有形成一个严谨、统一的理论体系，而是由各国学者们围绕这一课题的研究形成的一个相对独立的理论研究领域，一个充满争论的领域。本文将具有代表性的学者观点大致概括为以下五种：第一，罗西瑙与全球治理的理论原型；第二，奥兰·扬为代表的新自由主义国际机制论所涉及的全球治理理论；第三，以国际知名政治家、外交官组成的"全球治理委员会"为代表的规范性全球治理理论；第四，以斯蒂芬·克拉斯纳（Stephen D. Krasner）为代表的现实主义全球治理理论观点；第五，以全球市民社会理论为代表的全球治理理论观点。

罗西瑙的理论被称为"两枝理论"（Bifurcation theory），在日文中被翻译成"双重结构论"。20世纪90年代初，他第一次以"没有政府的治理"的理论概念，从理论上构建起世界政治的两个层面，即国内政治与全球政治，并把它们看成两个重叠的相互关联系统。从两个体系的行为体看，他对在两个体系中都发挥着越来越重要作用的自下而上的个人、社会运动以及非政府组织给予高度重视，并认为政府并不是适应一切条件的治理形态。无论在国内政治还是在全球政治中，国家主权的行使都是有限的，特别是在全球层面上，与国内政治层面中政府的中心地位不同，政府行为体与非政府行为体是一种不分主次的并列关系。与以军事强制力为依托的政府治理不同，全球治理是一种没有政府强制性统治的有序治理方式，换言之，是一种非国家中心的治理状态。尽管如此，罗西瑙毕竟是从现实主义的无政府状态假说出发来论证全球治理的，最终的结论不过是从绝对国家中心论转变为相对国家中心论而已。也就是说，他所论证的全球治理并不排除国家行为体发挥重要作用。国内政治与全球政治的差别并不在于政府的存在与否，而在于治理的程度不同。① 特别是在 2000 年发表的一篇论文中,罗西瑙就全球治理问题提出了"新复合多边主义"观点,主张"以联合国及其相关制度为中心,拓宽多种国际机制与跨国合作政策的网络"。② 罗西瑙的理论观点在如何认识全球政治的本质问题上虽然存在很大局限性,但他毕竟是第一个从理论上探讨全球治理问题的学者,并在理论形态上多少对传统国际关系理论构成了一定程度的挑战。

奥兰·扬提出新自由主义国际机制论的全球治理观念。扬原本从事政治学研究,后转入国际危机问题研究,如古巴导弹危机、柏林危机,并就危机应对提出"交涉理论"(theory of bargaining)。20 世纪 70 年代以后他转入国际多边合作研究,例如,他参与美加苏日四国关于阿拉斯加海域渔业合作的应用研究以及此后的国际环境合作问题研究时,还是使用"国际机制"的理论概念。90 年代初,他在探讨全球问题时开始使用"全球机制"的理论概念,直到 90 年代后期,他依然认为所谓"全球治理"实际上只是各种国际机制,包括政府间机制以及非政府组织参与的国际机制的总和。③ 全球治理与国际机制不过是一种异名同质关系而已。他一直是把以国家为中心的政府间合作以及政府间国际组织作为国际机制的主导力量的④,当然,这也确实反映了当前全球治理中的国家主导现状。但就理论特征而言,扬对全球治理的理解实际上属于新自由主义,即把国家间相互依存关系视为全球治理的中心,也就是说,他对全球治理的理解与前述罗西瑙的理论是殊途同归,最终都可以归结为以国家为中心的共同价值取向。由此,他们在全球问题

---

① James N. Rosenau and Ernest Otto Czempeil (eds.), *Governance without Government: Order and Change in World Polities*, Cambridge: Cambridge University Press, 1992, p. 7.

② Rosenau, James N., "Toward an Ontology for Global Governance", in Hewson, Martin Timothy J. Sinclair (eds.), *Approaches to Global Governance Theory*, Albany: State University of New York Press, 1999.

③ Oran R. Young, *International Governance: Protecting the Environment in a Stateless Society*, Ithaca: Cornell University Press, 1990.

④ Oran R. Young (ed.), *Global: Drawing Insights from the Environmental Experience*, Cambridge: The MIT Press, 1997, pp. 283-284. ヤンク:『グローバルガバナンス理論』,渡辺昭夫、土山実男編:『グローバル・カウアナンス』,東京:東京大学出版会,2003 年,第 36—38 頁。

上，自然也都还是站在以国家为中心的立场上，把各个国家的利益，以及在维护各自国家利益过程中形成的相互关系当作既存的合理事实，予以维持和保护。这样的全球治理价值取向，只能是一种维持现状，而不是改变现状的价值取向。

"全球治理委员会"也提出了自身的全球治理观念。1992年联合国支持一些退休著名政治家、外交家与联合国的前高官等在20世纪80年代成立的勃兰特委员会基础上，成立了"全球治理委员会"。该委员会经过几年的商讨，在联合国成立50周年发表了《天涯若比邻》(*Our Global Neighborhood*)的报告，强调要通过"实践性、市民性、规范性"的全球治理，来解决困惑人类的全球贫困与环境问题。该报告提到，全球治理是指"通过社会和私人的组织形式对一系列共同问题采取管理措施的多种方式的总合"。① 也就是说，在国家不能解决的各种问题上，采取国家主体与非国家主体共同建立管理机制和规范的方式。该报告还明确指出，到目前为止的全球治理，并没有一种确定的组织形态模式或制度模式，而是由全球、国家、区域不同层面上的众多的全球行为者共同协商合作而形成的一种合作关系。该报告的行文强调解决全球问题的实践性、规范性，强调通过民主的方式吸引全球众多行为者参与的广泛市民性。但令人遗憾的是，该报告缺乏学术理论性，对一些概念没有进行理论上的阐释和准确定义，特别是对全球危机产生的根源和解决全球问题的根本途径缺乏深刻的理论认识，而且对全球治理的前景也缺乏科学的预测。

作为现实主义对全球化理论的反驳，以克拉斯纳为代表的现实主义反全球治理观点虽很陈旧，但却十分明确。在他看来，"全球化并没有改变国家权力的属性"，也就是说，他只承认全球化在一定量的程度上侵蚀着国家的管理权限，但是在国家主权的三个基本属性方面，即对内主权、威斯特伐利亚主权以及国际法的主权，丝毫没有任何变化。同时，国际政治中的权力分配、

---

① クローパル・ガバナンス委员会：『地球リーターシップ：新しい世界秩序をめざして：クローパル・ガバナンス委员会报告书』，東京：日本放送出版协会，1995年。

国家利益等基本规则也没有任何变化，现实中的国际机制与全球治理仍然都是以国家利益为基础，在协调各国利益基础之上而达成的国家间一种协议。① 一言以辟之，大国至上、权力地位决定一切的现实主义与全球治理理论显得那么格格不入。

全球治理理论中的全球市民社会理论同样值得关注。市民社会理论在西方思想史上早已存在，近代以前还仅仅表现为概念或政治倾向，近代以来在解释国家权力与社会权利的关系问题上形成了比较完整的理论。随着19世纪以来的西方国家国内政治生活民主化的进程，保护和扩大市民权成为各种社会运动、社会思潮求诉的主题。特别是在冷战解体过程中，前苏联、东欧等国家政治体制的动摇、变动，促使人们超越国界从全球市民社会的角度思考问题。20世纪90年代以来从众多的社会运动和社会思潮中产生了多种形态的民间社会团体、社会组织，由此构成包括国际非政府组织在内的大量非政府组织。这些组织的组织方式、活动方式、价值追求与理念明显具有超国家性质，尽管在现实的全球事务中，这类组织的实际力量与国家和国家间组织的力量相比较，还是相当薄弱的，但它们以和平、正义、共存为目标，超越国家以及政府组织的形态构成了一种新的全球社会政治关系的网络。由此，反映国际非政府组织的要求、愿望的理论观念也应运而上，如英国学派的国际社会理论与建构主义的某些理论主张，以及一些客观描述全球市民社会组织形态、文化特征的理论诠释。②

综上所述，从目前全球治理的理论见解看，大体可以概括为以下三类，即国家中心维持现状派、新自由制度改良派、全球市民社会变革现状派，三派相应的观点立场大体可归纳为表1所示内容。

---

① D. クラズナー：『グローバリゼーション論批判——主権概念の再検討』，渡辺昭夫、土山実男編：『クローバル・カウアナンス』，東京：東京大学出版会，2001年，第45頁。

② John Boli and George M. Thomas, "INGOs and the Organization of World Culture", see Paul F. Diehl (ed.), *The Politics of Global Governance*, London: Lynne Rienner Publisher, 2001.

表 1　不同经济转型战略的比较

	国家中心维持现状派	新自由制度改良派	全球市民社会变革现状派
基本价值选择	国际利益至上、价值认同的一致与统一	权利与义务的一致、协议与共同责任基础上的价值认同	政治平等、自由、社会公正、普世公益
治理的行为主体	国家、人民、市场经济	市民社会，具有实效性的国家、国际机制，以及跨国经济组织	自地方到全球的多层治理自治体与人民
政策选择	国家统治能力的强化（必要的条件下）、国际政治中的权力政治	国际自由贸易、国际治理体制的建构、全球公益的稳定提供	变革以往全球不平等反秩序、彻底改造国家中心的国际体系
全球社会理想形态	民族国家能力的强化，以实际有效的地缘政治来维持世界秩序	以政府间协调机制为中心，建构民主、多元的全球治理	实行多层次的民主治理，自下而上地在全球各层面建构公益不断增长的全球市民社会

二、全球治理的结构特征

前述全球治理理论虽形态不同，但从根本上说，它们都是应对当今世界全球性问题的理论反映。然而，在如何看待全球性问题，主张采取何种治理方式解决这些问题上，人们的见解却大相径庭。下文从全球治理的结构特征入手，首先阐明作为全球政治重要组成部分的全球治理所具有的双重结构特征。

与全球政治的结构特征相关联，全球治理也是由国家中心治理与超国家中心治理组成的一种复合结构。两者之间所构成的并不是力量对等的关系，而是一种非对称的力量关系。国家中心治理在全球治理中居于主导地位，而超国家中心治理处于一种周边、从属的地位。尽管在全球化影响下，国家中心治理的主导地位受到来自超国家中心治理的挑战，但总体而言，国家中心治理依然保持着相对的优势地位。

作为国家中心治理，本质上具有大国中心、强者治理、权力中心、自上而下、消极约束等维持现状治理的属性。面对来自环境资源、贫困战争与疾病,以及核扩散、垃圾处理、废气排放、知识产权、遗传基因、贸易金融体制等多方面的全球性问题的挑战,以主权国家为中心的治理在全球治理中占据了中心地位,多国组成的政府间组织依然是处理这些问题的主要组织形态。特别是由于国家中心治理掌握着实现一定目标的军事力量,构成对超国家主体行为方式的一种强大的控制力,并且还在通过这种力量进一步强化现有的世界军事秩序,同时也强化着国家中心治理自身的地位和作用。①

如图1所示,国家中心治理不仅仅是主权国家本身,而且包含着各种各样的政府间国际组织、国际机构、国际制度、国际法、国际规制、区域主义、多边主义、联邦主义、新功能主义、集体安全机制等构成要素。然而,尽管国家中心治理所反映的主要是国家利益,国际组织也受到国家权力的左右,但许多国际组织不仅体现着国家中心治理的侧面,同时也包含着超国家中心的另一个侧面。②

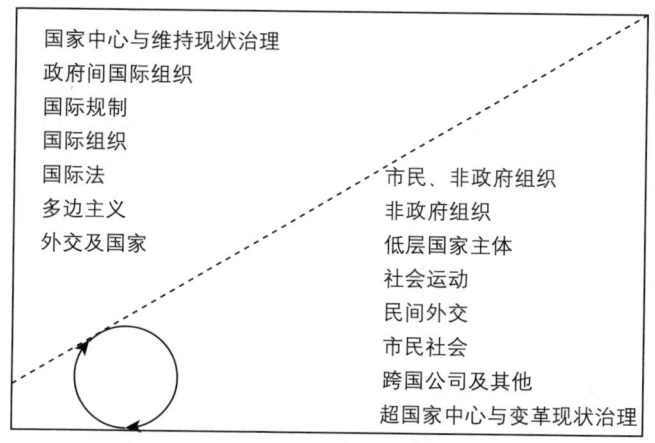

图1 全球治理的双重结构

---

① 星野昭吉编:『世界政治の展開とグローバル・ガバナンスの現在』,東京:ライハン,2010年,第32頁。

② 星野昭吉:『世界政治と地球公共財——地球的規模の問題群と現状変革志向地球公共財』,東京:同文舘出版,2008年,第134—135頁。

超国家中心治理主要是由市民、非政府组织、非营利组织、社会运动、舆论、地方自治体、市民社会、民间外交、跨国公司等构成的。超国家中心治理与全球市民社会并不完全等同，然而二者类似之处甚多。与前述国家中心治理本质相反，超国家中心治理本质上具有弱者治理、自下而上治理、普世中心治理、变革现状治理的属性。

在当今世界政治的现实之中，两种性质完全不同的治理既相互矛盾冲突、摩擦对抗，又相互联结渗透、彼此交织，形成了在解决全球性问题上完全不同的见解与主张，以及在处理现实问题中往往不得不做出妥协的选择，由此也充分体现了全球治理所具有的双重结构特征，以及价值向度迥异的属性。

三、从维持现状治理到变革现状治理的价值向度转变

毋庸置疑，国家中心治理尽管在全球治理的现实中占据主导地位，但这决不意味着国家中心治理的存在是合理、永恒的。全球政治的结构自资本主义社会体系形成世界体系以来，已经发生了数次深刻的变动，目前以美国为中心的国际秩序正处于深刻变动之中。这对彻底改造以往全球政治不公正、不合理的结构是一次难得的契机。当然，要使这一彻底改造成为现实，需要一些必要条件。

首先，这一改造涉及现有全球政治结构的基础——世界资本主义体系，也就是说，要实现对这一体系摧枯拉朽的彻底变革，必须全面动员一切与这一体系相抗衡的力量，使之成为一种全球范围内的反帝国主义扩张势力的运动，而不是简单、表面上的反全球化势力。[①]

具体而言，即便对处于世界体系主导地位的中心国家、大国的意识形态

---

① See Veltmeyer, Henry, "From Globalization to Antiglobalization", in Veltmeyer, Henry (ed.), *New Perspectives on Glabalization and Antiglobalization: Prospect for a New World Order?* Aldershot: Ashgate, 2008, pp. 190–191.

展开有组织抵抗能够获得成功,也不能保证以这些国家为中心的全球经济扩张的规范能被顺利替代。世界历史上从来就没有什么力量能够制止中心国家以分配正义为由而追求廉价劳动力和大量投资。对资本主义展开有组织的抵抗并不意味着可以阻止资本主义的扩展,而意味着人们具有反对资本主义经济扩张合理的能力。反对全球化只是一种形式,而如何从根本上否定资本主义,并从中找出改变资本主义的可能性呢?[1] 应当把那些反新自由主义全球化的非政府组织理解成反帝国主义全球化的世界社会论坛(WSF),以及由此而形成的各种各样的新的世界社会运动。最重要的在于,如何使这些对帝国主义全球化及其存在进行批判的组织、运动成为一种积极、内在、持久的力量,而不是仅仅浮皮潦草、时聚时散的一群乌合之众,否则他们仍摆脱不了维持现状的藩篱[2]。

其次,要彻底改造现有全球政治结构的基础——世界资本主义体系,不仅依靠处于周边地带的反帝国主义力量,以及各种反帝国主义的社会运动与组织形态,处于中心地位大国内部的各种社会运动、非政府组织,甚至包括维持现状势力自身内部也会不断产生变革现状的要求。换言之,实现全球治理从维持现状向变革现状的转变,不仅需要现有变革现状力量,而且需要从维持现状势力的内部不断分化出支持和参与变革现状的力量,从而使世界政治中变革现状力量不断得以成长壮大。

再次,要彻底改造现有全球政治结构的基础——世界资本主义体系,还必须努力改变处于维持现状势力、中心国家、大国一贯奉行的社会价值观念——社群主义,这种维持现状的价值观是以个别利益优先、不平等价值优先、既得利益优先、短期价值优先、大国与发达国家价值优先、零和价值优先为特征的。而与之相对立的变革现状力量的价值观则是普世主义(或世界

---

[1] De Zolt, Emest M., "The Effects of Global Economic Expansion on Organized Resistance", in Dasgupta, Samir and Ray Kiely (eds.), *Globalization and After*, New Delhi: Sage, 2006, p. 351.

[2] Veltmeyer, Henry, "From Globalization to Antiglobalization", in Veltmeyer, Henry (ed.), *New Perspectives on Globalization and Antiglobalization: Prospect for a New World Order?* Aldershot: Ashgate, 2008, p. 81.

主义），它是以全球公益价值优先、普世平等价值优先、人类长远利益优先、弱者小国利益优先、非零和价值优先为特征的。当然，在目前全球政治中居于主导地位的价值观念，仍然是以维持现状势力为主导的社群主义价值观，是全球政治不断产生冲突、纷争的价值观。倡导变革现状力量的价值观，使之替代维持现状的价值观是彻底变革全球政治现状的重要条件。①

除以上必要条件外，处理好全球治理双重结构中国家中心治理与超国家中心治理之间的关系也是不可或缺的。因为现实中两者之间不仅存在着相互抗衡的关系，同时也存在着一种互补关系。尤其是在解决现实全球性问题的具体议程中，二者之间虽然见解不同、主张采取的解决方案也有很大差异。但随着国家中心治理在这些领域中作用、地位的下降，超国家中心治理虽不能取而代之，但可以发挥对国家治理缺失而产生的补足作用。在这方面，"国家主体不否定和反对超国家主体的存在或价值、功能，反倒是积极地接纳它们"。② 也就是说，现实中，国家中心治理没有与超国家中心治理相对立，而是承认它们的地位，并让它们在全球治理中发挥积极作用。国家与社会运动之间彼此协调，相互借助各自的力量，以实现一定领域内全球治理的共同目标。反之，超国家中心治理、社会运动由此也形成了几个对国际政治决策产生影响的国际组织，这些组织不仅不与国家中心治理对立，而且还支持国家主体的决策与行动，积极发挥其补充功能。同时，国家本身也承认，并支持原有政府间组织的超国家化，使之成为全球治理中的具有超国家性质的行为主体。③（见图2）

---

① 星野昭吉编：『世界政治の展開とクローバル・ガバナンスの現在』，東京：ライハン，2010年，第34—35頁。

② Cameron, Maxwell A., "Global Civil Society and the Ottawa Process: Lessons from the Movement to Ben Anti-Personnel Mines", in Cooper, Andrew F., John English and Ramesh Thakur (eds.), *Enhancing Global Governance: Towards a New Diplomacy?* Tokyo: United Nations University Press, 2002, p. 8S.

③ Smith, Jakie, Ron Pagnuncoo and Chatfield, "Social Movements and World Politics: A Theoretical Framework", in Smith, Jackie, Charles Chatfield and Ron Pagnuncco (eds.), *Transnational Social Movements, World Politics: Solidarity Beyond the State*, Syracuse: Syracuse University Press, 1997, pp. 73 – 74.

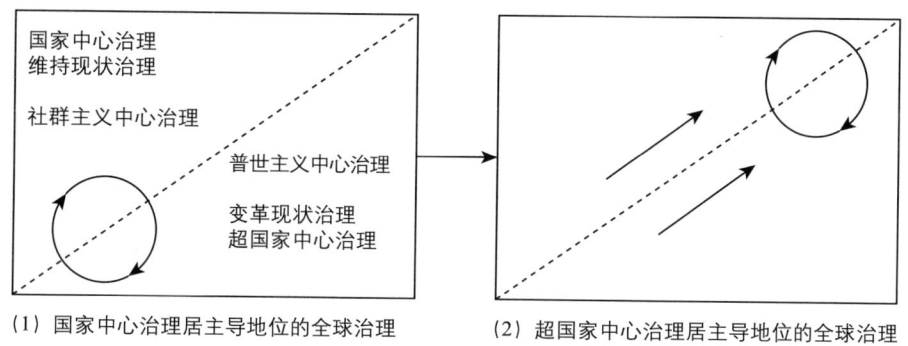

(1) 国家中心治理居主导地位的全球治理　　(2) 超国家中心治理居主导地位的全球治理

图2　从维持现状治理向变革现状治理的转变

当然，二者之间的相互补足功能，并不意味着国家中心治理与超国家中心治理已经形成一种对称、对等的关系，国家中心治理只是借助超国家主体的补足作用，继续在现实中维持国家主体在全球政治中的中心、主导地位。

现实之中二者之间的关系及其现状告诉我们，超国家中心治理要真正替代国家中心治理，建构起全新的以全球市民社会为基础的全球治理模式绝非易事，恐怕在人类历史相当长的一段时期之内，国家中心治理的地位、作用都不会发生根本性的改变。然而，与此相对，超国家中心治理在现实中地位、作用的不断提升也是有目共睹的事实，可以确信二者之间力量关系的逐渐转变也仅仅是一个时间问题，国家中心治理逐渐被替代也是一种历史的必然。当然，这并不意味着马克思主义国家消亡理论（假说）在全球治理未来的发展中得以实现。我们生活在现实之中，现实中国家的存在及其地位作用只是量和度的变化，即便全球市民社会真的取而代之，成为全球治理的中心主体，国家也仍然不会消亡，国家仍将是全球政治中的重要行为主体，仍将是凝聚一定区域内生活着的人们的一种政治共同体，世界不同区域内存在的不同政治共同体，仍将是构成全球政治的具体、有生命力的政治实体。

全球治理作为解决当今世界全球性问题的有效途径，已经成为当前全球政治的核心议题。如何积极推动国家中心治理与超国家中心治理像自行车的两个轮子，正朝着尽快提出解决全球问题可行方案的方向前进，并已经成为全球社会急不可待的课题。为此，通过不断提升变革现状全球治理的地位、作用，从而超越维持现状国家中心治理的种种局限，及早形成以全球公益为基础的全球共识，是人类命运与共同利益之所在。积极构建和扩大以全球公益为目标的全球治理，也是目前国家中心治理必然的价值向度抉择。

公民社会与全球治理*

[美] 迈克尔·爱德华兹 著　　王玉强　陈家刚编译**

一、引子

十年前，权力走廊上很少有人谈到公民社会，但现在人们对伙伴关系、参与以及公民团体在促进可持续发展中的作用津津乐道。尽管人们对"新外交""软权力""复合的多边主义"等概念的理解不甚全面，实践应用中也并不理想，但这些概念已经将公民社会置于国际政策讨论和解决全球性问题的核心位置。① 虽然国际关系中的这种显著变化预示着我们普通人的美好未来，但同时也还存在着激烈的争论，问题很多而答案却无处可寻。事实上，"公民社会"是一个活动领域，而不是一件物品；虽然它经常被看作是未来进步政

---

*　原文载于：http：//www.unv.edu/millennium/edwards.Pdf。中文翻译并发表获得了作者授权，原载于《马克思主义与现实》，2002 年第 3 期。

**　作者简介：迈克尔·爱德华兹，福特基金总部公民社会与治理项目官员、著名学者。译者简介：陈家刚、王玉强，中国人民大学博士生。

①　M. Edwards, *Future Positive: International Cooperation in the 21st Century*, London: Earthscan and Sterling, Virginia: Stylus, 1999.

治的关键,但这一领域充满着各种相互冲突的不同利益和议事日程。① 就此而言,全球性组织仍然受制于以国家为基础的国际谈判机制,而且在任何富有意义的层面上开启非国家参与都异常困难。我们可以憧憬"全球共同体",但我们还没有生活于其中,而且在很多时候"全球治理"意味着一种弱肉强食的体系。解决这些缺陷将是一项在未来许多年内需要政府、政府间组织、企业和公民社会共同参与的巨大而复杂的任务。在这篇文章中,我将提出三个问题:公民社会为什么如此之快地提上了国际议事日程?我们面临的困境是什么?联合国怎样协调那些塑造 21 世纪体制的不同行动者的各种需求?

二、公民社会的兴起

1. 国际发展观的变化

至少有三个原因可以解释国际领域公民社会的复兴。第一个是国际发展观的变化。近年来,人们明显偏离了所谓的"华盛顿共识"——相信自由市场和西方民主能为世界范围内的发展和减少贫困提供蓝图。新兴的"后华盛顿共识"的核心是将公民社会置于发展政策辩论核心的一系列概念。首先,一个强有力的社会和制度结构是增长和发展的关键:"社会资本"——大量的社会网络、规范和公民组织——在实现其目标上与其他形式的资本同样重要。其次,人们认为更加多元化的治理和决策形式在形成经济结构变迁和其他关键改革的社会共识方面更为有效:共襄发展议事日程被认为是实现可持续发展的关键。再则,公共部门、私人部门和公民的角色在经济学和社会政策中得到重新界定和重塑,解决问题的最佳路径在于这些不同行动者的合作与联合。最后,国际组织需要更强大的公众和政治支持者,否则,它们将失去其合法性,而这将具有潜在的致命后果。

---

① J. Scholte, *Global Civil Society: Changing the World?* University of Warwick, Department of Politics and International Studies, 1999.

公民社会是所有这些理念及其成功应用的核心。虽然对一些基本假设来说其经验证据尚不完整,但捐助方已经形成下述共识:"强大的公民社会"是取得成功的发展绩效的关键。公民社会作为核心论题已经成为国际发展话语的主流。

2. 新的治理概念

当我们超越国内领域来理解这些观念时,第二个主要转变就意味着国际关系概念上静悄悄的革命。当科菲·安南谈到"新外交"时,他其实是在回应一种共识,即全球治理的特性——处理跨国的公私行为的规则、规范和机构——正在以新的、引人注目的方式发生着变化。① 随着经济和文化全球化的发展,国家对治理的垄断正受到来自营利和非营利部门私人行动者日益增强的影响力的挑战。② 公司和私人资本的流动对日益整合的全球市场所提供的机会做出迅速的反应。相比之下,因为需要民主、需要在众多不同利益之间协调,国家与公民社会的反应就必然缓慢、分散和凌乱。从理论上讲,公民社会是对日益膨胀的市场力量和逐步衰落的国家权力的一种平衡力量,但在实践中,尤其是在全球范围内,几乎没有什么正式结构来表达这种平衡的权威。跨国非政府组织网络很多,却没有可与之对话的世界政府,也很少有全球公民在全球公民社会更深层的含义上去建构它。其结果是在全球治理过程中表现出日益明显的民主赤字。

尽管存在这些困难,但在下个千年中,治理不可能只意味着借助统一的全球性权力来实施单一的国际法结构,这点已经很清楚了。更有可能出现的情况是作为一个不同权力形式(国家、公民和市场)、不同调节方式(法律、习俗和社会规范)之间多层相互作用的过程。它们齐心协力追求共同的目标,解决争端,在相互冲突的利益之间通过谈判进行权衡取舍。我们可以在全球

---

① K. Annan, "The Quiet Revolution", *Global Governance*, 1998 (4), pp. 123 – 38.

② D. Archibugi and D. Held, *Cosmopolitan Democracy*, Cambridge: Polity Press, 1995; J. Rosenau and E. Cziempel (eds.), *Governance without Government: Order and Change in World Politics*, Cambridge: Cambridge University Press, 1992.

环境规制如《蒙特利尔议定书》，以及国际上各种针对地雷、债务、童工和其他问题的运动中发现这种治理的早期模式。有些人将其描述为"全球公共政策"①，其他人则称之为"多轨外交"②。公民团体在这些运动中发挥了关键作用：全球范围内行动起来的一万五千多个跨国公民网络中，有90%是在近三十年间形成的。③ 这种治理形式是混乱的、难以预测的，但它最终将是更有效的——通过赋予普通公民在主导世界政治问题上的更大发言权和解决问题时更多的责任。

目前，全球规制中的公民社会参与倾向于通过利益集团网络（尤其是非政府组织）而不是通过正式的代表制结构来发挥作用。④ 这就提出了关于公民团体及其未来，尤其是结构、治理和责任等重要问题，而这些问题可能会在逐渐出现的全球秩序中腐蚀其作为社会角色的合法性基础。正如我随后在本文中所示，准确地说，评论者正是在这一领域中提出了越来越多的重大问题。然而，随着全球治理变得更加多元化，更少受制于按照领土主权界定的国家体系，公民社会的作用必将不断增强。

3. 企业受益

除了这些概念性争论外，联合国机构和国际金融机构变得对公民社会更

---

① I. Kaul, et al. (eds.), *Global Public Goods: International Cooperation in the 21st Century*, Oxford: Oxford University Press, 1999; W. Reinicke, *Global Public Policy: Governing without Government*, Washington DC: Brookings Institution, 1998.

② J. Smith et al. (eds.), *Transnational Social Movements and Global Politics: Solidarity Beyond the State*, Syracuse: Syracuse University Press, 1998; P. Waterman, *Globalization, Social Movements and the New Internationalism*, London: Mansell, 1998.

③ R. O'Brien, et al., *Challenging Global Governance: Social Movements and Multilateral Economic Institutions*, Cambridge: Cambridge University Press, 1998; M. Edwards, D. Hulme and T. Wallace, "NGOs in a Global Future: Marrying Local Delivery to Worldwide Leverage", *Public Administration and Development*, 1999 (19), pp. 117–36.

④ M. Keck and K. Sikkink, *Activists Beyond Borders: Trans-national Advocacy Network in International Politics*, Cornell University Press, 1998; R. Higgott and A. Bieler (eds.), *Non-State Actors and Authority in the Global System*, London: Routledge, 1999.

有兴趣，而且更坦率地与公民团体合作，原因更简单和更商业化——它于企业有益。国际组织发现业务上的伙伴关系与广泛的政策对话有助于更有效地实施项目和减少失败；有助于保持良好的公众形象和更多的政治支持，尤其是在北美和西欧的主要政府出资者；有助于研究和政策的形成，后者获取信息更加充分并不再局限于国内的正统观念。考虑到这些实际利益，任何国际机构要想背离更广泛的公民参与这一趋势都将是很困难的，实践的和政治的代价也将是高昂的。

相对地讲，这种积极的评判也是新近才有的现象。1980年之前，公民团体与多边机构之间几乎没有什么结构性联系，而且在全球体制中几乎没有正式的非国家参与。到了20世纪80年代中期，这种联系逐渐频繁同时也更有组织，它包括服务于联合国专门机构的非政府组织顾问或咨询机构地位的巩固，1984年世界银行中非政府组织的工作机构，以及早前围绕债务、结构调整和民众参与的全球运动。[①] 冷战以后，全球公民组织急剧增长，国际非政府组织在不到二十年的时间里增长到2万个，是原来的4倍，其他的公民组织（像国际劳工联盟和专业社团网络）也开始崭露头角。[②] 联合国关于性、人口、环境、社会发展与生态问题的连续讨论为这些公民联盟提供了检验其技能的工具，而联合国和世界银行开始与主要的非政府组织如森林保护与可持续开发全球联盟、世界水坝委员会实行战略合作。这种合作的基本假设是"全球公民社会"能通过为民众参与、责任、协商和讨论创造额外的渠道而扩展民主实践，进而改善治理质量，促进协议延续。世界银行和许多双边援助机构已经开始着手系统地了解公民社会及其在这种背景下的作用，并在国家——通过像世界银行"综合发展架构"这样的计划过程——和国际两个层面提高它们与公民团体有效合作的能力。

[①] P. Willetts, *The Conscience of the World: The Influence of NGOs in the UN System*, London: Hurst and Co, 1996; T. Weiss and L. Gordenker, *NGOs, the UN and Global Governance*, Boulder: Lynne Rienner, 1996; J. Fox and L. D. Brown (eds.), *The Struggle for Accountability: The World Bank, NGOs and Grassroots Movement*, Cambrigde, Ma: MIT Press, 1998.

[②] C. Runyan, "Action on the Front Line", *World Watch* (November/December), 1999.

然而，到了20世纪90年代末，在国际机构内部对这种现象尤其是对作为公民行动者的一个子类的中介性（推促）非政府组织的角色提出了质疑。因为我们最初把公民社会描绘成挽救国家和市场失灵的"魔弹"，所以，当现在人们的注意力转移到公民社会本身的失败（实际上或想象中的）时也就没什么好惊奇的。我们越来越多地听到高级职员、学者和记者附和有些政府（特别是南方国家政府）的抱怨，即非政府组织是自命的、不负责任的，而且缺少社会基础，并因此质疑其在全球讨论中作为参与者的合法性。这并非是公民参与的基本原则受到质疑，更多的是因为公民参与的实践受到扭曲，它更有利于那些位于首都的拥有更多资源和更加接近决策者的组织，基层支持者在这一过程中或许已被边缘化了。联合国体制的当前趋势清楚表明了有关承诺的这种模糊性：秘书长和其他人关于公民参与重要性的强有力声明，但与之相伴的是非政府组织进入讨论和决策的正式机制被形式化——有些人说是限制——的努力不断加强，这一点在纽约尤为明显。[①] 因此，在新千年伊始就存在着各种既支持也反对公民社会在全球体制中深度参与的力量。这种情况引发的困境为未来几年内公民团体和政府间组织就此展开对话和提出行动计划提供了有用的议程。

三、从理论到现实：全球治理中非国家参与的困境

作为近十年来政治开放的结果，公民团体逐渐感到它们拥有参与全球治理的权利。但人们较少注意到它们在负责任地寻求这种角色过程中应该承担的义务，或者很少注意到这些权利在国际组织操行和全球规制的治理中得以表现的具体途径。对于政府和公民社会来说，这都是敏感而困难的领域。这种紧张状况至少表现在四个方面：

---

① United Nations, Arrangements and Practices for the Interaction of NGOs in All Activities of the UN system: Report of the Secrexary-General, New York: United Nations Document A/53/150, 1998; J. Paul, *NGO Access at the United Nations*, New York: Global Policy Forum, 1999.

（一）合法性、责任性与代表性

第一组问题同时也是最容易引起争论的问题就是合法性与责任性：谁维护非政府组织联盟或网络中成员的利益？参与者在力量与资源相差悬殊的情况下怎样解决分歧？谁享受和承受运动带来的利益与代价，尤其是在基层这个层级？为了在全球运动中传达一个简单的信息而过滤掉不同声音时，谁的声音受到关注，哪些利益被忽视？特别是，民众声音怎样通过各种不同的机构——各种网络及其成员、北方非政府组织和南方非政府组织、南方的非政府组织与社区团体等——表达出来呢？

20世纪90年代中期，北美的非政府组织以社会和环境保护过于软弱为理由，宣称代表南方舆论反对国际开发协会（世界银行软贷款部门）。与之相反，南方非政府组织（主要来自非洲）坚持认为，不论这些保护怎样软弱，国际开发协会都应该继续下去，因为即使其条件不完善，外国援助也是迫切需要的。[①] 关于这一问题，我们可以看看1998—1999年发生的"香蕉战"。非政府组织支持中非的小规模香蕉生产商，而加勒比的生产商发现自己处在世界贸易组织中著名争端的对立位置。在有些问题（如债务或地雷）上，为了保持协调的游说立场，南北方舆论惊人地一致，而在其他领域（特别是贸易和劳工权利、环境保护）中，却不存在这样的一致，因为人民与他们的公民代表在世界不同地区可能存在相互冲突的短期利益。随着全球化的发展，这些领域将变成国际体制反应的中心内容，所以，非政府组织网络形成一种表达不同地方和区域公民社会内部不同意见的更复杂机制就是非常重要的了。只有很少几个网络存在民主地

[①] S. Cleary, "In Whose Interest? NGO Advocacy Campaigns and the Poorest", *International Relations*, Vol. 25, No. 3, pp. 9 – 36, 1995; S. Cleary, "The World Bank and NGOs", in P. Willetts, *The Conscience of the World: the Influence of NGOs in the UN System*, London: Hurst and Company, 1996; P. Nelson, "Internationalising Economic and Environmental Policy: Transnational NGO Networks and the World Bank's Expanding Influence", *Millennium*, Vol. 25, No. 3, 1996.

解决此种分歧的机制。①

在这些情况中,讨论往往集中在让人头疼的代表性问题上,虽然事实上有疑问的只有这样两个问题:第一,代表性是全球治理中非政府组织合法性的唯一路径吗?第二,一个组织必须怎样才有资格作为"代表"坐在谈判桌前呢?这些问题经常是混在一起的,而其结果是使关于政策选择的明智对话变得不可能。

合法性通常被理解为社会中是什么和做什么的权利,即一个组织行动路线的选择是合乎法律的、得到承认的和正当的,但也存在其他获得合法性的途径。会员组织的合法性是通过内部规范的民主选举程序和正式的许可获得的,后者确保该机构代表其支持者并向他们负责。工会和一些非政府组织联盟属于这一范畴,虽然这些过程能否有效和民主地运作是另外一回事。在这方面认可某些最低标准是未来议事日程的一个重要部分。一小部分中间性非政府组织也拥有这种会员基础(大赦国际就是一个很好的例子),但大多数都没有,而且几乎没有什么国际非政府组织网络具备民主的治理体制和责任。这就在通过代表性获得合法性时产生了明显问题,作为捐助方的信托中介机构拥有财政收益使问题更加恶化了,因为捐助方想资助非政府组织的倡议却不能直接给每一个参与者资助。这就形成了一种不健康的动机,因为华盛顿、伦敦和布鲁塞尔的非政府组织在维护其中介地位而不是鼓励以南方为基地的组织直接代表自己时有着自身的既得利益。失去这种尊贵地位的财政后果是合法性批判在北方非政府组织中引发激烈反应的原因之一,这是非政府组织最为敏感的一个神经。

在他们的辩护中,中介性非政府组织不需要以民主方式维持其合法性,因为他们的合法性是由法律认可来界定的,受到信托方的有效监督,以及得到其他合法机构的承认,因为他们拥有有价值的知识和技能来参加政策讨论。

---

① J. Covey, "Accountability and effectiveness in NGO Policy Alliances", in M. Edwards and D. Hulme (eds.), *Beyond the Magic Bullet: NGO Performance and Accountability in the Post Cold-War World*, London: Earthscan and West Hartford: Kumarian Press, 1995.

鉴于全球治理不可避免地将成为一个正式和非正式政治过程的结合，所以，非政府组织完全有可能合法地参与全球讨论而不必成为代表性机构，只要它们清楚获得合法性不同途径的不同含义。例如，没有人希望牛津饥荒救济委员会（Oxfam）成为第三世界舆论的真正代表，只要它关于债务和其他问题的建议完全建立在研究和经验的基础之上，并对其第三世界合作者的观点和愿望反应灵敏。然而，即使牛津饥荒救济委员会符合这些条件（挑战自身的条件），它们也没有参与全球决策的正式权利，因为这是一个合法性需要通过代表来获得的领域。非会员组织也许有发言权，但是没有投票权。在这个意义上，公民社会的最佳代表就是民主选举的政府，并由非国家成员组织（如劳工联盟）和各种压力集团提供的制衡机制作为补充。虽然这种混合非常混乱，但它是国家政治中标准的做法，而且看起来它也在着手塑造全球范围的更民主的体制。世界永远不可能是完美的民主的，但它可以越来越多元化，而且如果这种多元化允许所有利益都被代表和讨论，那么，一个较好的决策体制将逐步出现。

在非政府组织真正开始在国际上产生影响的时候提出合法性问题，这绝非偶然。在某种意义上，它们是自身成功的受害者。当非政府组织被挑出来与那些比它们更缺少责任的企业（和许多政府）相比较时，在批评者中也不乏伪善。然而，如果非政府组织准备利用后冷战世界开放的政治空间的话，那么，这些批评就是真实的且必须予以解决。最低限度上，它意味着不再空洞地宣称"代表人民"，而是要做出更多具体的、创造性的努力以改变全球公民联盟中的力量对比。这往往是困难的。但是，当获得合法性的不同路径混淆在一起时，问题就不可能以任何切合实际的方式得到解决。

（二）非政府组织：从地方到全球

全球化要求政府和非政府组织将其在不同层面的——地方的、国家的、区域的和全球的——活动联系起来。就政府来说，这种挑战有点过于简单，因为它们像联合国一样有一套政府间结构，借助这种结构就可以将讨论与决策联系在一起，至少在理论上是这样。而对非政府组织来说，这是很大的挑战，因为它们没有相应的结构来促进超国家的公民参与，而且也没有公民代表参与政府间组织。

纵观全球，政府、非政府组织和企业已经在地方上试验"对话政治"、共享计划和决策以产生更好更持久的结果。这些试验是未来全球治理的地方建筑基石。通过为劳工标准、环境污染和人权奠定坚实的谈判基础，它们为联系普通公民和全球体制提供了潜在的可能性。但是，只有地方结构与世界体系更高层次上的民主结构联系在一起时，它才能发挥作用，这种民主结构能保证在一个地方做出的牺牲不被其他地方缺少良知的对手所利用。最近关于孟加拉服装厂童工问题的三方协议就是这方面未来前景的一个征兆，其中非政府组织、政府和企业在国际劳工组织公约中规定的全球最低标准框架内达成了互利的地方协议。其他规制仿效这种做法，将地方协议置于现成的权威体系中，以实现必要的灵活性同普遍原则的核心之间的适当平衡。在现有体系基础上做好事情比引入缺乏地方根基的新的全球机构重要得多，后者类似于空中楼阁。在这种联系变成常规之前，非政府组织将继续努力在其地方和全球范围活动之间建立联系。

下述趋向无助于这些问题的解决，即某些非政府组织关注全球推动而排斥国家层面上国家—社会互动过程，而这一过程支撑着国家在一体化经济中追求进步目标的能力。"跳过"国家领域而直接进入华盛顿或布鲁塞尔的诱惑始终存在。在那里，往往很容易有机会接近高级官员并得到回应，这是可以理解的。但从长期来看，这是个严重的错误。它增强了多边机构在国家发展上的影响力，腐蚀了国内联盟建设的过程，而这种联盟建设对于倾向穷人的政策改革的形成是必不可少的。另外，非政府组织持续出现在国际论坛上，以及来自北方非政府组织的声音居于主导地位，强化了第三世界政府的怀疑，即它们不是真正的全球联盟，而只是富裕国家垄断全球讨论的又一案例。非政府组织也许将自己看成是维护穷人的利益，但实际上仍然是局外人——而不是政府自己的选民——决定着议事日程。这些批评的大多数都是自私的，但非政府组织网络的不对称使这种批评变得不可避免。例如，与联合国公共信息发展部有联系的 1550 个非政府组织中，只有 251 个来自南方，而且在联合国经济社会理事会中拥有咨询身份的非政府组织比率甚至更低。①

解决这样的问题需要不同的路径来建构非政府组织联盟，以及更多地强调平等主体之间的横向关系，地方、国家和全球行动之间更加强有力的联系，以更民主的方式选择战略与信息。2000 年的纪念活动提供了关于这些变革的典型案例。例如，在乌干达，一个地方非政府组织网络已经开始与其政府就消除债务问题进行对话，并受到来自像牛津饥荒救济委员会这样的北方非政府组织的技术支持。随后，这种对话就融入了国际债务减免运动。研究表明，如果非政府组织从一开始就有意识地打算这么做并准备放弃速度和便利以通过谈判实现更民主的结果，那么，它们就能够实现自己的政策目标，加强南方非政府组织的能力，以及对基层支持者负责。② 可悲的是，很少有北方非政府组织似乎愿意遵循这样的路径，虽然像牛津饥荒救济委员会这样的非政府组织已经开始循着这一方向重新定位其资源——就像早先提到的乌干达债务网络一样。如果考虑到形象受损和决策变得更复杂，也许成本似乎高了点。正如我们即将看到的那样，政府能够帮助非政府组织解决这些成本并鼓励它们转向不受北方控制的联盟。

（三）从运动的口号到变革的支持者

全球化的后果之一是解决社会和经济问题的传统方法变成了多余的，或者至少问题变得更加复杂，而答案却更加不确定。例如支持和反对自由贸易的理论基础势均力敌，我们不可能提前知道一种行为方式是否优越于其他途径，无论理论预测的结果如何。但这远非一个理论问题：如果事实表明在西雅图会议上高声抗议的非政府组织在其关于从不同贸易战略中获得未来收益

---

① Kendig, K, *Civil Society, Global Governance and the United Nations*, Tokyo: United Nations University, 1999.

② M. Edwards and J. Gaventa (eds.), *Global Citizen Action*, Boulder and London: Lynne Rienner, 2000.

的假设是错误的，那又怎样呢？再回到责任性问题上，谁将付出代价呢？不是非政府组织本身，而是第三世界的农民，他们将有几代人承受相应的后果。当然，这样的指责也适用于自由贸易支持者，但非政府组织不能以此为自己辩护。所有核心人物都必须面对同样的问题：在一个不确定的世界，负责任地拥护一种先定的立场意味着什么？

谦恭将是一个起点，这本身是对习惯于占据道德制高点的组织的挑战。更多地投入研究和学习同样也很关键，这样，非政府组织正在游说的各种选择方案就能够建立在适当的基础上并接受人们的检验和评判。非政府组织说"不，这是错的"很在行，但它们并不善于说"是的，这是切实可行的选择"。然而，纯反对派的政治不可能对未来体制有多大贡献。这种困境的后果之一可能是从"转变"（conversion）战略（传统非政府组织推促的观点）到"参与"战略的转换，其目标是支持对话过程而不是为实现一套固定的结果简单地游说。这将使非政府组织进一步介入看起来更为根本但其议事日程中非常缺乏的领域——为政策改革建立公众支持的基础。

工业化世界中强有力的公众支持是更平等的全球规制、新的治理形式取得成功的前提条件，同时也是为改变全球消费和贸易模式所要付出的牺牲的前提条件。例如，管理多国公司的行为准则是毫无用处的，除非这些行为准则得到消费者的大力支持，迫使多国公司执行它们。虽然政府和企业能够在培养这些支持者的过程中起到重要作用，但主要的责任可能还是要由非政府组织来承担，因为后者享有公众信任和国际联系，能够坦率地、令人信服地谈论全球公正问题。虽然非政府组织经常谈到建立支持者基础的必要性，但更多的是关注第三世界的问题而不是本国的生活方式变革问题。许多非政府组织最近几年大幅度削减公众教育经费，而政府这方面的支出在撒切尔/里根时代之后开始重新缓慢增长。更深入地从事建立支持者基础的工作并不意味着放弃运动或放弃抗议的权利。但它的确意味着在非政府组织传统的推促形式与针对不公正的原因而做得更为缓慢、更为长期的工作之间取得更好的平衡。为支持这种转变，非政府组织需要在公众沟通上培养出一系列新的技术和能力，并同学者、思想库、工会以及其他方面一道工作，后者可以帮助它们确立并表达对贸易和劳工市场问题的微妙立场,从而适应不同国家的背景。

四、前景:联合国将发挥什么作用?

全球治理中公民社会的参与不可能由立法来实现或者由上面强加。然而,联合国在促成这种历史性转变中发挥着关键作用。在确保自身结构和机制开放并为国际共同体其他成员提供范例方面,它既是"催生婆"又是"东道主"。目前这远未实现。因为上面提到的许多问题涉及治理和责任性的两难处境,所以,联合国作为负责谈判达成全球标准并监督执行的机构,在这一领域中负有特殊的领导责任。作为"催生婆"的角色,它有许多行动路径。

首先,公民团体、政府和企业需要一个"安全空间"以交流关于全球治理实践的思想和这种参与对于不同参与主体的含义("安全"意味着讨论是自由的、不受谴责的)。大量的研究与思考将继续关注全球公共政策的新试验,但它们是分散且没有广泛传播的,公民团体本身也是如此。一般来说与国际金融机构或世界贸易组织相比,联合国是更加可信的召集人,而且适合在世界新千年大会上主持这种实际讨论。只要可能,这样的讨论就应该以详细分析变革实践(像可持续发展协会那样)为基础,而不是去谈论一般的原则。公民团体在全球网络中创造新的具体的实现治理、责任性和交往的途径过程中,需要得到更多的支持(和更少没有根据地批评)。

其次,联合国可以在三个关键领域支持全球公民社会中的具体创新。

第一,为公民参与平整场地,以便鼓励公民通过尽可能广泛的一系列组织特别是南方的组织来参与。这意味着更多地支持南方团体发展起新的能力和技巧,并走向全球论坛(也许作为国家代表团的成员);(通过按国家、地区和部门分配名额)限制北方团体在谈判桌上的数目;利用分权机制以改变纽约和华盛顿的中心地位。

第二,调整公民参与全球辩论的"游戏规则"的结构与秩序应该进一步扩大,同时不能自上而下强加官僚规则,因为那样会损害可以最好表现全球公民行动特征的创造性和自发性。非政府组织自行创造和监督实行的行为准则提供了有用的促进方式。"非政府组织参与可持续发展协会指导委员会指南"就是很好的例子,它设立了很高的有关透明度、责任性、代表性的标准,并拟定了非政府组织未能遵从这些标准就会招致处罚的措施。亚太经合组织的"合法性决定因素"是提供了另外一种选择非政府组织的方式,即基于其为讨论提供"有用知识"程度来进行选择。目前,考虑到大多数政府间组织要面对共同的难题,这些规则显得变化太大和不必要。还存在其他的方法来厘清进入和参与的权利与责任——如仲裁公民团体和政府间组织争端,或者为在网络中感觉受委屈的非政府组织提供帮助的独立监察官制度。例如,经过一段激烈争论后,人道主义救援机构开始自愿引进这样的机制。[1] 然而,这种正式的机制也许不会受到普遍的欢迎,而且也许在实践上用处有限:世界银行的检查小组在将责任制度化上也没有取得什么成绩,虽然它无疑是一种进步。

第三,全球治理中公民团体享有发言权而不是投票权。非政府组织必须认识到它们参与决策还存在很多理所当然的限制,而这些限制是由它们的非代表性与民选政府的合法性设定的。公民社会参与的关键是在全球讨论中的结构性发言权,而不是在安理会的正式投票权。如何以适当的方式将这种发言权加以制度化将成为一个挑战,这些制度化的方式将促进全球公民社会自身真正意义上的平等和民主。

再则,联合国可以使讨论更严格、更精确,消除目前占主导地位的奇谈、偏见和混乱。这特别适用于困扰我们的合法性与代表性问题,在这里,人们常常将一般性论点应用到各种截然不同的组织类型、参与形式、问题与要求上。这就妨碍了实践中多种选择方案的讨论,并且使政府和政府间组织容易受到指责,说它们正利用实践的困难来阻挠理论原则的发展。不远的将来将有许多关键的验证场合可以更加创造性地用上面所提到的原则来做实验,特别是2000年的千年峰会,以及其他随后在北京、哥本哈根和里约热内卢召开的会议。联合国必须领导这一过程。

---

[1] J. Mitchell and D. Doane, "An Ombudsman for Humanitarian Assistance?", *Disasters*, Vol. 23, No. 2, 1999.

五、结论

不管还存在什么样的合法性与责任性、结构与关系问题,有一点是确定的:在总体水平上,最近十年来,全球政策讨论中公民社会参与的不断扩展已经成为追求善治的重要力量。禁止地雷运动、2000年盛典、妇女与环境运动以及其他活动已经为处于全球发展边缘的人们争取到了真正的利益。非政府组织的行为很少是天使般的,但总的来说它们站在天使一边,这个世界对于他们来说是一个更加美好的世界。

新世纪伊始,公民社会和政府间组织的相互关系已经到了一个历史关头。传统的对抗已经大大减少,取而代之的是更复杂的图景,其中,不存在简单的答案,也没有产生直接共识的问题。全球规制向公民参与更大范围地开放会增强其责任去有效地、灵敏地并以真正代表穷人的方式发挥作用。这对所有公民团体和所有政府都是挑战,没有它们的积极支持,就不可能巩固最近几年的成果。就政府间组织而言,它们必须支持公民掌握这种新议事日程的努力,并在未来规制向全球公民行动开放方面履行其承诺。

全球治理的民主赤字及其解决[*]

［美］克里斯托弗·蔡斯-邓恩等 著   王金良 编译[**]

一、国家民主与全球民主

国家间实力不均衡,导致了当前全球治理体系的不民主。北半球主要国家实力强大,在全球体系中居于主导地位,支配和影响着南半球外围和半外围国家。从某种意义上说,国家间实力的不均衡状态是全球治理改革面临的一个主要困境。

无论从理论层面还是实践层面来说,全球民主都是一个具有争议性的概念。一般而言,民主国家的主要特征之一就是公平地选举政治领导人。虽然民主在民族国家层面是一个公认的好制度,但所有民主国家的简单相加并不等同于全球民主,因为这既没有考虑到国家之间的权力分配关系,也没有考

---

[*] 本文是在 *International Journal of Sociology* 2013 年第 2 期发表的 "Democratic Global Governance: Moving From Ideal to Reality" 一文基础上编译而成的,原载于《学习与探索》,2014 年第 10 期。基金项目:国家社会科学基金项目"全球治理与主权国家之间的协调关系研究"(13CGJ021)。

[**] 原文作者是克里斯托弗·蔡斯-邓恩(Christopher Chase-Dunn)、布鲁斯·雷洛(Bruce Lerro)、井上浩子(Hiroko Moue)以及亚历克西斯·阿尔瓦雷斯(Alexis álvarez)四位学者。译者简介:王金良,华东政法大学政治学研究所讲师。

虑到全球层面的治理问题。当前，全球政治的一个现实问题是民族国家之间的权力不平等，这使得全球民主具有某种缺陷，全球民主与单一国家层面的民主之间存在着难以调和的矛盾。① 如果不考虑国家之间的权力分配关系，无视全球治理体系的民主化，将民主制度简单地适用于全球政治体系之中，将有悖于全球民主的实质和要求。

20世纪末叶以来，世界各地已经爆发了经常性的民主化浪潮，但是除了核心地区（北半球国家）之外，其他国家在议会民主制的制度化进程中都遭遇了重大的挫折。为此，众多学者对国家的社会发展史进行了多年研究。查尔斯·蒂利对民族国家如何回应公民的意愿和要求问题进行了有益的探索。与约翰·马科夫（John Markoff）的观点一致，蒂利认为即使在制度化程度较高的国家，民主仍然是非常脆弱和难以维持的。一个国家必须有能力处理内部精英对于大众权力的挑战，这是民主巩固的一个前提条件。从某种意义上说，蒂利关于全球国家（global state）的形成以及全球民主问题的分析同样具有启示性意义。简言之，我们可以建立更为民主的全球治理机构，但难以维持和巩固这种体制。

长期以来，全球治理描述的是一种"国际关系"，即主权国家间的政治、经济、军事以及文化互动关系。然而两个世纪以来，国际组织的飞速发展，影响了国际体系以及核心霸权国家的兴衰进程，并在国家之间形成了一种多边协调机制，这是一种"政治全球化"的进程，也可能是最终形成全球国家的一个先兆。② 民族国家之间的竞争与合作，霸权国家的兴衰，以及国家间和跨国公共机构、私有机构之间的协调等多种因素，决定了全球治理的结构体系。

"二战"结束之后，在全球形成了一个虚弱的多元政治体系，在这一体系中，美国霸权的主导地位日益增强。威廉·罗宾逊（William Robinson）认为，

---

① Chase-Dunk C. and Lerro B., *Democratizing Global Governance: Strategy and Tactics*; Reifer T., *Global Crises and the Challenges of the 21st Century*, Boulder: Paradigm, 2012, pp. 39 - 64.

② Chase-Dunk C. and Inoue H., "Accelerating Democratic Global State Formation", *Cooperation and Conflict*, 2012（2）, pp. 157 - 175.

这种"多元政治"体系是由竞争性的精英分子所主导的，是建立在不平等制度基础之上的。在西方语境下，民主是一种从经济权利中分化出来的政治权利，目的在于维护主要生产资料私有产权的合法化。而在民粹主义语境中，政治权利和经济权利之间的可分离性受到了质疑，它拒绝承认经济民主权利。也就是说，民粹主义民主等同于资本主义，现代世界体系就是一种霸权体系。根据民粹主义对于政治权利的狭隘定义，私有产业者的财产和利润就得不到相应的保护。罗宾逊坚持认为，参与民主和直接民主威胁到了资本主义精英分子的利益，而多元政治可以用来削弱这种激进的民主要求。

在政治全球化的进程中，由于联合国以及其他国际组织的影响日益增强，使得全球治理更具有中心性和包容性特征。虽然联合国为大多数国家提供了一种集体安全机制，然而遗憾的是，在维护全球政治稳定性方面它的缺陷显露无遗。① 具体来说，联合国的合法性问题主要表现为"民主赤字"（democratic deficit），即它的决策并不能够代表全世界所有国家。

联合国既无法有效地解决国际重大问题，也无力应对21世纪以来全球政治带来的严峻挑战。如果要改变这一局面，联合国必须增强自身的力量，尤其应建立强大的联合国维和部队。显然，在全球治理的理论设想中，应当借鉴马克斯·韦伯关于"国家"的经典定义，他认为"国家"是一个"拥有合法使用暴力的垄断地位"的实体。如果忽略了军事权力和安全问题，那么就难以理解和认识大国之间的竞争关系。按照韦伯的定义，联合国并不具有国家的特性，实际上只有美国的武装力量是接近于一个全球垄断的暴力实体，这是一个基本事实。然而根据民主控制的原则，美国霸权又不具有合法性。美国总统只是美国武装部队总司令，并不是由全世界人民选出来的。换言之，在全球治理体系中美国的军事霸权可以提供全球公共产品、维持全球政治的基本秩序，但这一霸权并不具有合法性。

显然，作者已经注意到，民主制作为一种政治统治形式是与一定地域内

---

① Chase-Dunk C. and Kwon R., "Last of the Hegemons: U. S. Decline and Global Governance", *International Review of Modern Sociology*, 2011 (1), pp. 1 – 29.

的人群所形成的共同体即国家联系在一起的。当前,国家的自主性和主权已经受到全球治理的侵蚀,通过考察民族国家的统治形式可以发现,政治权威的实践与结构之间在地区层面和全球层面上存在一系列"分离"现象。然而,正如全球治理的拥护者们所强调的,全球金融、公共健康、公共安全、全球能源、气候稳定等全球公共产品的提供,全球公共问题的解决需要一个超越单个国家之上的权威。而全球相互联系的本质以及当代国家所面临的一系列全球性事务,从根本上挑战了民主只限于单个主权国家范围之内的观点。① 因此,只有超越以"威斯特伐利亚体系"为基石的传统主权观,民主制才能得以扩展到主权国家之上的全球层面,才能够解决政治权威在全球和地区层面的"分离"问题。

二、半外围地区是全球制度创新的积极推动者

"南北关系"(North-South relations)这一术语描述的是富裕发达国家与贫穷欠发达国家之间的关系。根据全球政治、经济、军事和文化体系中的结构性关系,可以把全球体系划分为核心、外围和半外围三个区域,这是一种中心/外围的等级格局。在这个复杂的多维度的权力关系网络之中,形成了分层化的等级结构,因而"南北关系"并不能准确地描述这种结构性关系。

从历史上看,在全球政治经济体系的变革过程中,半外围国家扮演了极其重要的角色。处于中心/外围分层之间的半外围国家,通常是新组织形式以及新技术的倡导者和发明者,也是前现代时期世界体系制度的推动者。现代世界体系之内爆发的民主化浪潮,不是发生于一国之内的孤立现象,半外围国家通常是民主化浪潮的爆发地,同时也是制度创新的主要发明者和使用者。

半外围国家如"金砖国家"等处于核心/外围等级体系的中间位置,他们很可能是全球治理制度形成和发展的重要发源地。相对于核心国家和外围国

---

① [英]戴维·赫尔德:《民主的模式》,燕继荣等译,中央编译出版社1998年版,第427—439页。

家,半外围国家在经济发展方面具有后发优势,在制度规则方面具有创新优势,在文化价值方面具有传统优势。由中国、印度、巴西、俄罗斯以及南非这五个国家组成的"金砖国家"组织,已经改变了现有的世界政治经济格局,并将在全球治理体系中发挥巨大的政治经济影响。实际上,伴随着半外围国家政治经济文化实力的上升,在拉丁美洲、非洲、东亚和大洋洲已经形成了区域性权力中心。此外,各种全球性国际组织和区域性组织如联合国、欧盟、美洲国家组织、阿拉伯国家联盟、非洲统一组织、东南亚国家联盟等,长期致力于促进各国在国际法、国际安全、经济发展、社会进步以及实现世界和平方面的合作,与主权国家形成了一种良好的互动合作关系。可以肯定的是,半外围国家为全球治理的民主化改革奠定了一个良好的基础。

三、全球机构的民主化改革

如果要建立一个统一的全球政体,其前提条件之一就是形成一个成熟的全球公民社会。在很长一段时期内,全球政治仍然由民族国家内部的精英分子所主导,这些精英分子既能够处理各类国际国内事务,也可以提升普通民众的政治参与能力和热情,进而有助于建立成熟完善的公民社会组织。

从某种程度上说,全球公民社会主要是应对各种全球性问题,并对这些问题进行思考、积极引导和提出适合的解决方案。当前,建立成熟的全球公民社会受制于一系列重要的因素。几个世纪以来,全球交通通信技术的发展降低了全球交往的成本,使得世界各地人们的交往不断增多,民主的思想和价值也得以在全球范围内广泛传播。由于政治精英的推动以及新社会运动的兴起,人们开始对现有全球治理机构的民主本质进行反思。尤其是进入新世纪以来,由于对于全球化进程所带来的各种问题日益不满,加之在反全球化运动的推动下,公民社会运动越来越趋向成熟,这使得人们不得不认真思考全球治理变革的可能性。

全球公民社会是一支新兴的政治力量,在其基础之上可以形成一个世界议会。乔治·蒙比尔特(George Monbiot)等人提出,应该建立一个全球人民议会（global people's parliament），以真正代表全球所有人的利益和诉求。全球人民议会建立在全球所有人的授权和代表基础之上，按照多数票原则进行决策。然而，从统计学的意义上说，人数较多的国家很可能拥有更大的影响力。为此，我们可以设计某些特定规则以抵消人口大国的优势，比如在联合国大会中，每个成员国都有一票表决权，这就体现了大小国家间的平等原则。联合国最重要的机构是安全理事会，其常任理事国是由"二战"后五位创始成员国组成的，拥有对非程序性决议案的否决权。因此，安全理事会可以否决联合国的结构性改革提议。可以说，联合国大多数重要决策受制于大国政治的博弈，这削弱了联合国大会的权威。如果联合国要发展成为一个具有合法性的全球权威，那么就必须按照民主原则设置一个有权力的议会，用于监管安理会的决策行为，从而增强联合国大会以及所谓的全球人民议会的权威。只有这样，一个全球性权威才能更普遍地代表全球所有人的利益。

联合国必须拥有合法的征税能力，对于国际金融交易征收托宾税（Tobin tax）就是一个很好的提议。一旦联合国具有了征税的能力，那么它在调解国家之间的矛盾和争端时，将会处于一个更加有利的地位。

查默斯·约翰逊（Chalmers Johnson）指出，美国在全球建立了完备的军事体系，在40个国家建立了865个军事设施。[①] 约翰逊对美国的帝国主义外交政策提出了批评，他公开谴责美国的霸权主义尤其是单方面军事行动，认为这违背了民主精神。为防止美国从共和国倒向帝国，约翰逊建议美国可以把其在全球的军事基地和设施转卖给所在国，在获得了相应的财政收入后，美国可以投向国内基础设施建设。此外，美国还应该更好地推进新自由主义的全球化方案，其原因有两个：其一，自20世纪70年代以来，全球收入不平等的趋势加剧，这对全球民主造成了严重威胁；其二，新自由主义的经济政策以及新保守主义的军事政策已经严重破坏了全球的政治进程。

无论是对于美国还是全世界来说，帝国主义都不是一个好的选择。然而

---

① Johnson C., *Dismantling the Empire: America's Last Best Hope*, New York: Metropolitan Books, 2010, p. 183.

在某种程度上，帝国主义形成了某种稳定的政治经济文化联系，有效地避免了全球政治的剧烈变革。从这一点上说，约翰逊的主张是非常激进的。全球政治中长期存在着难以调和的矛盾关系，既要解决多极世界的不稳定问题，也要避免美国在帝国主义的道路上越走越远。

如果只是维护本国的国家安全，那么美国只需要保留三分之一的海外军事设施就够了，另外三分之一的军事设施应该卖给所在国，其他三分之一的军事设施可以卖给联合国。借助这些军事设施，联合国可以成立一个类似于北大西洋公约组织（NATO）的多边机构，根据民主的原则来行使控制权和使用权。当然，由于在军工领域的科技和人才优势，美国仍然可以在全球政治中担任重要的角色。

四、跨国社会运动是全球治理的重要形式

在未来几十年里，建立一个更具有合法性、权威性和包容性的联合国，将有助于解决单个主权国家无法有效解决的全球问题。然而，这将是一个非常艰难的过程。在主要由民族国家组成的制度化国际体系中，全球民主的建构是非常困难的。当前，我们需要致力解决的重点问题是纠正由国家权力不均带来的不公平，从而更好地维护全球治理的正当性。从某种程度上说，跨国社会运动的兴起推动了全球治理的民主化改革。在西方国家，跨国社会运动的历史可以追溯到宗教改革（Protestant Reformation）时期。然而，只是在过去的几十年里，社会活动家的活动范围才逐渐扩大，他们越来越多地共享信息、价值理念和其他资源，并对于跨越国界和大洲的行动进行组织和协调。在跨国社会运动的发展过程中，全球正义运动（global justice movement）占有非常重要的地位。全球正义运动指的是一种关于"运动的运动"（movement of movements），它的目标包括反对新自由主义的全球资本主义，推进全球政治和经济结构的改革，以及对于穷人和弱势群体进行动员等。全球正义运动通常采取非制度化的集体行动形式，与相关国家和组织中的"局内人"（insiders）进行合作。同时，非政府组织（NGOs）的游说活动既进行了政治动员，

也充当了政策制定者的角色。① 全球正义运动及其支持者包括各种社会行为体，如工会、非政府组织、社会运动组织（SMO）、跨国倡议网络（transnational advocacy networks），以及政策制定者、学者、艺术家、记者、艺人等，他们是建立全球公民社会的主力军。

世界社会论坛（NSF）成立于2001年，是一个进步的草根全球社会运动网络，它成立的最初目的就是要削弱世界经济论坛的政治影响。目前，世界社会论坛已经成为跨国社会运动的主要平台，在全球政治中发挥着重要作用。

一项调查显示，全球公民社会中大多数新全球左翼成员，对现有全球治理机构持批评态度。② 关于是否赞成废除国际货币基金组织和世界银行的问题，在2007年肯尼亚首都内罗毕举行的第七届世界社会论坛中，有18%的受访者持赞成态度；在2005年巴西阿雷格利港市举办的世界社会论坛中，有27%的受访者持赞成态度；而在2007年亚特兰大州举办的美国社会论坛中，有高达53%的受访者持赞成态度。③ 关于是否赞成废除联合国的问题，在内罗毕以及亚特兰大的论坛上分别只有5%和11%的受访者持赞成态度。但是，关于联合国是否需要进行改革的问题，在内罗毕以及亚特兰大论坛上分别有多达78%和67%的受访者持赞成态度。此外，关于是否支持民主的世界政府（world government）设想的问题，调查者设定的问题是：你觉得民主的世界政府是否是一个好方案？受访者可以有三个不同的选项：（1）好并具有可行性；（2）好但不具有可行性；（3）坏的方案。在内罗毕举行的世界社会论坛上，有15%的受访者认为民主的世界政府是一个坏的方案，而在阿雷格利港的世界社会论坛上这一比例为36%，在亚特兰大社会论坛上的比例为28%；认为民主的世界政府既是好方案并具有可行

---

① Tarrow S., *The New Transnational Activism*, Cambridge: Cambridge University Press, 2005, pp. 10-14.

② Reese E. and Chase-Dunk C., Research Note: Surveys of World Social Forum Participants Show Influence of Place and Base in the Global Public Sphere, *Mobilization: An International Journal*, 2008 (4), pp. 431-445.

③ 需要指出的是，大多数的地方性社会论坛都认可和奉行世界社会论坛订立的《原则宪章》。

性的受访者比例，在内罗毕是47%，在阿雷格利港是25%，在亚特兰大是45%；其他人认为世界政府是一个好方案但不具有可行性。可以说，世界社会论坛的参与者倾向于无中心的领导组织方式来反对集体权政治，这符合民主的世界政府的原则。然而，上述调查也表明有很大一部分人认为这一目标是无法实现的。

蔡斯-邓恩等人对于2005年巴西阿雷格利港世界社会论坛的参与者进行了调查，目的是分析南北国家受访者对于世界政府设想的不同态度。该项调查表明，在来自核心国家的受访者中，只有16%的人认为民主的世界政府是一个坏的方案。来自外围国家的比例是23%，而来自半外围国家的比例是37%（见表1）。有人认为半外围国家的比例之所以比较高，可能是有大量的受访者来自巴西本土。然而，如果把巴西本土的受访者排除在外，那么在来自半外围国家的受访者中，认为世界政府设想是一个坏方案的比例反而上升到了39%。来自核心国家的受访者有39%的人认为民主的世界政府是好方案并具有可行性，有45%的人认为世界政府是一个好方案但不具有可行性。这一结果可能反映了国家间的不均衡关系，即现有全球治理机构是由核心国家控制的，全球政治结构中制度化的民主形式是建立在西方文化基础之上的。同时还可以发现，不仅外围和半外围国家的人们怀疑"民主的全球治理"的可能性和必要性，即使来自核心国家的人们也对民主的世界政府持怀疑态度。全球政治的民主化是一个基本趋势，但现有的国际体系的制度化阻力仍然是非常强大的。

作者认为，当前有三个因素影响了全球治理的民主化进程：其一是半外围国家的制度创新，其二是现有全球机构如联合国的民主改革，其三是跨国社会运动的发展趋势。全球治理的民主化是一个长期进程，也是一个值得深入探讨的课题。目前，新兴经济体国家还没有建立起具有普遍意义、有实际效果和长效机制的制度性组织，从积极的方面说，"金砖国家"组织或许是一个好的开端，"金砖国家"组织已经成为发挥全球影响力、改革全球机制的重要力量，也将成为未来建立有效全球治理体系的推动力。① 当前，联合国是能够最广泛代表各成员国利益的全球性组织，其民主性和权威性是任何组织都无法替代的。联合国既遵循所有国家一律平等的原则，也考虑了地缘政治强国的特权原则。同时，国际货币基金组织、世界银行以及世界贸易组织等主要国际组织，在促进全球经济治理的国际制度创新方面也发挥着重要影响，国际货币基金组织、世界银行等国际组织的民主化改革，同样影响了全球政治经济民主化的发展趋势。② 此外，跨国社会运动倡导的是超国家的意识形态，挑战了传统主权的最高性及不可分割性，跨国社会运动的目标就是重新打造一个新的人类文化共同体。③ 尽管跨国社会运动的主体构成相当复杂，有左翼势力、有非政府组织，还有少数无政府主义者、极端主义者、暴力主义者等，但跨国社会运动还是为公众参与政治提供了一个平台，进而推动了民主全球治理的制度化进程。

表1 关于全球民主政府设想的态度

	好并具有可行性	好但不具可行性	坏的方案
核心国家的受访者	39%（40人）	45%（47人）	16%（17人）
半外围国家的受访者	26%（106人）	37%（148人）	37%（148人）
外围国家受访者	30%（12人）	47%（19人）	23%（9人）
所有受访者	29%（158人）	39%（214人）	32%（174人）

五、结论

要实现全球治理的民主化，就必须考虑到国家内部以及国家之间巨大的

---

① Srinivasa M., "Asia's Role in Twenty-First Century Global Economic Governance", *International Affairs*, 2012（4）, pp. 817－833.

② Joseph E., Stiglitz, "Democratizing the International Monetary Fund and the World Bank: Governance and Accountability", *Governance*, 2003（1）, pp. 111－139.

③ ［美］拉彼得·约、［德］克拉托赫维尔·弗：《文化与认同：国际关系回归理论》，金烨译，浙江人民出版社2003年版，第195页。

和不断扩大的不平等问题。在民族国家之内实行民主制是一种好的尝试，然而这一制度并不能简单适用于全球层面。全球民主的基本要求之一就是要设立代表全球大多数人利益的地方机构和全球机构，只有这样才能保障人们享有可操作性的政治、经济和文化权利。

在现代国家中，公民在多大程度上享有政治和经济权利，以及政府在政治决策过程中是否能够维护大多数人的利益，这在不同国家有很大的差别。罗宾逊曾经指出，现代民主制是一个骗局，它只是为资本主义精英的统治提供了合法性。① 就目前而言，多元政治是全球民主的一种具有可行性的选择，依靠这种制度化的治理机制，可以在一定程度上弥补不同国家间权力不均衡造成的后果。

全球治理民主化是一个长期的进程，目前仍处于探索性阶段。在全球治理的改革过程中，如果我们没有找到一个具有合法性的有效方案，那么人类社会就难以避免诸如20世纪上半叶的各种风险和动乱。就当前而言，战争与和平、南北关系、生态失衡、环境污染、人口爆炸、资源短缺、国际恐怖主义、跨国犯罪等全球问题，涉及全球所有人的生存与发展，而这些问题的解决又非一个国家或几个国家合作所能实现的。在这种背景下，全球治理改革的重要性不言而喻。正如迈克·戴维斯（Mike Davis）所言，南半球国家许多城市中爆发的民粹主义社会运动表明，即使人们取得的成就微不足道也是值得为之奋斗的。② 总之，在地球某个地方发生的进步运动，也很可能鼓励和推动人们建立一个符合集体理性和民主精神的全球共同体。

---

① Robinson W., *Promoting Polyarchy: Globalization, US Intervention and Hegemony*, Cambridge: Cambridge University Press, 1996.

② Dams M., *Planet of Slums*, London: Verso, 2006.

有效全球治理的原则[*]

[英] 戴维·赫尔德　[英] 凯文·扬　著　朱　旭　译[**]

政治的结构板块似乎正在发生变化。随着美国单边主义外交政策的失败，欧盟在全球事务中的角色未定，全球贸易谈判陷入僵局，主要新兴国家在世界经济中的信心日益增长，还有近80年来最严重的国际金融灾难的爆发，这些几年前在全球层面上看起来不可能发生的事情，如今却变得一切正常。多边秩序不大可能以目前的形式继续维持更长的时间，建立一种可能的新架构已经迫在眉睫。

不断增长的全球性问题尚未得到充分的解决。全球贫困和不平等依然令人忧心，人道主义危机仍在折磨着数百万人，大面积环境破坏正在剥夺世界上许多人的生存机会，维持能源密集型生活方式的生态系统也面临能力赤字问题。随着当前金融危机这出戏剧痛苦地上演，越来越严重的系统性失误逐渐暴露出来。这些全球性的挑战显示，我们正面临着三个层面的问题：一是保护我们共享的星球，如气候变化、生物多样性和生态系统的损耗、水资源

---

[*]　本文原载于《南开学报》（哲学社会科学版），2012年第5期。
[**]　作者简介：戴维·赫尔德，伦敦政治经济学院政治学"格雷厄姆·沃拉斯教授"，主要从事全球化与全球政治学研究；凯文·扬，伦敦政治经济学院研究员，主要从事全球政治学研究。译者简介：朱旭，南开大学周恩来政府管理学院博士生。

的医乏；二是维持我们生存的机会，比如冲突的预防、贫困、全球传染性疾病；三是管理我们的规则手册，如金融和税收、贸易规则、知识产权。① 在这个日益相互联系的世界上，这些全球性问题的解决不能单靠某一个国家来完成，无论国家擅长与否，充分解决这些紧迫的问题，需要国家之间进行集体协作、采取共同行动。

近年来，经济和安全领域设定的全球议程一揽子政策开始走向失败。无论是狭隘的"华盛顿共识"，还是华盛顿安全准则，无论是市场原教旨主义，还是单边主义，都已经开始自掘坟墓。世界上最成功的发展中国家（如中国、印度、越南、乌干达）之所以成功，是因为它们没有追随"华盛顿共识"的议程。而那些被成功扩散的冲突（如巴尔干、塞拉利昂和利比里亚）从集中的多边支持和人类安全议程中得到了益处。对于未来该如何前行，现已有了线索，如果想要继续推进多边秩序的效率和责任，我们就需要从这些线索以及过去的失误中学习。必要的根本性改革不但目标明确，而且也越来越得到全球层面的认可。华盛顿二十国峰会和波兹南联合国气候变化会议都标志着各国对改革有了越来越多的认同。但是，这两个会议的缺点也表明，全球机构改革仍需进一步深化。

然而，从金融到生态，复杂的全球进程把世界上各团体的命运联结在一起，使全球的治理能力处于压力之下。由于许多结构性困难的存在，而且根植于战后的安排和后来多边秩序自身的发展，国际社会在全球和地区层面上解决问题的能力变得越来越弱。②

坦率地说，对于解决当前的全球困境，全球体系所做的努力在许多方面是无效且不负责任的。③ 最近被称作"时代的悖论"④ 指出了一个事实，即我

---

① John-Francois Rischard, *High Noon*, New York: Basic Books Press, 2002.
② David Held, *Global Covenant*, Cambridge: Polity Press, 2004.
③ David Held, "Reframing Global Governance: Apocalypse Soon or Reform!", *New Political Economy*, Vol. 11, No. 2, June 2006.
④ David Held, "Reframing Global Governance: Apocalypse Soon or Reform!", *New Political Economy*, Vol. 11, No. 2, June 2006.

们必须努力应对的共同问题的广度和强度都在增强，而我们处理这些问题的手段却很无力且不完整。这些问题持续的原因是多方面的，但是，该悖论的持续在最基本的层面上仍然是一个治理问题。我们面临的重要难题有三点：其一，一方面越来越多的问题跨越国内和国际领域，另一方面各国在制度上又存在着分化和竞争，以致它们往往采用一种特定的、不和谐的方式处理这些全球问题；其二，即使一个问题得到了全球认可，但是无数的国际机构对解决这些问题没有一个明确的分工，因为它们常常存在着职能交叉重叠、指令相互冲突、目标模糊不清等诸多问题；其三，全球治理的现有体系也面临着严重的责任和包容赤字，对于那些经济不强大、民众被边缘化或被排除在决策之外的国家来说，这一问题就更为突出。

本文接下来集中探讨全球公共政策面临的三个主要挑战，它们构成了全球公域的实质部分——共享的领域把不同的人群、利益和关切绑在一起，成为一个全球命运共同体。首先，观察与金融体系相关的严峻挑战，集中讨论更强大的制度治理能力和参与式改革的必要性；其次，考察共享的全球安全环境，单边主义明显的失败和在更广泛意义上对安全需求的认知。这种认知认为，安全来自于贫困、疾病和失业，因此，它呼吁以社会公正为核心的安全议程的出现；再次，阐明由气候变化导致的自然环境的威胁，以及当前应对气候变化努力的不足。针对每一个领域，本文都将描述其具体的全球公共政策困境是如何解决的，产生重要影响的治理方法又是怎样失败的。通过对以上三个领域的论证，本文得出的结论是：参与的不断增加、社会公正的优先、可持续性的集中不仅是一个更美好世界的重要价值，也是有效全球治理的核心操作原则。在文章的最后一部分，本文对新的全球政策提出了建议：这些改革要求我们着力解决当前面临的关键性全球问题，并采取各种措施把各个国家和地区联结到一个新的基于全球安排的规则体系当中。

一、金融风暴和金融治理

最近的金融危机显示了当今世界存在着的两大重要特征，一方面，全球金融治理体系对金融不稳定性的预测、缓和或者控制不够充分。有效全球治理的必要性要求，在私人的金融活动与公共的金融治理这两个金融全球化的世界里达到一种更好的平衡。另一方面，金融市场的全球化以史无前例的方式整合了全球经济，但是监管和调控金融市场活动的规则和制度并没有齐步并进。

在近年来的全球金融危机中，许多因素都在起作用。比如：金融市场泡沫迅速积聚，央行行长无力追踪房地产价格的通货膨胀、普遍没有能力察觉系统风险，私营部门主管者利用强大的个人权威增加体系风险。这些起作用的因素高度复杂，超出了本文探讨的范围。我们只能说，全球金融治理的现有体系彻底失败了。更为重要的是，全球经济相互依存意味着治理失败的成本会广泛扩散，尤其是会扩散到世界上极其脆弱的那部分人口那里。据估计，由于最近的全球金融危机，可能有八亿多人被迫生活在极端贫穷之下，这个数字比先前恐怖的数字还翻了一番。①

当然，全球金融治理的现有体系有它成功的一面。在过去国际金融稳定被打断的时期，全球金融治理产生了适度救助的政治需求，以协调主权国家金融主管当局之间的关系。像世界银行、国际货币基金组织和国际清算银行（BIS）这样的知名机构，都经历了数十年的转变以满足各种当代关切，并且它们在与中央银行合作、研究和政策宣传这些日益重要的职能方面扮演着核心角色。20世纪70年代早期，国际金融市场再度崛起。自那时起，十国集团国家的金融监管机构通过巴塞尔委员会，调整了银行合作的共同规则和标准。金融行动特别工作组一度成功地缓和了非法资金的全球流动、协助完成了对恐怖主义融资的追踪。1997—1998年的东亚金融危机使国际市场受到震动，为了进一步推进合作的范围和形式，金融稳定论坛（FSF）得以建立。这些机构合在一起在某些方面限制了国家间的金融监管竞争，增强了处理问题的多

---

① 伦敦政治经济学院新闻办公室发表，"UK Launches Growth Centre to Tackle Global Effects of Credit Crunch"，10 December 2008，Available at http：//www.lse.ac.uk/collections/pressAndInformationOffice/newsAndEvents/archives/2008/ICClaunch.Htm。

边能力，为当前和未来提供了一个急需的制度能力。通过国际层面的共同努力，它们促进了金融全球化的发展，并以各种方式对金融全球化进行管理。此外，全球金融的现有体系在金融压力时期不但给国家提供紧急流动资金，为国际银行业监管提供全球性的框架，打击了国际反洗钱活动，而且还调整了货币政策，为各国金融当局提供交流的论坛，鼓励它们采取最有效的行动。

然而，全球金融治理体系失败的一面更为明显。首先，现有体系是由那些应对某些具体问题的制度组成。这些问题的出现与过去35年全球金融的再度兴起有着密切的联系。然而，自那时以来，这些制度自身也发生了转变，即由过去专门针对某些特定问题转向了当前更为广泛的问题领域。这些新旧问题现已相互交织在一起。其次，当后来这些制度偶尔一起运作的时候，它们之间却没有明确的分工。金融市场的治理是一个贯穿国内与国际的问题，国家之间在制度上的分化与利益上的竞争导致它们采取不公平甚或偏执的方式去解决全球问题。

这些体系问题即使得到了确认，国际社会却并未采取相应的行动。例如，2007年，国际清算银行认识到国际金融体系的一些结构性问题，但这种认识仍然停留在研究和观察的层面，而没有付诸行动。[①] 2008年3月，金融稳定论坛罗马会议召开，会议的建议在随后的4月份就传达给了七国集团的财政部长和中央银行行长，确认了现有金融体系架构之下存在的诸多关键性缺点，并提议对会议条款进行实质性改革。金融稳定论坛雄心勃勃地起草了一些条款，以强化对资金、偿还能力和风险管理的宏观审慎监管，提高透明度和评估方法，修正信用级别的角色和用途，增强国家应对风险的能力。虽然这些条款一部分目前已受到重视，但是只有当它们未能估计到危机的系统性质的时候，各国财政部长和中央银行行长们才会意识到日益严重的危机的急迫性，并认真关注和讨论所有这些条款的实施。

更为糟糕的是，绝大多数金融机构都对某些全球性问题的处理宣示了专属权，都用一种极其倒退的方式对待责任和包容。尽管去年IMF对选举规则

---

① Bank for International Settlements, BIS 77th Annual Report, 24 June 2007.

进行了小幅度改革，但它还是落入一种确保强大的美国对机构拥有主导权的体系。这不仅保证了它的政策在任何时候都能反映美国国内政治现有的偏见，而且也意味着它不能确保足够的基金来源去拓宽自身的能力和视野。在此条件下，十国集团之外的国家能为基金会做更多贡献的动机是什么呢？巴塞尔委员会为世界设计了一个实际可行的银行业管理章程，但是它的构成看起来越来越随意。为什么这样一个由选拔出来的团队设计的、普通而小范围的银行规则事实上却成为了整个世界的标准呢？澳大利亚、巴西、印度和韩国都有私人银行资本，并且都远远超过了巴塞尔委员会许多成员国的银行资本。不仅这些新兴经济体遭受了巴塞尔委员会决策与否的负面结果，而且世界上所有其他国家也有同样的遭遇。巴塞尔委员会扩大了与其协商的当事人的多样性和广泛性，但最终决定仍然是由各国相同的排他性集团做出的。相似的问题也使得金融稳定论坛很苦恼，因为它的成员包含许多不同种类的机构。有效的金融稳定论坛是一个以七国集团为基础的组织。华盛顿二十国峰会对"参与式改革"进行了空前的尝试，允许像中国和印度这样的国家加入金融稳定论坛。这确实代表了一种显著的变化，但仅仅是迈出一小步。发展中国家需要拥护这种改革并为之奋斗，它们一定会做出更多的努力。

如果全球化改革进程不是从包含发展中国家和发达国家的进程中产生的话，那么它就不可能完全有效。正如联合国贸易和发展会议秘书长素帕猜·巴尼巴滴（Supachai Panitchpakdi）指出，当很少的发展中国家直接暴露在证券化抵押或者失败的美国金融机构之下时，通过降低信用可获得性、减轻证券市场恐慌、加快发展实体经济等措施，它们中的大多数将会间接地受到影响。此外，参与性原则必须获得中心位置：不单单是因为公平，也是因为效率。

在处理宏观体系层面的金融风险上，全球金融治理体系并非足够的全面和强大。在现有的机构内部进行参与式改革，将能够使那些在抗击体系不稳定性方面拥有重大利益的主权国家和经济体获得发言权，而不是使之通过有利可图的金融工具进行一种冒险的赌注。全球金融治理的现有体系已经不具备创造系统稳定的条件。针对信用违约交换的监管宽限，抵押债券和柜台交易的衍生产品并不代表现有治理机制的"盲点",它代表着一个明显的选择性和政策失灵。该政策失灵是由于现有体系没有对不断增长但是潜在不稳定的金融市场发展模式采取有效措施,轻度监管立场和在监管过程中增强公司自主性的信任遭到严重破坏。

二、不安全因素和对新全球安全议程的需求

如果全球金融体系融合为一个普通的基础架构为资本分流,那么国际安全体系就能确保对冲突和暴力的管理。如同在此讨论的其他领域一样,这种我们共享的领域确实有一套现有的管理制度和规则。然而,目前安全条款的主导模式开始过时且无法实现其目标。此外,最近盛行的单边主义对现有体系造成了严重的影响①,回到了古老的现实主义对国际关系理解的层面上,即国家适时追求他们的国家利益,这些国家利益不受那些具有雄心壮志的国家确立起来的国际公认的界限的妨碍(自卫、集体安全)。在此背景下,有人会问,如果这一"自由"授予了美国,得到布什政府的支持,那么为什么不授予俄罗斯、中国、印度、巴基斯坦、以色列、伊朗等国家呢?我们不能一贯地得出结论说,除了一国之外,其余国家都应该接受对其自我界定的目标的限制。国际法和联合国宪章制度中的缺陷要么被处理掉,要么被当作进一步削弱国际制度和法律安排的一个借口。

单边主义模式碰到了常规错误。"9·11事件"以后,美国及其盟国本来可以把最重要的目标确定为:在面对全球恐怖主义威胁时,强化国际法的作用和加强国际制度的角色。它们本可以决定:单个团体或政权不应该担当法官、陪审团和处决者的角色②;经济全球化和社会公正之间的分裂需要得到迫

---

① Stanley Hoffmann, "America Goes Backward", *New York Review of Books*, Vol. 50, No. 10, June 2003; Stanley Hoffmann, "The Foreign Policy the US Needs", *New York Review of Books*, Vol. 13, No. 10, August 2006.

② 正如约翰·伊肯伯里指出的那样,该信条与从1945年以来的国际政治和国际协定的核心原则相矛盾。参见John Ikenberry, "America's Imperial Ambition", *Foreign Affairs*, Vol. 81, No. 5, 2002。

切的关注；顽强打击恐怖主义，铲除引导一些人把基地组织及其相似的团体想象为当代世界正义代理人的根基。但是，美国及其盟国没有系统性地做出任何决定"9·11事件"以后，世界逐渐多极化，国际法变得更加无力，而多边制度变得更加脆弱。

与"9·11事件"恐怖主义袭击相比，伊拉克反恐战争杀死了更多的无辜平民，造成了无数的无辜受害者，很多伊拉克人遭到了羞辱和虐待，大量平民流离失所。该战争也引发了宗派暴力冲突，刺激了恐怖分子招募新成员。该战争显示了对他人尊严、荣耀和恐惧的完全漠视，以及对全球化时代所有人的命运日益绑在一起这一事实的不理解。除了寻求法律规则的延伸、寻求与穆斯林世界的对话、增强多边秩序、开发一些工具处理"9·11事件"罪犯之外，美国及其盟国（尤其是英国）仍在追求那些使每个人都感到更不安全的旧的战争技术。

然而，与有效多边主义被忽视和布什主义占主导地位相比，国际安全问题变得越来越严重，提供国际安全的工具邪恶地面向一个我们将难以再如此生存下去的世界。我们大多数的军事组织是国家军队，我们的军事力量和技术都为在分散的时空以肉体消灭为目标而发动战争做好准备。目前，这种模式尚不能把军力投送到那些最需要安全的地区，同样需要建立以武装力量合作和协同为基础的军事力量。这不仅提出了像人员、技术和情报的协同与分享的重要问题，而且也提出了如何通过许诺可持续发展和社会公正，把国际安全和人类安全更广泛地联系起来的严肃问题。重点不是发动战争，而是更广泛地保障人类安全。[①] 一项新的以人类安全为基础的全球协议将会考虑发达国家的合法性关切。但是，我们也要认识到，对世界上大多数人来说，妨碍它们安全的主要因素不是政治冲突，而是大规模的物质剥夺。向前推进的方式与过去十年来已经蔓延的对立面有关。换言之，以多边主义和共同规则为基础的人类安全议程的发展，寻求的是通过法律和社会公正的秩序重新联结安全与人权议程，加强全球治理。它的目标，乃是在全球公平和正义规则之

---

① Mary Kaldor, *New and Old Wars*, Cambridge: Polity Press, 1998.

下为人类创造一个安全的世界。

一项人类安全议程需要政府和国际机构做三件事情,但是,目前一件都没有完成。[①] 首先,需要法治承诺和多边制度的发展,而非把诉诸战争作为第一反应。如果正义能被公平地分配,那么没有强国会妄称自己是设定标准、衡量风险和分配正义的全球角色。我们需要的是全球的正义力量,而不是美国、俄罗斯、中国、英国或者法国的正义。为了维持和巩固以共同原则和规则为基础的世界,我们必须一起行动。[②] 其次,应该为涉及安全与缔造和平的国际制度生成全球政治合法性的新形式做出持续的努力。这必须包括谴责任何地方全面违反人权的行为,以及建立政治责任和经济责任的新形态。这并不等于偶然或一次性地对和平与人权保护创造一个新的势头。最后,必须正面承认全球财富、收入和权力的两极分化,这种生存机会极大的不对称不能交给市场单独地解决。与地缘政治形势相连接,那些世世代代其经济和政治诉求被忽视、最贫穷和最易受伤害的人,或许会成为恐怖分子招兵买马的直接对象。

当然,像"9·11事件"这种能够作证的恐怖犯罪,以及车臣、印尼、沙特、巴基斯坦、摩洛哥、西班牙和印度这些地方多次的恐怖犯罪事件,部分是由狂热分子制造的。因此,我们不能保证一个各方面都更加公平、制度上更加稳定的宁静世界的存在。但是,如果我们拒绝参加创造一个宁静世界的事业,那么改善最穷和最乱国家经历的不良的社会基础就会毫无希望。严重的不公正和绝望联系在一起,助长了愤怒和敌意的蔓延。反对恐怖主义的大众支持有赖于说服民众,让他们知道可以用法律与和平的方式去解决抱怨。没有对公共机构和程序的信任,战胜恐怖主义将成为一项非常艰难的任务。

[①] David Held and Mary Kaldor, "What Hope for the Future", Available at www.lse.ac.uk/depts/global/maryheld.htm; Anthony Barnett, David Held and Caspar Henderson, *Debating Globalization*, Cambridge: Polity Press, 2005.

[②] J. Solana, "The Future of Transnational Relations", *Progressive Politics*, Vol. 2, No. 2, 2003.

三、全球治理与气候变化

国际社会未能形成一个合理和有效的管理全球气候变化的框架，这是多边秩序面临的最严重的问题之一。直到 20 世纪中叶，大多数负面的环境影响形式开始大量地方化，从那以后，环境变化的影响和规模就大大加强了。经合组织国家 60 年的资源密集型发展和高污染增长，以及俄罗斯、东欧和前苏联国家甚至更多污染的工业化进程，已经给这些国家敲响了警钟。最近，中国和其他发展中国家正在一起为不可再生资源和自然环境的保护进一步施加压力。环境问题是典型的全球性问题。英国前首席科学家戴维·金（David A. King）警告说，我们今天所面对的最严重的问题是气候变化，甚至比恐怖主义威胁更严重。① 不论是否同意此种说法，在科学界看来，全球气候变暖会对世界上不同的物种、生态系统和社会经济组织造成严重的破坏。②

努力识别和战胜全球气候变化，是一种以全球治理为特征的各种权力配置的直接职责。就此而言，我们在把全球气候变化问题推向全球议程的过程中，不但需要国家间进行多边的共同努力，而且也需要公民社会网络发挥重要作用。为国际贸易谈判提出环境可持续性标准的纲要就是一个很好的例子。迄今为止，WTO 贸易与环境委员会的创立和 WTO 香港部长级圆桌谈判，都对这个问题进行了最广泛的讨论。2007 年 2 月联合国环境规划署（UNEP）全球部长级环境论坛在内罗毕召开，WTO 和 UNEP 在贸易和环境问题上达成了合作，标志着在此方向上又取得了进展。然而，尽管如此，国际层面对环境问题的讨论仍然不够充分。像其他紧迫的全球公共政策提出的挑战一样，与那些当前存在于全球层面的、相对的协调能力相比，全球气候变化形成的威胁要大得多。

---

① David A. King, "Climate Change Science: Adapt, Mitigate, or Ignore?", *Science*, Vol. 303, January 2004.

② 关于怀疑主义者观点的讨论，参见 David Held and Anthony McCrew, *Globalization/Anti-Globalization: Beyond the Great Divide*, Cambridge: Polity Press, 2007, pp. 64–72。

在当前全球治理体系中，目前解决全球气候变化的努力正在遭遇常见的赤字。虽然大量独特的国际环境协议具有令人羡慕的特征，但是，它们常常执行不到位，相互之间协调困难，而且还受过剩的、履行各种职能的不同国际组织的支持。目前，全球环境治理机制的特征是：参与者多种多样且他们之间的角色大多不协调。这些著名的参与机构有：联合国环境规划署、全球环境基金（GEF）、环境管理小组、经合组织环境理事会、可持续发展委员会、联合国经社理事会（ECOSOC）、国际法庭环境室。目前超过两百个国际环境协议正遭遇被称作"无政府主义的低效率"问题。

当代全球治理体系在某些方面成功地解决了各种环境问题。1997年《京都议定书》的签订是试图调控温室气体的重要一步，而当时作为温室气体排放最大贡献者的美国却拒绝签字。[①] 2007年末，联合国会议在巴厘岛召开，该会议是推进建立广泛承诺的又一重要步骤，它寻求到2009年底建立一个新的、全球共享的应对气候变化的行动框架。巴厘岛会议的一个成功之处在于使有关气候变化的全球协议以国际公约的形式捆绑在了一起，并且使得这些承诺可衡量、可报告和可检验。"适应基金"（Adaptation Fund）帮助发展中国家减轻碳排放的承诺又是重要的一步，波兹南会议上还会提出更先进的建议。但是，创立一个针对气候变化的新全球协议仍然有很长的路要走。2009年哥本哈根会议上提出的消减碳排放，为新的世界低碳经济奠定基础的行动是否会长期坚持下去，我们需要拭目以待。

解决气候变化问题与全球金融一样，责任性和包容性也同样表现出严重的挑战。在这一挑战当中，最重要的是要把不发达国家包含在国际承诺里。贫穷的发展中国家因为资源、能力和技术缺乏而不能很好地履行承诺。这不仅是资源的不平等，而且也反映了国际制度中决策制定权的不平等，具体表现在：当提出新的可持续性计划时，发展中国家经常被放在受保护的位置。任何未来的协议都不能简单地建立在传统的责任分担的基础上来处理全球公

---

① David Held Anthony McCrew, David Coldblatt and Jonathan Perraton, *Global Transformations: Politics, Economics and Culture*, Cambridge: Polity Press, 1999, pp. 389–399.

域的内生问题，考虑到改革的可持续性，富裕的发达国家必须承担发展中国家改革的部分成本。

在未来几十年里，如果可持续性问题要完全得到解决，则需要现有的气候变化政策动力逐步升级。挑战在于如何把提升可持续性与增强参与和社会公正联系在一起。保护气候的全球公域需要一种平衡的方法——不是简单地为了保护而保护，而是作为追求最后有效性的一种手段。对欠发达国家的整合非常关键，因为即使发达国家到2050年把其碳排放量削减到零，而没有对其余的国家进行大量削减的话，那么总体目标将难以达成。应对气候变化的国际协议对完成可持续性目标至关重要。为了有效性，任何新的全球协议从某种特别的意义上说必须是公平的，它需要各国根据经济发展阶段逐步做出承诺。① 到2050年，随着高度发达国家把其碳排放减少80%，全球碳排放减半的目标需要做出适当的调整。

四、新全球协议的政治机会

目前，金融、安全及环境方面的压力相互结合，从而创造了许多潜在的机会。首先，就像全球金融危机给社会和经济造成巨大破坏一样，它也为治理改革提供了重要的新开端。昔日建立在权威的"华盛顿共识"基础上的放松管制政策和独有的以市场为导向的增长战略都显示出较多的局限性。特别是在金融领域，无论对于现有机构觉察和预防危机方面的明显失败而言，还是对于当前金融危机的地缘政治起源而言，变革的机会都是广泛存在的。危机的负面影响正是从以英美为核心的全球金融体系中扩散开的，特别是美国的金融部门。其次，剩下的像任何有关世界各地的个人通过与金融资金流的共同关系而相互联系在一起的类似疑问可以"寿终正寝"了。因此，问题不可避免地出现了：如果私人金融市场的治理深刻地影响了生活前景，为什么

---

① Nicholas Stern and Laurence Tubiana, "A Progressive Global Deal on Climate Change", Paper Presentation, 5 April 2008, Available at http：//documents. scribd. com/does/mo91fr13sskk5a2q7i9. pdf.

不能对金融市场实施更有效的治理呢？全球层面变革的提案最近已经提上议事日程，并且得到了以前对此不感兴趣的选民的广泛支持。在此背景下，二十国峰会上提出的对 IMF 改革，以及把新兴经济体的内容扩展到金融稳定论坛中，为乐观者创造了坚实土壤。

一些重要的机会存在于不断变化的地缘政治的权力配置中。奥巴马政府重新与各国进行多边接触的压力对许多不同的全球公共政策领域来说是个好兆头。很显然，美国新的领导层非常渴望一个经过变革的国际秩序。对处理气候变化、金融部门改革和安全方面的承诺都提上了暂定的议事日程。此外，在全球公共政策的三个领域，新兴地缘政治大国——巴西、印度和中国明显在全球舞台上会有更广泛的参与。尽管把各种利益融入有效全球治理体系明显具有挑战性，但是，目前要疏远任何国家及其民众，成本都会变得很高。它们的政治一体化必须优先于目前主导的地缘政治力量。许多欧盟官方人士及其公民要求提高自己在国际事务中的地位，这可以看作是一个重要的补充力量。

一项新的全球协议可以把"全球公域"（global commons）这一概念作为富有活力的准则，"全球公域"是当代全球化的基础，它不仅是一个资源共享体，更是一个命运共同体。作为规范的核心，它把"等效原则"（principle of equivalence）奉为圭臬：从范围上讲，一件善事的收益和成本应与决定做该事的权限相匹配。[①] 从根本上说，这种原则表明，那些受到全球公共良莠事件深刻影响的人们，在"全球公域"的规定或规则中应该享有发言权。这种"等效原则"可能会受到一种保护其免受严重伤害的权利观念的约束。通过这种方式，所有的包容性都要求对严重影响生活期望和机会的政策进行审议和承诺。

目前，虽然全球金融治理领域存在的不足非常明显，但其变革的潜力极大。一个非常复杂但最终特别的全球金融治理体系已经不是过去所见到的失败的体系了。为了完全有效，金融治理机构权威的增长必须与责任的增加相

---

① 关于"等效原则"，参见 Inge Kaul, Pedro Conceição, Katell Le Coulven and Ronald U. Mendoza (eds.), *Providing Global Public Goods*, Oxford University Press, 2003, pp. 27–28。

结合。华盛顿二十国峰会目睹了试图改革全球金融治理所迈出的重要一步。世界各国尤其是欧洲领导人呼吁进行诸如此类的实质性改革,但这些改革直至今日也只有为数不多的学者和活动家给予支持。如果这些改革提议要得到实施,一个至关重要的因素是需要增加制度能力。现有的每一个全球金融治理机构都有重要的资源和专门技术,可以把它们号召起来解决二十国峰会和其他会议提出的各种要求。然而,任何使两个金融全球化世界相平衡的改革议程,都必须同时处理富裕国家和发展中国家之间的分歧,富国主导着现有的全球金融治理体系,而那些发展中国家却分担着改革的代价,后者直至今日也无力插手该体系。

作为金融治理领域里一项新全球协议的基础,最重要的一步是显著扩大参与和承诺的范围。全球金融治理不应该根据财富多少进行治理,而应根据全球公域的原则进行治理。在此背景下,上面提到过的"等效原则"应该是适用的。利益攸关者的完全参与不仅仅是合法性的一种方式,也有助于为有效性提供担保。在寻求保护或是提高全球公共产品供给的全球治理领域——例如全球金融稳定与完善——当公共产品受到少数利益攸关者的保护时,一些固有的问题就出现了。这是因为,在这种情况下,这些少数群体并不会因为它们治理无效而承担全部后果。当金融危机的代价广泛扩散时,是什么动机促使治理机构的内部集团必须对其实践进行改革呢?当然,动机有很多,但是危险在于,对于手头工作的任何回应都将仍然过于微弱、温和且极不协调。至于具体提议,则可以上升到"蒙特雷共识"对联合国贸易与发展会议概要的审查当中。这样做预示着在全球金融治理领域,全面参与和其有效性是正相关的关系。应该鼓励联合国经社理事会更大胆地讲出全球金融治理的问题,以平衡现存体系中许多的制度偏见。不仅要鼓励国际货币基金组织和世界银行这些全球金融治理机构进行参与式改革①,而且还要支持国际结算银

---

① 关于国际货币基金组织治理改革结果和潜力的分析,参见 Eric Helleiner and Bessma Momani, "Slipping into Obscurity? Crisis and Reform at the IMF", Centre for Internatinoal Governance Innovation Working Paper, No. 16, February 2007。

行、巴塞尔委员会以及金融稳定论坛这些重要的机构进行参与式改革①。联合国经社理事会或其他具有负责任代表体系的国际机构可以评价每个机构的参与式改革进程。当前，筹划一个培养金融管理者的全球学校，对建设世界金融监管局这一长期目标来说，或许是一些可行的步骤。在很大程度上来说，将来全球金融治理体系改革必须建立在现有的制度之上，这就是当下参与式改革如此重要的原因。然而，当金融市场经历一次复苏，私人金融权力随之再度加强之后，有效治理的长期解决方案将需要集中协调和授权。

在国际安全方面，我们可提出一项人类安全议程。第一，该议程要重新联结国际法中的安全与人权议程，这两个方面一起详细说明了人类安全与幸福的制度性弊端，也说明了人类机构发展需求的最小条件。第二，联合国安理会必须改革一些程序，以改善对别国事务武装干涉的管理。其目标在于，把程序性改革与一些条件直接联结起来，这些条件既对和平构成严重威胁，又对人类幸福的最小条件形成威胁，而且足以使武力使用合法化，把武力分配定格于一个清晰的国际人权法框架内。第三，新全球协议意识到有必要对过时已久的 1945 年的地缘政治解决方案做出修正，使其作为安理会决策的基础，并且以公正平等为立足点，把代表扩展到所有地区。第四，联合国安理会在拥有了改善过的代表与合法性的条件下，应该扩大其救济能力或者创造一个平行的社会与经济的安全理事会，以检查或介入人类危机的话题中，其中包括给人类带来威胁的物理、社会、生物和环境方面的危机。

我们不但应该关心全球安全议程是怎样被阐述的，更要关注它是如何被实施的。如果发达国家想要加快全球法律条款和机制建设以增强安全，并确保反对恐怖主义威胁的行动，那么它们需要成为广泛改革进程中的一部分，

---

① 关于金融治理参与和责任的关系，参见 Randall Cermain，"Globalising Accountability within the International Organization of Credit：Financial Governance and the Public Sphere"，*Global Society*，Vol. 18，No. 3，July 2004。

以解决发展中国家不安全的生存环境。在整个发展中国家或是大部分国家看来，它们优先考虑的问题并不是有关政府与恐怖主义的正义问题。很少人认为这些问题具有合法性，除非它们与基本的人权问题联系在一起，而这些基本的人权问题根植于社会的幸福和经济的繁荣。

作为新全球协议的一部分，一个完整且宏大的人类安全议程将寻求补充众多环境可持续性挑战的不足。气候变化的全球公共政策挑战不仅需要得到提倡和关注，而且需要协调一致的行动和权威。正如多边合作的许多案例一样，合作的成果导致了议程和协定的产生，但是合作者没有有效的手段去执行，充其量只进行一些温和的行动。现在出现了一个熟悉的平衡模式：全球治理中各行为体把其议程汇集在一起，这足以宣布一些微小的进步为支持者所有，但是这不足以从根本上解决即将到来的问题，也不足以提供一个充分的前进之路。新全球协议可以提议成立世界环境组织，以促进现有环境协议和条款的嵌入，并且把世界环境组织的主要使命定为：确保世界贸易体系的发展与世界资源的可持续利用协调一致。把权力委派给这种新组织中的科学机构有助于解决一些地缘政治冲突，当在工业发展层次不成比例的背景下处理排放管理问题时，这些地缘政治冲突就会发生。正如越来越多的发展中国家参与全球金融治理是有效全球治理的前提一样，有效的国际安全从一开始就把面对冲突性安全问题的不同利益作为起点，对可持续性的强调也要求采取手段使各种不同的利益包含在合法的政治程序里。

最近，全球气候变化被称为世界遇到过的最大的"市场失灵"①，处理该失灵需要大量机构的力量。如果处于所有发展阶段的国家都没有直接参与解决方案的形成，那么完成这一力量的目标和采用的方法将会受到削弱。目前的政策发展证明了这一点。国际碳市场的创建日益显示出，它不仅是一个激励减排的引擎，也是鼓励科技创新以符合宏大减排目标需求的助推器。而用

---

① Stern and Tubiana, "A Progressive Global Deal on Climate Change", Paper Presentation, April 5, 2008.

该方法通过全球碳市场缓和碳排放的最终效果仍然可见,像许多其他全球公共政策解决方案一样,为了达成目标,对这些安排的管理需要一个集中的资金来源优先对其进行监控和评估。

有效环境治理的短期路径是把更广泛的利益融入现有的多边治理能力中。目前应该拓宽全球环境基金的授权,以帮助协调和资助国际环境协议,并反映发展中国家的优先权。作为补充,在联合国提供必要资金的条件下,联合国环境规划署可以通过成为一个专门的联合国机构来增强其地位和责任。通过调解和仲裁解决环境争议的正式国际机制(可能类似于世界银行的投资争议机构),未来监控和实施的中心任务可以得到促进。[①] 对于把更稳定和正式的制度能力作为长期目标的世界环境组织来说,以这种方式增强全球环境基金和联合国环境规划署的能力和责任是极为重要的一步。

金融、安全和环境治理深度的结构性赤字呈现的挑战,需要的不仅仅是分析,更是现实世界里具体的行动。通过对这三个领域的考察,我们力图展示参与的不断增加、社会公正的优先、可持续性的集中这三个原则不只是道德目标,它们还可以被看作有效全球治理核心的操作原则。我们要以建立联盟和引导争取改革的进程为基础,运用这些富有活力的原则进行实质性的改革。新全球协议必须像它的实践一样雄心勃勃——其挑战不是要建立一个新的全球治理体系,而是要打破现有体系中政策解决方案欠佳和效率缺乏的僵局,其目的是把战后和解进步的根基建立在国际政治已经取得的一些成果基础之上。表1总结了我们制定的提案,它没有提出极端的选择,而是恰恰相反,为变革拟定了一个清晰的短期和长期方向。其重点是全球改革协议的要素,所有关键的机构改革都是一项长期工程,但它明显超出了本文讨论的范围。[②]

---

① Nick Mabey, "Sustainability and Foreign Policy", in David Held and David Mepham (eds.), *Progressive Foreign Policy: New Directions for the UK*, Cambridge: Polity Press, 2007, pp. 99-114.

② 关于这一问题的详细讨论,参见 David Held, *Global Covenant*, Cambridge: Polity Press 2004; Held and McCrew, *Globalization/Anti-Globalization: Beyond the Great Divide*, Cambridge: Polity Press, 2007。

表 1　全球机构改革协议的要素

指导理念	全球公域，一个共享的命运共同体，"等效原则"可能会受到有权使之免受严重伤害的权利观念的约束
操作原则	• 扩大在国际机构治理中受到全球公共政策决策严重影响的那部分人的参与 • 整合基本的社会公正标准，包括从材料腐化到国际安全议程，保护它们免受严重损害 • 确保全球环境公共品和管理它的制度这两者的可持续性
金融治理	• 扩大金融稳定论坛和巴塞尔委员会的成员 • 提升联合国贸易暨发展会议关于"蒙特雷共识"评论的形象 • 扩大联合国经社理事会在多边会议上的角色 • 对 IMF 和世界银行进行公众评论和治理改革 • 从长远来讲，建立一个能代表世界所有地区的世界金融监管局
安全治理	• 对人类不安全因素更宽泛的构思 • 用国际法重新连接安全和人权议程 • 实施现有的联合国千年发展计划 • 改革联合国安理会规程，以改善对人道主义武装干涉的授权和管理 • 改进目前安理会的构成，把其代表扩展到世界所有地区：扩大安理会的管理范围，或者创造一个经济和社会理事会
气候变化	• 使联合国环境规划署成为一个专门的联合国机构 • 扩大对全球环境设施的托管 • 确立国际环境纠纷解决机制 • 从长远来看，需要巩固世界环境组织，使之嵌入所有国家并参与审议和决策制定程序
推动改革的潜在联盟伙伴	欧盟；有强烈改革要求的国家；像金砖国家一样的新兴国家联合体；寻找新的多边角色的美国政府；全球公民社会组织；主要政府间组织的改革集团；寻求稳定而可持续世界市场的公司

　　政治联合体可以促成该议程的实现。这些政治联合体有：由强大的自由和社会民主传统构成的欧洲国家；美国政权中支持多边主义和国际事务法律规则的自由派；为了在全球治理中取得发言权而斗争的发展中国家；为更公正、民主与平等的世界秩序进行活动的非政府组织；为当代全球化的性质和形式争论不休的跨国社会运动；像印度、中国和俄罗斯这样的地缘政治复活的国家；最后，还有渴望一个更稳定和可管理的全球经济秩序的经济力量。

欧洲将为向前推进这一事业做出特殊贡献。作为既是社会民主，又是在没有国家治理背景下一项历史性试验的发源地，欧洲在设计更有效和更负责的超国家治理方面有着直接的经验。它提供了一种没有国家治理的新的思维方式，鼓励一种相对更为民主的全球治理。此外，在为体系结构的改革和全球治理的运作建立全球选区方面，欧洲仍然处于战略地位。通过国际对话以及与世界其他地区的战略联系，对那些反对改革的选区来说，欧洲作为具有抵消作用的影响力，有潜力去动员新的跨区域联盟。奥巴马总统的选举为欧洲重新建立与美国的关系提供了机会，这种关系是建立在多边主义、合作和改革的共同政策基础之上。奥巴马承诺要修复布什政府制造的、在国外被损害了的美国形象。因此，美国和欧洲在推进全球制度改革的事业上都有着难得的机遇。

然而，围绕着全球层面增强参与、社会公正和可持续性的努力，一些利益在联合过程中不可避免地产生分歧。虽然如此，为了增强和保护全球公域，它们之中仍然存在一个重要的和大面积重叠的关注范围。它们如何结合许多需要得到迫切关注的具体问题，又如何战胜来自于稳固的地缘政治和经济利益的反对派，我们需要拭目以待。努力过程中的回报是高的，但是与没有行动的巨大成本和创造一个更包容、公正和可持续的世界秩序的潜在收益相比，它就相形见绌了。

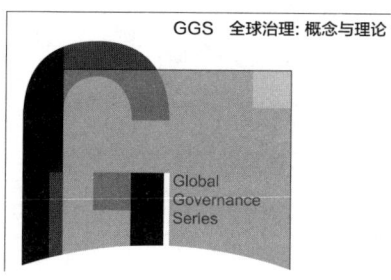

第三部分 | 分歧与反思

全球治理再思考：复杂性、权威、权力与变迁[*]

[美] 托马斯·G. 韦斯　　[英] 罗登·威尔金森　著　　贺羡　译[**]

现在，"全球治理"的概念正在被学术界和决策者广泛使用或滥用。谷歌搜索有一个粗略的估计：截至2012年，该词有超过了310万的点击量。考虑到20年前几乎没有人知道它，这个数字的确惊人。尽管全球治理的概念无处不在，但它仍然是难以被界定的。它的含义已经超出了表达当前全球权力复杂性的范围，此概念已经不仅限于传达一个复杂的全球性权威（global authority）观念。它已经转变成了国际组织的别名、描述被更多行为体充塞的世界舞台的符号、为更好的世界而战的号令、控制因经济和社会飞速变化带来的负面影响的尝试，以及世界政府的同义词[①]。

上述种种不严谨的表述剥夺了这个术语的概念严密性，迫使我们求助于国际政治学中更加基本的路径作为解释支持[②]（并迫使我们转而回到国际政治

---

[*] 原文载于 *International Studies Quarterly*，2014年第1期。本文参考了中国社会科学院亚洲太平洋研究所谢来辉发表于《国外理论动态》，2015年第10期的翻译版本。

[**] 作者简介：托马斯·韦斯，美国纽约城市大学国际关系教授；罗登·威尔金森，英国苏塞克斯大学政治经济学教授。译者简介：贺羡，东华大学马克思主义学院讲师。

① Campell Craig, "The Resurgent Idea of World Government", *Ethics & International Affairs*, 2008 (2), pp. 133 – 142.

② Alice Ba and Matthew J. Hoffmann (eds.), *Contending Perspectives on Global Governance: Coherence, Contestation and World Order*, London：Routledge, 2005.

学领域，在更为主流的路径中寻求解释性支持）。关于全球治理最好的说法莫过于，我们用它来表示一种超宏观分析；我们不用它来表达一种关于世界运转方式的审慎、精炼式理解。正因如此，我们无法回答劳伦斯·芬克尔斯坦（Lawrence Finkelstein）在《全球治理》第一卷提出的问题："什么是全球治理？"而他带有挑衅意味地回答："几乎是一切。"①

我们的目标是急需重新思考我们如何把握和应用这个术语。一方面，"全球治理"广泛传播，有助于描述日益复杂的世界组织方式、权威的执行方式，以及一系列现实的制度体系。另一方面，这个术语的分析能力没有被充分挖掘出来，本来我们可以用它更好地把握变迁的潜在动力。我们认为，对当今全球治理进行更深层的探究，可以更精确地理解下述问题。比如，权力在全球范围内如何行驶，多元行为体一般如何彼此联系等特定的议题。此外，它还可以更好地被用来理解一些特定性问题，如有助于学者理解世界的复杂性并更好地说明：在整个历史长河以及不同的发展阶段中，整个世界体系是如何被组织（或被治理）的。

我们认为，一项关于全球治理的研究应该着重四个基本工作。第一，它不应该受缚于其与 20 世纪末所有变迁之间的密切联系。全球治理近期最具体的表现不应该是后冷战时代的复杂性，而是世界组织的形式及其在未来时代的变化。第二，应该识别并阐明全球权力的结构，不仅要解释命令和控制的宏观模式，而且要说明地区、国家和地方性体系与这个结构的交叉或冲突。关注多层次的治理远远不够，尽管它是一个好的开始。② 第三，当务之急应该是研究权力在这个体系中的运作方式、利益的表达和获得方式、权力和利益所依凭的观念与话语，以及构建、维护并保持了这个体系的观念和话语。第四，应该考虑系统内部及其本身的变化，不仅关注当前变化的原因、结果和动力，还应关注更长时间段的变化。

---

① Lawrence Finkelstein, "What Is Global Governance?", *Global Governance*, 1995 (3), p. 38.
② Ian Bache and Matthew Flinders (eds.), *Multi-Level Governance*, Oxford: Oxford University Press, 2004.

我们的目标不是提出一种关于全球治理的理论,而是指出激励我们前行的核心问题。我们捡起被丢在一边的早期著作,试图重新激活关于"全球治理的过去、现在、未来"的更好的理解。① 如果我们的提议是正确的,如果我们能够更好地回答与全球治理相关的问题,那么一个更加严谨的概念应该帮助我们理解当今现象的本质,也可以帮助我们向"后"看和向"前"看。这一研究应该提供某些历史视野和规范要素,以便理解我们正在求索的、全球治理如何产生的那种世界秩序。我们看待世界在过去、现在和未来的组织方式的广阔视野使这个概念更有价值,这的确比简单的"搪塞"要好得多,因为我们要应对这个星球所面对的威胁②。

我们首先来梳理一下这个术语的知识起源,集中关注为什么会出现全球治理、它打算描绘什么、在过去20年中它的内涵是如何演变的。在这里,我们要说明它的出现是如何与一系列权威和权力运用的特定变迁联系在一起的,这些变化在20世纪末和21世纪初显露出来。人们用这个术语来描述20世纪末的变迁,然而它与那个特定时期的联系已被冻结在历史中,它在理解变迁方面的较大的能力已被消解。换言之,"全球治理"的意思变成了没有世界政府的世界治理,而不是理解如何管理世界的更通用的分析工具。我们再来探讨一下全球治理有助于我们解释什么,以及它又遗漏了什么。全球治理应该有助于我们理解世界是怎样组织的、权力是怎样行使的,但是,不严谨使它成为一个更加无力的概念工具。而后我们清楚地阐述了一项研究的四个理想要素。本文第四部分考虑全球治理如何具有强大的吸引力——尽管它来自于一个与其有联系的、相近的特定历史阶段——让人回过头去解释先前的世界秩序及其大规模的变迁,并且让人展望**组织当今世界的应然方式**。

---

① Martin Hewson and Timothy J. Sinclair (eds.), "Preface", *Approaches to Global Governance Theory*, Albany, NY: State University of New York Press, 1999, p. ix.

② Charles Lindblom, "The Science of Muddling Through", *Public Administration Review*, 1959 (2), pp. 79–88.

一、全球治理的产生

毫无疑问,主流思想已经从围绕政府间组织和法律的研究转向了全球治理研究。这个术语诞生于 20 世纪 90 年代学术理论与实践政策的联姻,逐渐与过去 20 年的其他元现象(全球化)交结在一起。瑞典政府设立了具有政策导向的全球治理委员会,由桑尼·兰法尔(Sonny Ramphal)和英格玛·卡尔森(Ingmar Carlsson)担任主席,罗西瑙和赞姆皮尔(Czempiel)的学术著作《没有政府的治理》(1992)恰恰在同一时期出版。[①] 两者都调动了对全球治理的兴趣。委员会报告《天涯若比邻》的发布时间与联合国系统学术委员会(Academic Council on the United Nations System)的杂志《全球治理》重合。最新一期季刊试图重走此领域权威刊物解决全球问题的老路,却似乎迷了路。"20 世纪 60 年代末,国际组织观念被废弃了,"辛克莱(Sinclair)提醒我们,"《国际组织》杂志从 20 世纪 40 年代创办起就使用这个名字,不再关注国际政策问题了,而是变成了发展严肃学术理论的媒介了。"[②]

这些发展为大量著作开辟了道路,它们都与关于越来越复杂的世界、全球化管理和国际机构所面临的挑战相关。[③] 在某种程度上,全球治理取代了它的直系前辈和规范先驱——"世界秩序研究"。"世界秩序研究"被认为过度等级化和缺乏活力。世界秩序通过世界法律从世界和平中发展起来,它没有抓住行为体、网络、关系的多样性,这种多样性是当今国际关系的特色。[④] 当研究世界秩序的学者的观点开始看起来有点过时时,一种具有新的分析性特

[①] Commission on Global Governance, *Our Global Neighbourhood*, Oxford: Oxford University Press, 1995.

[②] Timothy J. Sinclair, *Global Governance*, Cambridge: Polity Press, 2012, p. 16.

[③] Robert W. Cox, "The Crisis of World Order and the Challenge to International Organization", *Cooperation and Conflict*, 1994 (2), pp. 99–113; Aseem Prakash and Jeffrey A. Hart (eds.), *Globalization and Governance*, London: Routledge, 1999.

[④] Richard B. Falk and Saul H. Mendlovitz (eds.), *A Strategy of World Order*, Vol. 4, New York: World Law Fund, 1966–1967.

征的小产业开始出现了。约瑟夫·巴拉塔（Joseph Barrata）写完了两卷本有关世界联邦主义历史的档案式著作之后，恰当地评论道，在20世纪90年代，"新的表达——'全球治理'取代'世界政府'——作为一种在国际组织的辩论中可接受的术语出现，在关于国际组织争论中，'全球治理'这种新的表达方式逐渐为人们所接受，从而有助于实现可欲的和现实的进步目标。"他还说，学者"希望避免使用让人回想起20世纪40年代的世界政府的术语，这在很大程度上是基于对原子弹的恐惧，而且除了提议世界人民团结起来干革命之外，它对转型没有切实可行的建议。"[①]巴奈特（Barnett）和杜瓦尔（Duvall）敏锐地指出："全球治理的观念获得了很高的声望。在短短十几年里，这个概念从默默无闻到成为国际事务实践和研究的核心主题之一。"[②]

然而，这个术语的出现——以及它所表达的洞见和意愿的方式的转变——没有消除全球治理的规范内容，它来自于前几代研究国际关系和国际组织方面的学者感兴趣的成见。通过这种方式，全球治理涉及识别、理解或提出全球问题的集体努力和超出单个国家能力的进程。这反映了在缺少世界政府时，国际体系随时都能及时提供类似政府服务的能力。全球治理包含了很多解决问题的合作机制，很明显，它们不是正式的（例如惯例或指导方针），而是非正式或临时的（例如志愿者同盟）。这些机制也可以更加正式，表现为刚性规定（法律和法规）或其他具有行政结构和成规特征的体制，它们借助各种行为体管理集体事务，这些行为体包括国家当局、政府间组织、非政府组织、私营部门和其他公民社会的行为体。[③]

值得一提的是，重新思考如何更好地利用国际组织的必要性，促使"多

[①] Joseph Preston Barrata, *The Politics of World Federation*, Vol. 2, Westport, CT: Praeger Publishers, 2004, pp. 534 – 535.

[②] Michael Barnett and Raymond Duvall (eds.), *Power in Global Governance*, Cambridge, UK: Cambridge University Press, 2005, p. 1.

[③] Thomas G. Weiss and Ramesh Thakur, *The UN and Global Governance: An Unfinished Journey*, Bloomington, IN: Indiana University Press, 2010.

边主义和联合国系统"项目①资助的学者开展研究②。它的目标很明确，即把握、复兴、依赖"多边主义"术语所蕴含的合法性，把它当作一种思考如何更好地组织世界的方式。正如考克斯概言："'全球治理'指在世界层面管理政治、经济和社会事务的程序和实践。我们可以把一种假定的治理形式（世界政府或世界帝国）视作一种分层级的协作形式，不管是集权的（单一制）还是分权的（联邦制）。另一种协作形式是非等级制的，我们称它为多边制。"③

被广泛引用的是由鲁吉（John Ruggie）④ 在此之前主导的一个项目，它的目的也是加强"多边主义问题"观念，尽管它不是那么野心勃勃，而是试图把这种制度形式的能力概念化，以便重新设计它。联合国大学的另一个项目实际上挑战了他的更加传统的多边主义概念。⑤ 然而，所有这些项目的视角都不能通过一种翻新的多边主义来恢复关于全球权力的研究。全球治理更加无处不在，更有说服力了。

全球治理还跟另一个规范项目联系在一起，这个项目是出于对国家无力统治众多行为体的活动的担忧，以及为缓解全球市场化的强烈冲击和强大的国际经济机构似乎无法遏制的行动而设立的。在这种变化中——有学者所谓

---

① 由罗伯特·W. 考克斯牵头、联合国大学（UNU）资助的一个项目。

② Yosikazu Sakamoto (ed.), *Global Transformations: Challenges to the State System*, Tokyo: United Nations University Press, 1992; Keith Krause and W. A. Knight (eds.), *State, Society and the UN System: Changing Perspectives on Multilateralism*, Tokyo: United Nations University Press, 1995; Robert W. Cox (ed.), *The New Realism: Perspectives on Multilateralism and World Order*, Basingstoke, Houndmills, UK: Macmillan, 1997; Stephen Gill (ed.), *Globalization, Democratization and Multilateralism*, London: Macmillan, 1997; Michael G. Schechter (ed.), *Future Multilateralism: The Political and Social Framework*, London: Macmillan, 1999; Michael G. Schechter (ed.), *Innovation in Multilateralism*, London: Macmillan, 1999.

③ Robert W. Cox (ed.), *The New Realism: Perspectives on Multilateralism and World Order*, Basingstoke, Houndmills, UK: Macmillan, 1997, p. xvi.

④ John Gerard Ruggie (ed.), *Multilateralism Matters: The Theory and Praxis of Institutional Form*, New York: Columbia University Press, 1993.

⑤ Edward Newman, Ramesh Thakur and John Tirman (eds.), *Multilateralism Under Challenge? Power, International Order, and Structural Change*, Tokyo: UN University Press, 2006.

的"失控的全球化"①——某些大国和国际经济组织的政治权力,以及其他国家或组织(大部分是那些把全球化当作一种准自然力的国家)的权力缺失强化了公民社会中的不满情绪②。这种不满在世界贸易组织、国际货币基金、世界银行、欧盟和各种地区发展银行的会议期间的群众集会,以及反全球化和"改变全球化"运动的发展中找到了宣泄口。③ 惯常的结果是一种受控的全球化。④

简言之,潜在的分析牵引力消失了,因为全球治理对不同的人来说意味着许多不同的事物。它展现了在世纪之交许多人的希望和忧虑,但是无法满足分析这些动荡时代的需要。

有必要简要提一下那些戏剧性的变化是什么,以及这个术语想要描述和把握什么。支撑全球治理观念的是三个大的发展态势:全球问题的特征、行为体的本质和统治世界的国际手段的已知局限。

从20世纪70年代以来,相互依赖和技术的飞速发展逐渐让人们认识到,仅凭单个国家的力量无法解决许多问题。尽管有世界大战和大萧条的先例,观察者还是认为强大的国家能够独自解决问题,或者至少不会受到最坏的冲击。不应该把在一个地区消除疟疾和防止那些病人进入某地的努力在性质上等同于防止恐怖分子洗钱、禽流感或酸雨。今天无论一个国家多么强大,都不能保护其国民远离这些威胁。富裕国家更早地通过设立有效屏障把自己隔离起来,然而不能仅仅依靠竖立围栏隔绝当前对世界秩序越来越多的挑战。政治家不能再回避承认这个现实——可能除了选举

---

① Nayan Chanda, "Runaway Globalization Without Governance", *Global Governance*, 2008 (2), pp. 119 – 125.

② Stuart Hall, "The Great Moving Nowhere Show", *Marxism Today*, 1998 November/December, 11; Eric Hobsbawn, "The Death of Neo-Liberalism", *Marxism Today*, 1998 November/December, 5.

③ Richard Peet, *Unholy Trinity: The IMF, World Bank and WTO*, London: Zed Books, 2003; Louise Amoore (ed.): *The Global Resistance Reader*, London: Routledge, 2005.

④ Raimo Vayrynen (ed.), *Globalization and Global Governance*, Lanham, MD: Rowman & Littlefield, 1999; Diane Coyle, *Governing the Global Economy*, Cambridge, UK: Polity Press, 2000; David Held and Anthony McGrew (eds.), *Governing Globalization*, Cambridge, UK: Polity Press, 2002.

期间。

关于全球环境和人类互动结果的意识发展经常被视作思维演变中的"规则改变者",特别是1972年在斯德哥尔摩召开的联合国大会上。尽管其他例子很多,可持续性特别容易阐明为什么我们都在同一条船上。只是像加利福尼的环境立法或丹麦的风力电场这种值得赞赏的局部行动不可能遏止地球向气候变化的毁灭性方向疾驰。

第二个提升人们对全球治理兴趣的发展趋势是非国家行为体在数量和重要性上的纯粹扩张,特别是公民社会和以营利为目的的公司,尤其是那些跨国经营的公司。[①] 国际关系和国际组织的分析者意识到这个问题,并把它们纳入他们的思想和概念中,然而它们仍然被当作国家体系的附属物。[②] 所谓的第三次民主浪潮推动了这一进程[③],这一浪潮包括同样足以促进斯劳特(Slaughter)[④]和格雷瓦特(Grewal)所描述的跨国和跨政府的互动的制度网络、对国家处理社会问题的能力和意愿的幻灭,以及对更加糟糕的全球经济环境的攻击。

对后冷战时代升级联合国体系的关注背后存在第三个动因。学者和实践者既担忧问题的日益增长的跨界性,又担心国家无力挖掘"新"全球行为体的潜力去解决这些问题,他们试图通过鼓励联合国推进自身的改革并与其他组织联合解决紧迫问题,以此稳固住它。这个运动一方面敦促联合国承认其他行为体的相对优势,后者更有能力完成关键任务,包括通过全球协定把非政府组织和跨国公司更紧密地纳入世界组织的工作中。另一个方向是探索产生"复合多边主义"的能力,以便获得全球社会运动弥合全球治理的合法性

[①] Peter Willetts, *Non-Governmental Organizations in World Politics: The Construction of Global Governance*, London: Routledge, 2011.

[②] Robert O. Keohane and Joseph P. Nye (eds.), "Transnational Relations and World Politics", *International Organization*, 1971 (3).

[③] Samuel P. Huntington, *The Third Wave: Democratization in the Late Twentieth Century*, Norman, OK: University of Oklahoma Press, 1991.

[④] Anne-Marie Slaughter, *A New World Order*, Princeton, NJ: Princeton University Press, 2004.

差距的能力。① 第三个方向仍然是试图通过联合国的基础上或分支机构的彻底改革来解决"多边主义危机"。②

不管这三种动因解释价值到底多大，跨国议题的出现和广泛认可凸显了国家的能力的局限，进而诱发了大量非国家行为体试图弥补国家能力的不足。国际关系和国际组织方面的学者开始考虑其他行动的明确作用，他们把已经存在的全球行为体分为不同层级。例如，跨国公司和慈善机构入不了分析者的法眼，他们把注意力集中在国家上，把它们当作唯一的或至少是最重要的行为体。因为关于全球变迁的发展步骤和程度的共识增强了，理解更大范围的游戏者的重要性的动力也增大了，而后扩展到宗教行为体、金融评级机构和那些有害的行为体（比如，跨国犯罪网络和恐怖主义运动）。③ 同时，学者开始研究市场等机制会影响何种治理，先前这是国际政治经济学家唯一的关注点。④ 因此，鉴于国家和它们创建的政府间组织曾经占据了国际组织研究者的所有精力，20世纪最后几十年，他们的注意力从以国家为中心的结构转向广泛的行为体和机制。

而后，这些观念被运用到现实世界的发展中。新的或最近被承认的行为体与旧的行为体联合起来，从而进一步模糊了国家及其相关能力之间的互动所塑造的传统世界观念。联合国把巴尔干半岛的安全工作"分包"给了北大西洋公约组织（NATO），并让西非国家经济共同体以及发展和

---

① Robert O'Brien, Anne Marie Goetz, Jan Aart Scholte and Marc Williams, *Contesting Global Governance: Multilateral Economic Institutions and Global Social Movements*, Cambridge: Cambridge University Press, 2000, p. 3.

② Edward Newman, *A Crisis of Global Institutions? Multilateralism and International Security*, London: Routledge, 2007.

③ Timothy J. Sinclair, *The New Masters of Capital: American Bond Rating Agencies and the Politics of Creditworthiness*, Ithaca, NY: Cornell University Press, 2005; Frank Madsen, *Transnational Organized Crime*, London: Routledge, 2009; Katherine Marshall, *Global Institutions of Religion: Ancient Masters, Modern Shakers*, London: Routledge, 2013.

④ Robert W. Cox, "An Alternative Approach to Multilateralism for the Twenty-first Century", *Global Governance*, 1997 (1), pp. 103 – 116.

人道主义非政府组织来为这一地区提供服务、援助和保护。① 如上所述，联合国自己也跟跨国公司、工会和公民社会围绕"全球契约"中的社会和环境标准问题结成联盟。②

这些新的制度形式和伙伴关系促使研究者不仅探讨谁或什么参与了世界的管控，而且探讨特定的组织形式以及它们的控制机制是如何产生的。在这里，网络和知识社群加快了工作进度，超大型公司之间联合形成世界经济论坛，与世界社会论坛、市场和投资者的决策相抗衡。③ 借用詹姆斯·罗西瑙的一个意象，出现了一种"用碎布缝起来的"权力"被单"，并且不断变化，最后形成了随部门和时间而变化的制度要素的"拼图"。④ 他还恰当地用"动荡"这个形容词来描述我们的世界和时代，并努力理解"分合"（fragmegration）的意思，或者说同时受到分裂和融合的牵引。⑤

---

① Leon Gordenker and Thomas G. Weiss (eds.), *NGOs, the UN, and Global Governance*, Boulder, CO: Lynne Rienner, 1996; Thomas G. Weiss (ed.), *Beyond UN Subcontracting: Task-Sharing with Regional Security Arrangements and Service-Providing NGOs*, London: Macmillan, 1998.

② Steve Hughes and Rorden Wilkinson, "The Global Compact: Promoting Corporate Responsibility?", *Environmental Politics*, 2001 (1), pp. 155 – 159; John Gerard Ruggie, "The Global Compact as Learning Network", *Global Governance*, 2001 (4), pp. 371 – 378.

③ Robert W. Cox, "Global Perestroika", *New World Order? The Socialist Register*, edited by Ralph Miliband and Leo Panitch, London: Merlin, 1992; Peter M. Haas, "Epistemic Communities and International Policy Coordination", *International Organization*, 1992 (1), pp. 1 – 35; Randall Germain, *The International Organization of Credit: States and Global Finance in the World Economy*, Cambridge, UK: Cambridge University Press, 1997; Timothy J. Sinclair, *The New Masters of Capital: American Bond Rating Agencies and the Politics of Creditworthiness*, Ithaca, NY: Cornell University Press, 2005; Diane Stone and Simon Maxwell (eds.), *Global Knowledge Networks and International Development: Bridging Across Boundaries*, London: Routledge, 2005; Geoffrey Allen Pigman, *The World Economic Forum: A Multi-Stakeholder Approach to Global Governance*, London: Routledge, 2007.

④ James N. Rosenau, "Toward an Ontology for Global Governance", *Approaches to Global Governance Theory*, edited by Martin Hewson and Timothy J. Sinclair, Albany: State University of New York Press, 1999, p. 293.

⑤ James N. Rosenau, *Turbulence and World Politics: A Theory of Change and Continuity*, Princeton, NJ: Princeton University Press, 1990.

二、万变不离其宗

然而，尽管人们对不断增长的复杂性产生兴趣，尽管在全球治理方面迈出了新的一步，旧的路径仍然留存着。国际关系研究大约用了75年时间与政治科学区分开来，它的典型特征是把国家当作基本分析单位，这种努力仍然对思考有影响，并且在学者理解变化的世界方面起到很大作用。同样的，研究国际组织的学者们仍然强调大国在政府间组织中的作用，并以此作为观察人类进步的核心视角。

然而，更早的路径也包含了创新思维。哈罗德·雅各布森（Harold Jacobson）观察到，各民族国家走向世界政府的进程被编织成装饰日内瓦"万国宫"的挂毯。他们"描绘了把人类和更大、更稳定的统治单位（首先是家庭，然后是部落，再后是城邦，最后是民族国家）结合在一起的过程，这个过程的终点可能是整个世界组成一个政治单位"①。除了少数仅有的世界联邦主义者，几乎没有人相信这是我们未来的方向。

因此，我们最好把这个行使不同权力的复杂世界称为"全球治理"，但要坚持熟悉的、以国家为中心的理解方式，把其他一切行为体和活动当作国际体系的附属（关于这一点，分析者自《威斯特伐利亚和约》以来就已经注意到了）。全球变迁的沉浮引发了好奇心和新的问题，它们围绕着世界如何组织、权威如何在其中运作和我们所缺乏的知识（因为我们只盯着国家不放）。但是我们没有真正在回答这些问题，它们超出了我们旧式思维的水平了。

"IO +"（全球组织的合集）基本上是芬克尔斯坦对"什么是全球治理"的最初回答。他的答复与当代的反应并无不同。的确，《全球治理》杂志创办的目的就是为了推进关于世界的新复杂性的理解，它的副标题"多边主义和国际组织评论"透露出它不情愿与旧式思维决裂。

---

① Harold K. Jacobson, *Networks of Interdependence: International Organizations and the Global Political System*, 2nd edition, New York: Knopf, 1984, p. 84.

根据克雷格·墨菲（Craig Murphy）关于 19 世纪以来"全球治理"这个词的历史的精彩讲述，国际组织通常被当作"我们实际上拥有的世界政府"[①]。他是对的，但问题依然存在。在国家层面，我们拥有权威性的政府结构，它们具有治理的功能。然而在国际层面，我们只有治理和一些为革新国际结构而设计的蓝图，这些国际结构已经有几十年历史了，不再适应当代规范了。蓝图陈列在文件柜中，现存的脆弱结构的不稳定基础移动了，许多不受我们重视的行为体、过程和机制占据了它们。结果是全球治理在理解变迁的复杂性（特别是动力）方面的价值没有完全被挖掘出来。我们引用芬克尔斯坦的回答："加上新的行为体、议题和冲动。"

我们也把自己试图解释的各种变化与一个特定的时代，即后冷战时代，过分密切地联系在一起。现有的国际组织解决当前紧迫的挑战的能力受到质疑，因为它们显然无法以有意义的方式团结关键国家一同解决全球问题——比如保护全球环境、消除世界贫困或在国家和社会群体中及它们之间减少逐渐增长的不平等。结果，全球治埋冒着把它变成了一个历史遗产的风险，与特定时代的希望、忧虑和复杂性结合在一起。这种结合使它有失去问题意识的风险，忽略如何管理世界、权威是如何运用的。总之，我们需要拯救这个术语。

三、"全球治理"概念的复兴

这些危险应该让我们更深入地研究世界到底如何被组织起来的——或者正如约翰·鲁吉不久前评论道的："世界"如何"成为一体的？"[②] 为了实现全球治理的分析效用，我们需要做什么？答案问题的第一步是用一种更加令人满意的方式处理全球的复杂性，不用担心被问题和语境分散注意力，而后试着把数据整合成为一个解释性整体。我们不仅应该阐述谁是行为体、他们如何彼此联系，而且应该阐明一种特定结果是如何产生的、权威为什么以及

---

① Craig N. Murphy, "Global Governance: Poorly Done and Poorly Understood", *International Affairs*, 2000（4）, p. 789.

② John Gerard Ruggie, *Constructing the World Polity*, London: Routledge, 1998, p. 2.

在什么基础上被有效或无效地运用。我们应该调查新的组织形式的结果,决定做出何种调整以便提高它们应对现存的、新的或变化中的社会目标的效用。同样重要的是更精微地理解和体会各种机构制度的不同特点和影响。

另一个重要任务是应该深入思索权力的运作方式,而不是说明德国不是加蓬、新兴的权力正在崛起、**美国强权下的和平**正在终结。① 在当前的国际体系中,国家的能力很重要,就像正式和非正式机制协调国家间的关系、商品和服务的交易与管理方式一样重要。当行为体的数量和种类增多时,国家对市场的控制会减少,行为体和市场的关系会更复杂,权力问题也会更加复杂。在这里,我们不应该只考虑伊肯伯里②和鲁吉③的著作中所阐述的:国际机制发展到现阶段与美国权力之间的关系。我们也应该反思制度表达和社会群体、认知共同体和政治网络、金融决策,以及其他行为体不断变化的能力。④

最后,尽管有一些显著的努力⑤,但我们尚未完全理解驱动各种现有组织

---

① Susan Strange, "The Persistent Myth of Lost Hegemony", *International Organization*, 1987 (4), pp. 551 – 574; Christopher Layne, "The Unipolar Exit: Beyond the Pax Americana", *Cambridge Review of International Affairs*, 2011 (2), pp. 149 – 164.

② John G. Ikenberry, "A World Economy Restored: Expert Consensus and the Anglo-American Settlement", *International Organization*, 1992 (1), pp. 289 – 321.

③ John Gerard Ruggie, "Third Try at World Order? America and Multilateralism After the Cold War", *Political Science Quarterly*, 1994 (4), pp. 553 – 570.

④ Peter M. Haas, "Epistemic Communities and International Policy Coordination", *International Organization*, 1992 (1), pp. 1 – 35; Thomas Pogge, "Priorities of Global Justice", *Metaphilosophy*, 2001 (1 – 2), pp. 6 – 24; Philip G. Cerny, *Rethinking World Politcs: A Theory of Transnational Neopluralism*, Oxford: Oxford University Press, 2010; Eric Hellenier and Stefano Pagliari, "The End of an Era in International Financial Regulation? A Post-Crisis Research Agenda", *International Organization*, 2011 (1), pp. 169 – 200; Diane Stone, "Governance Via Knowledge: Actors, Institutions and Networks", *Oxford University Press Handbook of Governance*, edited by David Levi-Faur, Oxford: Oxford University Press, 2012.

⑤ Martha Finnemore and Kathryn Sikkink, "International Norm Dynamics and Political Change", *International Organization*, 1998 (4), pp. 887 – 917; Stephen Gill, "Constitutionalizing Inequality and the Clash of Globalizations", *International Studies Review*, 2002 (2), pp. 47 – 65; Richard Jolly, Louis Emmerij and Thomas G. Weiss, *UN Ideas That Changed the World*, Bloomington, IN: Indiana University Press, 2009.

的观念和利益,特别是它们如何产生和发展、如何渗透进国际体系中并对后者进行修改的。在这里,观念本身就是重要的,就像它们所依凭的价值体系、它们所嵌入的话语和它们表达的利益一样重要。创造这些观念的人、传播网络、各种机制统筹核心信息的方式和把思想转换成组织形式与政策沟通的过程也同样重要。切克尔[1]很久以前吁求"中层理论"(mid-level theory),我们作为一个学术社群还没有这样做,也没有把各种全球治理的思想联系起来。

如果没有推进我们理解全球治理复杂性、权威和权力的运作方式、全球组织的观念与实体方面的通力合作,我们不仅可能会误解周围的世界,而且会低估我们适应另一种秩序而做出重大调整的能力。简言之,我们不能再忽略全球治理在理解过去、现在、将来的变迁方面的能力了。

四、全球治理:回顾与前瞻

认真思考全球治理的价值可能会超出我们的以下认识:我们之所在和我们生活的世界秩序的本质,或者当我们考虑复杂性时,应该或不应该强调或忽略哪些行为体[2]。20世纪最后几十年被提出的问题可能也会帮助我们理解我们来自何方、将去何处。全球治理作为一种概念工具超出了当前的秩序,它的分析效用在于冷战结束后就一种重新设计的多边主义而提出的观念中。

上文我们提到了考克斯对全球治理作为多边主义和作为世界政府或帝国的区分。这种区分提供了一种潜在地富有成效的思考全球治理的路径,消除了它与后冷战时代之间的联系所产生的一些障碍。我们把全球治理理解为非正式和正式的观念、价值、规范、程序和制度的总和,帮助所有行为体——国家、非政府组织、公民社会和跨国公司——识别、理解和解决跨边界问题。如果是这样,我们应当如此做,不只是基于它的**当代**表现,这种表现来自于

---

[1] Jeffrey Checkel, *Ideas and International Political Change: Soviet/Russian Behavior and the End of the Cold War*, New Haven, CN: Yale University Press, 1997.

[2] Bruce W. Jentleson, "Global Governance in a Copernican World", *Global Governance*, 2012 (2), pp. 133–148.

一个切近的特定历史时代,以此更好地理解正在发生的事以及是什么试图把全球变迁理解为一种积极现象。跨越时空追寻"如何统治世界?"的答案应该也能给我们呈现一种关于我们来自何方、变化为什么发生、我们将去何处的更好观念。

换句话说,如果我们提出类似问题,它们会让人把全球治理理解为一种20世纪末世界政治的多元化,那么我们应该能够确定何种体系先于当前世界秩序体系,以及权力和权威是如何运作的。简言之,我们应该回答变迁的根本动力及其影响。

探索世界如何治理和治理如何随时间而变化的意愿潜在地动摇国际关系理论。它激发了我们的分析渴望,去检视一种实际上一直存在的复杂性;它要求我们通过调整自己的理论视角,将这种复杂性考虑在内,进而研究这种事实上早已存在的复杂性。正如许多人已经说明的,威斯特伐利亚时代的全球治理不只是一个无政府的国家系统。例如,斯普鲁伊特①提醒我们,行为体(国家和非国家)像马赛克一样镶嵌在一起,一直都在参与全球治理,尽管**某些**国家已经比其他非国家行为体强得多。

关于过去半个世纪的国际关系学术共同体,我们最好的评价可能是,我们制造了理解全球治理复合体的跨国部分是如何运转的工具。然而,我们很少考虑其他的行为体和治理形式,以及它们与跨国体系之间的关系(不仅是过去数十年,而且是永远)是怎样的。

一种思考特定时间内的全球治理的方式是评价与世界秩序有关的流行观念。在作为一种跨国体系的威斯特伐利亚的二维的、静态的视图中,一种宣称组织原则是无政府的主张,无益于我们理解世界的组织方式,或者为什么我们需要了解先前的存在之物。这条路径把我们带到绘制好的版图中,但是我们的行动路线要穿越它,如果我们把注意力集中在世界如何以及为什么如此组织的问题上,那么我们的路线是不同的,并且可能更令人满意。

---

① Hendrik Spruyt, *The Sovereign State and Its Competitors*, Princeton, NJ: Princeton University Press, 1994.

跨国体系作为一种统治世界的宏大框架，它出现的原因之一是回应（至少是欧洲的）下述想法：试图脱离教皇权威（高于各种世俗统治者）对单个地理单位所行使主权的全球治理形式。民族自决的观念在这里第一次得到表达，从教皇到国家的转移不一定是为了臣服于这种新的统治形式的民众的利益。它既没有终结教皇或更一般地讲宗教制度在当时全球治理中的影响，也没有消除作为全球治理"合法"产物的、超越国界进行人口征服的观念——尽管反对后来欧洲帝国主义的表达确实加速了民族自决观念的巩固，并把它作为后来的全球治理体系的基本原则。

其他对当时的世界治理做出贡献的行为体（仅举两例，雇佣军和城邦）都已经相对消失，但新的行为体出现了，并承担了更重要的作用。我们的确可以通过探究私营企业（在许多情况下，它们从"私掠船"的企业起家，变成国家许可的欧洲帝国的"公司"）在作为全球治理主要形式的扩张的帝国主义中的作用发现，霍布斯鲍姆①的"帝国时代"作为从18世纪到20世纪中期世界组织的主要形式，是如何产生的。

对帝国快速崛起的追问可以使我们了解英国和荷兰东印度公司等行为体的作用，但是它也能帮我们区别运用欧洲帝国权力（和殖民地民众服从的残酷统治形式）的全球治理类型与为了争夺减少的殖民地而曾经存在过的治理类型。19世纪考虑如何管理世界的通常思路是，研究主要的欧洲国家之间的权力平衡是如何通过"神圣同盟"和"欧洲协调"来实现制度化的。② 然而，这种观点仅仅述说了避免代价高昂的、灾难性的欧洲战争的努力，而不是世界如何被管理的。它缺少的是竞争的帝国主义，后者是全球治理的主要框架，与其相伴的是征服非欧洲人口和无人居住的土地（或无视土著居民，当作无主土地）的殖民化的各种观念。此外，这种主要的管理形式及其依赖的观念受到观念层面和物质层面的挑战，侵蚀了各种相互竞争的帝国主义的基础，

---

① Eric Hobsbawn, *The Age of Empire*, London: Abacus, 1994.
② Hans J. Morgenthau, *Politics Among Nations: The Struggle for Power and Peace*, 6th edition, New York: McGraw-Hill, 1995, pp. 481–489.

推动了"后殖民主义"全球治理的整体变化。

墨菲的《国际组织和工业变革：自 1850 年以来的全球治理》把全球治理的源头追溯到 19 世纪中叶。① 他对作为"全球治理"前身的公会的研究是不合规则的，因为诚如我们所见，这个术语在 20 世纪 90 年代初才出现。然而，他的研究突出了考察全球治理框架（作为理解我们时代之外的其他历史时期如何管理世界的一种方法）的重要性。墨菲著作的价值在于他希望把全球治理的形式和功能与其他全球动力的启动、巩固和加速联系起来，主流国际关系一直觉得很难理解工业革命和全球资本主义的逻辑。其他人也把这种经济和社会组织的形式当作思考如何管理和统治世界的另一个起点。② 这些著作对我们理解我们实际上拥有何种世界权威结构十分有帮助，但是它们没有充分研究——尽管它们试图把这些路径进一步历史化③——考察全球治理的历史表现所提的问题。同样，霍布森关于非西方文明对当代世界的贡献和非欧洲组织形式的著作为思考过去和现在的全球治理提供了有益的见解，但不是一个完整的平台。④

还需要注意，如果理解变迁和新视域的需求提出了这些问题，它们引导我们以多元化的方式界定当代全球治理，那么我们应该可以提出与较早时期相关的类似问题并找到令人满意的答案。波利和托马斯⑤关于国际非政府组织的研究就是沿着这一方向进行的。透过全球治理的棱镜探察过去，人们意识到全球治理不再是新事物了，恰如全球化看似新颖但并无新意。

---

① Graig Murphy, *International Organization and Industrial Change: Global Governance since 1850*, Cambridge, UK: Polity Press, 1994.

② Christopher Chase-Dunn and Joan Sokolovsky, "Interstate Systems, World Empries and the Capitalist World Economy", *International Studies Quarterly*, 1983 (3), pp. 357 – 367.

③ André Gunder Frank and Barry K. Gills (eds.), *The World System: Five Hundred Years of Five Thousand*, London: Routledge, 2003.

④ John M. Hobson, *The Eastern Origins of Western Civilization*, Cambridge, UK: Cambridge University Press, 2004.

⑤ Johan Boli and George M. Thomas, "World Culture in the World Polity: A Century of International Non-Governmental Organization", *American Sociological Review*, 1997 (2), pp. 171 – 190.

许多历史学家以史为鉴的呼吁反响强烈。① 凯尔评论道，历史是"过去和现在的无休止对话"。② 最近三位作者写了一本国际关系方面的著作，他们很清楚此告诫的意义，他们认为"社会科学经常被诟病的问题之一是缺乏历史深度"③。当代社会科学的至高价值是简约，高度重视最简单的理论框图和因果机制。历史使问题复杂化，这是全球治理作为一种路径被广泛传播的原因之一，因为它"产生于简约的挫败和容纳更广泛动因的决心"④。对历史的熟悉自然会产生自我怀疑和反思，它们不是来自抽象的理论和所谓的精密的社会科学。

然而，把全球治理从当下拆除，安置在历史上是不够的。如果这种转移也不是理解未来的有价值的途径，那么它只具有有限的价值。面向未来的价值在于把全球治理当作一系列问题，它们能够使我们得出世界在当前、过去和将来是如何被统治的，以及治理的宏观和微观模式在过去、现在和未来是如何变迁的。这是学者应该着手的一项紧迫的研究任务。

五、结论

我们常老生常谈地说，许多最棘手的当代问题（从气候变化、流行病到恐怖主义、金融不稳定和大规模杀伤武器的扩散）都是跨国的，成功解决它们需要采取的行动不是单边的或双边的，甚至不是多边的，而必须是全球的。任何事物都是全球化的，除了政治。解决这些问题所需的政策、权威和资源仍然分散在各个国家，而不属于全球机构。经典的集体行动问题是如何为共同的问题提出共同的解决方案，并且公平地分摊成本。当前不能充分解决国际问题并做出合理决策的结构，无法找出不断增多的全球问题的实质，这可

---

① Margaret Macmillan, *The Uses and Abuses of History*, New York: Random House, 2009.
② Edward Hallett Carr, *What is History?* London: Pelican, 1961, p. 62.
③ Andrew J. Williams, Amelia Hadfield and J. S. Rofe, *International History and International Relations*, London: Routledge, p. 3.
④ Timothy J. Sinclair, *Global Governance*, Cambridge, UK: Polity Press, p. 69.

以解释地方应对挑战为何是间歇的、战术的、短期的，其实应对挑战需要持续的、战略的、较长期的全球视野和行动。

一个更加综合的全球治理框架能否帮助我们解决这种根本脱节的状态？当代全球治理是基于现实主义分析的国际无政府状态与世界国家的过渡阶段。当前的政府间组织毫无疑问有助于减少交易成本，克服国际合作的某些结构性障碍，所有研究国际应对2004年海啸或持续的人道主义危机的人都清楚这一点，对此我们看到了一群伸出援手的人：来自许多国家的士兵、联合国机构、大型和小型非政府组织，甚至沃尔玛。

全球治理的确不是传统权力政治的延续。它也不是变革过程的表达，这个过程产生了能够解决当代或未来全球威胁的结构。它不是简单地跟**长时段内（longue durée）**的经济管理有关联。此外，提及"治理"而不是"政府"是在讨论产物而不是生产者。中介和责任都缺失了。在国内语境下，治理强化了政府，在正式权威和警察或强制权力之外，它们隐含着共同的目的和方向。对世界而言，治理基本上是全部，巴莱特恰当地把它描述为"有组织的志愿服务"①。

对于这些观察者来说，自愿行动是有限度的；因此，需要采取概念步骤，形成一个更完整的全球治理框架。我们应该更好地理解过去和现在世界是如何被组织或瓦解的，包括它的复杂性是如何出现的、权威和权力是如何运作的、变化的观念和物质驱动力是如何发生作用的，以及谁受益了。这种知识也应该促使我们提出什么应该并且能够改善世界的未来。

在考虑了所有情况之后，关于"什么是全球治理？"，我们需要更令人满意的答案。否则，我们只剩下来自两个很少出现在学术杂志的作者的意象了，他们也关注世界是如何被管理的：格特鲁德·斯泰因（Gertrude Stein）的奥克兰的表征，"不可能存在"（there's no there, there），或者路易斯·卡罗尔（Lewis Carroll）的柴郡猫，浮动着一只没有身体或实体的咧嘴傻笑的头。

---

① Scott Barrett, *Why Cooperate? The Incentive to Supply Global Public Goods*, Oxford: Oxford University Press, p. 19.

与国际组织相比,透过全球治理的棱镜让分析者看到许多行动者以及规范与政策制定、变迁与行动的非正式过程。近期的关键挑战是使全球治理研究超越"把新的行为体和过程掺和到国际组织中"的观念。

全球问题需要全球性的解决方案。我们必须在不同层面上与特定行为体确定合作关系,因此我们可以判断许多正式和非正式的手段与形式产生全球公共产品的方式,包括超国家的权威。在这里,我们再次表达了一种观念,通常它给作者提供了一个庇护所[1]。我们可以指出有助于解决全球治理的特定问题的大量措施,例如,为战争法和人道主义原则而设立的国际红十字会、为世界最流行的体育运动(足球)而设立的国际足联(FIFA),以及为互联网而设立的互联网名称与数字地址分配机构(它的大写首字母更为人熟知:ICANN)。

然而,我们必须采取一些行动,而不是仅仅对规范创新者、跨境活动家、私有企业和跨国社会网络抱着乐观的希望。显而易见,它们能够做出重要贡献,但是不能消除贫困、解决全球变暖,或者停止大规模暴行。我们接受没有全球政府的全球治理的局限,我们的核心论点是应该并且能够通过各种方式更好地填补当前的大量缺口[2],以此更好地解决国际社会面临的重大问题。同时,在采取这些基本措施的同时,也不应该失去对远期目标的关注。愿景至关重要,因为历史不是预言。

---

[1] Thomas G. Weiss, "What Happened to the Idea of World Government?", *International Studies Quarterly*, 2009(2), pp. 253 – 271.

[2] Thomas G. Weiss and Ramesh Thakur, *The UN and Global Governance: An Unfinished Journey*, Bloomington, IN: Indiana University Press, 2010; Thomas G. Weiss, *Global Governance: Why? What? Whither?* Cambridge, UK: Polity Press, 2013.

全球治理:拯救国际关系?

[美]托马斯·G. 韦斯 [英]罗登·威尔金森 著 郎 玫 译**

本文的目的,一是唤醒,二是倡议。我们所要唤醒并希望其有所反应的对象是我们的同行——说得难听一些,他们还没有意识到国际关系研究正跟跄在支离破碎的深渊边缘;说得好听一些,他们还未受到激励去振兴一个急需复兴的领域。观点各异、学派林立是当前国际关系研究的真实写照。身处在这一研究领域的学者们,不仅在如何理解世界的问题方面已经停下了进一步探寻真知的脚步,而且在推动改革方面也溃败连连。如何为构建一个更加公正和更加美好的世界出谋献策似乎也变得更加迷茫了。为此,我们不再为学生和向我们寻求建议的实践者(或者承担政策工作的实践者)提供服务,不再为一些可能实现之事竭尽全力。我们也几乎没有在理解世界运行方式方面提供一套工具,没有为社会福利政策的创立提供支持,没有为如何思考变革提供一个理论框架。

尽管找出解决方案比描述这一困境要难得多,但是我们依然要提出如下建议:通过使用目前还未被完全充分利用的全球治理概念,使我们在未来重

---

* 原文载于 *Global Governance*,2014(20),pp. 19 – 36。
** 作者简介:托马斯·G. 韦斯,美国纽约城市大学教授;罗登·威尔金森,英国曼彻斯特大学社会科学学院国际政治经济系教授。译者简介:郎玫,兰州大学管理学院副教授。

新回到讨论学科重大问题的桌子上来。

首先,我们尝试分析为什么国际关系研究会踉跄在支离破碎的边缘,以及它是怎样陷入这种境地的。我们指出,造成这种踉跄局面的原因不仅有理论和研究方法方面的问题,也有教育方法和语言方面的问题。然后,我们在解决困扰国际关系研究的碎片化和原子化问题方面提出一个方案。我们认为,促进国际关系研究领域重新整合的方法是重新返回到对国际关系重大问题的讨论上来,这些问题过去曾是国际关系研究的基础性问题。这些最根本性的问题包括"世界是如何治理的""我们是如何造就了当前的这种治理安排的",以及"我们应该构建什么样的秩序才能去除困扰整个人类和地球的诸多恶疾"等。的确,对当前世界秩序的现状进行精确描述可能是国际关系的根本问题,也是近年来我们尝试重新关注的问题[1]。回避世界秩序重大问题的现象并未发生,这是因为我们已经解开了"世界如何治理"的谜团,或者说,我们已经知道了权力和权威是如何运行的,组织和治理的特定结构会产生什么样的后果,以及我们应该如何最大程度地参与到意义重大的改革当中来。

最后,本文认为,全球治理为重新思考这些重大问题和其他问题的讨论提供了一个机遇。如果我们能把握住这一机遇,我们便能使已经碎片化和原子化的国际关系研究领域重新焕发活力。当然,对于全球治理本身的问题,我们也不能熟视无睹。由于全球治理是一个包罗万象的术语,因而遭到了众多学者的批评。劳伦斯·芬克尔斯坦在《全球治理》杂志的第一卷就问道:"什么是全球治理?"他带有挑衅意味地回答道:"几乎任何东西。"[2] 尽管如此,我们的建议是,只要我们不再重拾"只在自己的知识孤岛上对问题进行思考"的老习惯,那么全球治理的问题就能够成为复兴国际关系研究领域的催化剂。本文结论部分展示了我们是如何富有成效地克服这种限制,从而激

---

[1] 明显例外的有 Andrew Hurrell, *On Global Order: Power, Values and the Constitution of International Society*, Oxford: Oxford University Press, 2008; Philip G. Cerny, *Rethinking World Politics: A Theory of Transnational Neopluralism*, Oxford: Oxford University Press, 2010。

[2] Lawrence Finkelstein, "What Is Global Governance?", *Global Governance*, Vol. 1, No. 3, 1995, p. 368.

发全球治理的潜力，使之成为学界重要的努力方向和国际关系的拯救者（从我们的角度来说，全球治理是国际关系研究目前处境的打破者）。

一、深渊的边缘

国际关系研究领域以及身处在这一领域的学者，应该为该领域已经取得的成功而自豪。仅仅30年前，"国际关系"还只是一个模糊不清的概念，主要指代政治科学中那些处理"边境之外""大洋彼岸"或者"涉及对外主张"的政治事务领域。虽然这一领域集结了大批的学者，但是他们研究的对象在一定程度上来说却是不尽相同的，比如：有些致力于非洲和亚洲政治的研究，有些致力于共产主义世界的研究，北美地区的学者则主要聚焦于欧洲一体化的研究，也有一些大型机构的职员聚焦于国际组织形式（几乎无一例外地聚焦于联合国）和国际法的研究。尽管如此，除了一些明显的特例外，大部分政治科学的研究依然更多地聚焦在核心执行机构、代议制和政治解放，国家和地方官僚机构，比较政治，以及古典和新古典政治理论等领域。

促使相距甚远、联系甚少的世界各地和各国人民紧密联系在一起的技术进步和经济发展，加上新的不安全形式的出现，促使人们对国际关系的学习需求日益增长，学习欲望日益强烈，这导致了世界范围内政治科学系面貌的根本改变。现在普遍的情况是：不仅国际关系专业的教职员工人数超过了其他传统专业，而且大量的申请者争夺着为数不多的博士招生名额。同时，国际关系专业的学生也强烈要求寻找各种实习机会，并最终选择留在其中一家全球机构工作，进而开始他们的国际职业生涯。这种需求已经从根本上改变了课程教学的内容。在过去，只有当国际社会明确需要核心政治科学帮助的时候，国际关系研究这个"灰姑娘"才会吸引主流的注意；而今天，国际关系研究至少和政治科学那些传统的研究领域具有同等程度的吸引力和声望。而且，在这个过程中，专业协会的数量也获得了增长。拿国际研究协会来说，1959年协会建立时会员数量只有约200人，1970年会员数量已经增长到了1000人，1973年数量达到了1900人，20世纪90年代中期数量已达3000人，而到了 2013 年，会员数量已经超过了 6000 人，与此同时协会年会的参会人数也在不断增长。①

（一）我们思考问题的方式

尽管如此，我们也是国际关系研究繁荣发展的受害者。国际关系研究的快速发展使我们不再聚焦于知识的交叉和交流，而是热衷于展示自己与众不同之处，表明我们是如何通过增加一些新的元素或知识使自己的研究与通常是我们想象中的正统研究所区别开来。也许我们不应该感到惊讶：我们常常教导学生批评传统的智慧；在学生毕业论文的指导上，常常要求他们发展理论框架，采用实证研究去极力证明我们所知所想的真实东西其实并不是如此。在一个还没有发展到狂热地步的研究领域，例如，一个还未迅速增长并正在努力寻求认同的领域中，学者努力的结果往往是：知识的稳步增长，对经典的批判、修正和发展，以及对重大问题的持续反思。

然而，国际关系研究领域却并不是如此。新人辈出，加之得到工作、保住工作或者追求与众不同的内在激励，使得成名成为理性的选择，由此导致的结果是国际关系研究的碎片化。为此，我们忽视了与学界同仁进行更加有效交流的需要以及能力的培养，更多情况下，我们发现自己是在同异见者争论，而不是与同行进行对话和交流。虽然我们在知识体系分类方面的贡献是值得称道的，比如：国际政治经济方面美国学派和英国学派的划分，以及现实主义者和反思主义者的划分等。当然这些分裂仅仅是众多类别划分中的其中两个。② 但是，

---

① Henry Teune's history of the International Studies Association's first twenty-five years, www.isanet.org/Portals/0/Documents/Institutional/Henry_Teune_The_ISA_1982.pd. More recent figures provided by the ISA secretariat.

② 参见 Richard Jordan, Daniel Maliniak, Amy Oakes, Susan Peterson and Michael J. Tierney, *One Discipline or Many? TRIP Survey of International Relations Faculty in Ten Countries*, Williamsburg, VA: College of William and Mary, 2009; Nicola Phillips and Catherine Weaver (eds.), *International Political Economy: Debating the Past, Present and Future*, London: Routledge, 2011; Steve Smith, "The Discipline of International Relations: Still an American Social Science?", *British Journal of Politics and International Relations*, Vol. 2, No. 3, 2000, pp. 374 – 402。

另一方面，我们现在栖息的知识孤岛——后结构主义者、结构现实主义者、建构主义者、新葛兰西学派、女性主义者、社会连带主义者、共产主义者、世界主义者、多元主义者、后现代主义者、行为主义者、后殖民主义者、制度主义者，以及其他——也是尤为惊人的。我们不再与我们的杂志进行交流（的确，我们很少将论文发表在同一个地方），我们不能在学术会议上与学界同仁很好地融合在一起。我们一直在贬低他人的观点，并且认为别人也是这么做的。

这种不健康的学界作风也影响到了我们的学生。我们教授所支持的认知世界的方式，蔑视那些我们认为是"异己派"的智慧；鼓励他们从其他学科寻找新的方法，吸收新的智慧，从而发现新的认知世界的方式。讽刺的是，这种做法非但没有加强同行间的交流，反倒进一步加剧了知识孤岛的形成，使我们更不可能知道"如何使我们的世界变得更加美好"。的确，我们当中的许多人更擅长与其他学科的同行，而不是与国际关系的研究同仁进行交流。

（二）我们的研究方法

尽管如此，我们的问题不单单存在于理论方面，也存在于方法论方面。当谈及"应该如何进行研究"这样的问题时，国际关系的研究学者总是会面临一个非常大的难题。期待我们或我们的研究生能够轻易地进入战时内阁去研究决策制定，约谈贸易代表希望他们分享谈判的秘密，与参战士兵、遭到强奸和虐待的受害者、反人类和实施恐怖主义行为的犯罪分子共度一段时光，从来都是不现实的。因此，我们需要寻求其他研究方法来进行研究。对于一些研究者来说，他们希望国际关系变得更加科学，这就需要正式的理论，并考虑在理解这个世界方面研究者能够做些什么；而对于另外一些研究者来说，档案文件、访谈和二手数据则成了标准的操作程序。

研究方法的分类是多数人都很熟悉的，我们至少从20世纪50年代就开始讨论这个问题了。尽管如此，我们仍然没有在质性研究和量化研究之间构建起对话的桥梁，更别提从复杂多元的方法论观点中进行学习了。我们急切地希望从其他学科借鉴新的方法，但是这样的做法非但没有解决问题，反而使问题变得更加复杂。虽然我们已经从其他学科引入了新的方法，并对这些方法进行了改进，使其适应我们的研究，但是这样的做法也加深了我们彼此间的鸿沟。例如，在国际政治经济领域，量化研究和质性研究沟通的桥梁基本没有构建起来，历史唯物主义者和后结构主义者之间也缺乏沟通和交流。这些方法论之间的差异以及对话的缺乏，也同样出现在了整个国际关系研究领域。因此，我们使用的研究方法和理论工具使我们不太容易，也不太可能翻越这些障碍，更别提建构性地参与有关重大问题的大讨论了。

（三）我们教学的方式

毫无疑问，国际关系理论和方法的碎片化不仅反映在我们教学的内容上，同时也反映在我们教学的方式上。国际关系的课堂教学已经从只讲授经典的单一教学模式发展到了各种理论和方法同时并存的多元教学模式，而且老师通常从自身支持的理论观点和方法论立场开始进行教学。当然，例外肯定是存在的，但北美大学回避教授后结构主义和后殖民主义的方法却是非常普遍的，尤其是在研究生层次上，他们更广泛地聚焦于教授现实主义和自由制度主义的方法，强调理性主义和反思主义的方法论。英国和澳大利亚在国际关系方面的教学方式也如出一辙，在这些国家，批判主义和后现代主义的方法很可能会教授给所有层次的学生，却忽视更为传统的主流理论和正规方法的教学。

尽管如此，教育理念和方法也可以承载很多有意思的学科交叉努力。丹尼尔·德雷兹纳（Daniel Drezner）的《国际关系理论与僵尸》（*Theories of International Relations and Zombies*）[①] 反映了政治科学、社会学和哲学领域的一

---

① Daniel W. Drezner, *Theories of International Relations and Zombies*, Princeton: Princeton University Press, 2011.

种普遍趋势,即使用流行文化和电视节目来探讨本领域中的特定问题①,然而运用这种方式本身就是一个颇具胆识和广受欢迎的举动。尽管如此,这本书的问题不在于将两个看似毫无关联的主题结合在了一起,而在于它表明一种理论必须为"僵尸"的爆发提供解释,而这也是德雷兹纳著作的核心主旨。这无异于要求学生接受特定的理论方法。例如,我们不应该通过漫画式的模拟和想象的方法来让学生知晓联合国和世界外交的运作机理和基本常识。相反,我们应该要求学生使用他们过去学到的有关世界组织的知识,去思考各种新的、替代性的、更好的途径,以组织我们构想的基本政治分析单元之间的关系。因此,"僵尸和国际关系"给我们的启发应该是如何使用全球威胁作为构建世界新秩序的基础,而不是如何将全球威胁作为一种展示和重振旧有理论的媒介,上演一场角色命运早已注定的戏剧。

(四) 我们使用的语言

我们面临的问题不仅仅来自于理论、方法和教学方式,也来自于我们使用的语言。语言交流的特定方式不仅进一步拉大了我们之间的距离,也使得我们跨越这种距离的能力和欲望进一步减少。每一个学派都有自身支持和喜欢的语言,这些语言反映了他们特定的理论和方法论偏好。为了能够理解他们的观点,参与他们的讨论,同时也为了使对方能够听见我们的观点,我们需要学习他们的语言。其他学派的主导话语对于我们来说就好像罗曼语对于中国人或阿拉伯人一样,晦涩难懂,无法理解。很少人花时间去学习"外语",甚至是属于同一母语体系内的方言,而这些语言恰恰是跨越知识分野、建立沟通桥梁的先决条件,是理解与之紧密联系的文化和实践的基础。差不多在 30 年前,卡罗尔·库恩 (Carol Cohn) 就意识到了我们在国际关系领域所讲语言的不可通约性。② 15

---

① 参见,例如,Jennifer Hart Weed, Richard Brian David and Ronald Weed (eds.), *24 and Philosophy: The World According to Jack*, Oxford: Blackwell, 2008。

② Carol Cohn, "Sex and Death in the Rational World of Defense Intellectuals", *Signs*, Vol. 12, No. 4, 1987, pp. 687 – 718。

年前,迈克尔·巴奈特通过研究联合国在人道主义灾难方面的语言,也注意到了这种现象。① 尽管语言问题是影响当代国际关系研究的关键因素之一,但是我们很少将这些问题展露给学生,更别说在分析这些问题的意义和教训方面发挥作用了。

总之,我们在理论、方法、教学方式和语言方面的分野已经使我们踉跄在深渊的边缘。我们面临着支离破碎和学生不满的风险。我们不应该错误地认为这种威胁只是言过其实,或者相距甚远。作为一个学术共同体,我们很少尝试通过共识性的方法来理解这个世界;我们很少教授学生探索如何使我们的世界变得更加美好的方法;我们不仅各持己见,而且如果我们能够停下来倾听一下我们的声音,就会意识到,我们一直在各说各话。从许多方面来讲,我们是在倒退,而不是在进步。

二、重返大讨论?

过去国际关系领域的大讨论更多地聚焦在相互对立的方法或理论传统的改善上,而不是加强对话或促进知识的提升。正如史蒂夫·史密斯所说,尽管国际关系学科对所谓的大讨论钟爱有加,但是迄今为止这样的大讨论却不多见;大体上来说,不同立场的人往往对彼此视而不见。这并不意味着学科内不存在对立强烈的立场……在不同的理论框架间确实存在着对立和斗争;但只是不存在冲突强烈的大讨论,而冲突强烈的大讨论意味着相互对立的双方希望通过公开的讨论表明自己是优于对方的。②

我们并不是想回到那些已经逝去的黄金岁月,而只是想简单地指出,不

---

① Michael N. Barnett, "The UN Security Council, Indifference, and Genocide in Rwanda", *Cultural Anthropology*, Vol. 12, No. 4, 1997, pp. 551–578.

② Steve Smith, "Six Wishes for a More Relevant Discipline of International Relations", in Christian Reus-Smit and Duncan Snidal (eds.), *The Oxford Handbook of International Relations*, Oxford: Oxford University Press, 2008, pp. 725–732. 也可参见 Ole Wæver, "Still a Discipline After All These Debates?" in Tim Dunne, MiljaKurki and Steve Smith (eds.), *International Relations Theories: Discipline and Diversity*, 3rd ed, Oxford: Oxford University Press, 2013, pp. 306–328。

管这些讨论进行地多么糟糕，我们可以而且应该将这些讨论变得更好。我们依然拥有"自我"的意识，依然保有共同的专业词汇，依然对争议颇大的领域保有共同的理解，依然对讨论保有积极的参与意识。然而，随着国际关系研究的日益深入，研究队伍的急剧扩张，"创新优先"理念的日益确立，我们逐渐远离了现实主义和理想主义之间、解释主义和行为主义之间、不同范式之间[1]、曾经在一小短时间内出现的新现实主义和新理想主义之间的大讨论[2]。随后的发展，比如后实证主义、文化理论、建构主义和其他[3]，我们逐渐沿着彼此不同和很少交叉的路径前进，尽管也有学者做了一些明显相反的努力[4]。

国际关系研究日益碎片化已成为不争的事实，不同学者在保留国际关系原有研究内核方面是极其不同的。对于有些学者来说，他们所谓的"国际关系"正是我们一致认同的那个概念，其描述的内容完全符合我们的认知期待；而对于另外一些学者来说，该词的内在含义则与我们认识世界的方式格格不入。我们只需看一下国际关系部系命名研究生项目方面而产生的争论就可以找到大量的证据。这些项目包括"国际关系""国际政治""国际研究""全球政治""全球研究"等。这种原子化现象，以及由此产生的对其他学派学者的敌意和蔑视，意味着我们不再聚焦于国际关系研究应该聚焦的问题。取而代之的是，我们希冀在分支学科中寻求发展，而这些分支学科继续不断地远离其他分支学科，并对国际关系领域的核心问题更加缄口不言。

---

[1] Margot Light and A. J. R. Groom (eds.), *International Relations: A Handbook of Current Theory*, London: Pinter, 1993.

[2] David A. Baldwin (ed.), *Neorealism and Neoliberalism: The Contemporary Debate*, New York: Columbia University Press, 1993.

[3] Yosef Lapid, "The Third Debate: On the Prospects of International Theory in a Post-positivist Era", *International Studies Quarterly*, Vol. 33, No. 3, 1989, pp. 235–254; Richard Ned Lebow, *A Cultural Theory of International Relations*, Cambridge: Cambridge University Press, 2009; Jeffrey T. Checkel, "The Constructivist Turn in International Relations Theory", *World Politics*, Vol. 50, No. 2, 1998, pp. 324–348.

[4] 参见，例如，Richard Price and Christian Reus-Smit, "Dangerous Liaisons? Critical International Theory and Constructivism", *European Journal of International Relations*, Vol. 4, No. 3, 1998, pp. 259–294。

当然,我们需要做的不仅仅是返回过去那个"讨论仅仅是加固了我们已知的认识论立场"的时代,而是要意识到,在开展关于我们领域根本问题的大讨论方面,我们从来就没有在行过。

如果我们想要使国际关系研究摆脱目前这种支离破碎的境地,那么就应该让每个人都参与到下列问题的讨论中来:世界应该如何治理;当前的治理体制是如何形成的,以及下述最重要的问题——我们应该构建什么样的全球治理,以及如何才能实现那种治理。而且,在参与这些问题的讨论过程中,我们必须小心谨慎:我们必须能够充分地解释我们为这些讨论带来了什么新的价值,而且必须使用每一个人,甚至是来自其他领域和其他学科的人都能理解的语言来表达和捍卫我们的理论或方法。

需要再次重申的是,解决国际关系研究原子化问题的理由是毋庸置疑的:国际关系研究者正面临着丧失理解周围的世界、激励自己的学生、制定重大全球公共政策等方面能力的风险。全球治理大讨论的兴起提供了一个良好的机遇。大讨论不仅有利于使国际关系研究重新焕发活力,同时也有利于不同派别之间的整合和联系。对于这个世界究竟是如何组织起来的,权力和权威是如何通过一系列的机制和主体发挥作用的,治理形式是怎样在同一历史时期以及在不同的历史时期发生转变的等问题,我们还未完全弄明白,这是一个非常重要的任务,但是几乎没有人意识到我们需要承担起这个任务来。① 对这些问题进行回答是我们进行深入分析的先决条件,唯有如此,我们才能构想一个更加美好的世界秩序,这个任务尽管已经不再时髦,却是我们急切需要的。

我们还不能对不同类型的行动主体之间的关系给出满意的解释。例如,委托—代理理论只是让我们对华盛顿或伦敦的行政机构与世界银行或联合国开发计划署等治理主体之间的关系,以及国家议会、国际组织和承担转包任务的服务提供机构等一系列行动主体之间的关系命令链条有了一定程度的了

---

① Thomas G. Weiss and Rorden Wilkinson, "Rethinking Global Governance: Complexity, Authority, Power, Change", *International Studies Quarterly*, Vol. 58, No. 2 (forthcoming).

解，但是并没有对不同时期和不同情境下的代理机构和委托机构之间关系的差异给出足够的解释。因此，委托—代理理论只是解释了我们共同认可的"国际关系"的一小部分内容。

同样的，尽管我们对金融市场的力量并不陌生①，但是对全球金融市场方面的决策制定到底是如何影响我们日常生活的问题却不是非常清楚。我们只是会说全球金融危机使得我们每一个人的日常生活，尤其是不发达国家都变得更不安全和更不确定，并通过各种相关的现象来说明这种危机的严峻性。虽然对"日常生活中的国际政治经济"② 开始进行研究是一个好的开始，但是这种研究仍然没有给出完全令人满意的解释。例如，金融市场的传导机制是什么？管制和管制者的角色是什么？全球商品市场和地方商品市场，以及买卖商和投机商的关系是什么？类似的，虽然我们宣称，各种指标已经显示中国、印度和巴西这些国家的权力和威望正在上升，但是我们测量这种上升趋势的方式只是纯粹的估计、推理和各种指标的预测，例如：原油收入统计、人类发展指数等。

在国际规范和标准的产生机制、传导过程，以及它们发展、突变和消亡的过程方面，我们已经学习到了大量的知识。尽管如此，我们真的知道它们到底起到了多大作用吗？我们真的可以说国家保护责任的确立以及作为联合国千年发展目标（MDGs）重要组成部分的全球减贫标准已经卓有成效而没有朝相反方向发展吗？虽然我们对国际谈判和政策制定知之甚多，但是在创造性地思考国际制度的变革方面，我们却不清楚这些知识被用作理论基础的频率到底有多高。比如：对于联合国安理会扩张的讨论，这个讨论是非常好的，也非常重要，同时这样的议题也是最不可能发生的。

我们为什么需要对"这个世界是如何组织和治理的"问题进行认真的讨

---

① 参见，例如，Jennifer Clapp and Eric Helleiner, "Troubled Futures? The Global Food Crisis and the Politics of Agricultural Derivatives Regulation", *Review of International Political Economy*, Vol. 19, No. 2, 2012, pp. 181–207。

② John M. Hobson and Leonard Seabrooke (eds.), *Everyday Politics of the World Economy*, Cambridge: Cambridge University Press, 2007.

论？对于这个问题，最合理的解释也许是"我们对变革和发展的解释和定位从来就没有在行过"。我们一直都在分析和研究冷战的结束，但惭愧的是学界人士和政策分析人士都没有预测到它的到来。不仅这样的重大变革我们无法预测，而且如果联合国突然从复杂突发事件的参与中撤退出来，由此而引发的意外后果也是无法预测的，就像美国在1992年从索马里撤军一样。正因为如此，在卢旺达种族大屠杀肆虐之时，尽管对即将发生的后果有大量的警示信息，我们却促使政策制定人士袖手旁观。

同样的，我们在理解新兴主体在全球经济中的作用方面也是慢一拍的。20世纪80年代和90年代期间，在放松市场管制和减少国家干预方面的呼声为私营部门参与国际事务的治理打开了更多的空间。一些更为受人关注的主体得到了国际关系学者的长期研究，信用评级公司和私人军事企业是最为明显的两个。① 尽管如此，我们仍然没有完全明白市场的角色是什么、跨国公司的权力和影响力有多大，以及诸如有组织的犯罪网络这些行动主体对世界经济造成的损失到底有多大。甚至最基本的，我们对形塑我们世界的公私伙伴关系的重要性，例如私人企业在制定食品和健康标准方面的作用到底有多大，关于这些问题我们都知之甚少。② 更为关键的是，当诸如汉斯·摩根索（Hans J. Morgenthau）这样的学者对全球制度安排的问题进行研究时③，我们还不能充分地解释当今世界秩序中的权力和权威是如何从我们认为的情形转变到现在这种状况的。

如果我们对战后世界权力和权威的性质改变视而不见，或者有一点分心，那么当我们从一个世界秩序跨入另一个世界秩序时，我们便很难意识到变革

---

① Timothy Sinclair, "Credit-rating Agencies", in Thomas G. Weiss and Rorden Wilkinson (eds.), *International Organization and Global Governance*, London: Routledge, 2014, pp. 349 – 359; Peter J. Hoffman, "Private Military and Security Companies", in Thomas G. Weiss and Rorden Wilkinson (eds.), *International Organization and Global Governance*, London: Routledge, 2014, pp. 385 – 396.

② Axel Marx et al. (eds.), *Private Standards and Global Governance: Economic, Legal and Political Perspectives*, Cheltenham, UK: Edward Elgar, 2012.

③ Hans J. Morgenthau, *Politics Among Nations: The Struggle for Power and Peace*, New York: McGraw-Hill, 1948.

的驱动因素以及它们的重要性。我们常常使用"不列颠治世（Pax Britannica）"和"美利坚治世（Pax Americanna）"的语言，但是对于什么发生了转变，以及这些转变是如何发生和为什么会发生等问题却没有给出令人信服的解释。组织原则虽然是一个关键的驱动因素，但仅仅能对这一谜题进行部分的解释。克雷格·墨菲称之为的"帝国间世界（Inter-Imperial World）"[①] 在资源、权力和影响力方面，展开着激烈的竞争，而并不是简单地由法国、奥地利、普鲁士、俄罗斯和英国为确保共存而签订的一个协约组织起来的。欧洲协调（the Concert of Europe）只是部分地解释了帝国主义世界体系的治理方式，即它只能设法降低欧洲大国间发生战争的可能性，而不能根除战争。而对于世界其他地方的组织原则，即种族隔离的思想；将"文明教化"（les missions civilatrices）作为扩张侵略的代名词；用"这些民族还不能双腿直立行走"的教化思想为殖民主义提供合理化借口；使用"无主之地"（terra nullius）和其他地理语言为征服和掠夺提供合理化解释，我们则没有给出任何的解释。

很明显，尽管自20世纪90年代以来我们才开始使用全球治理这一术语，但是实际上世界治理的实践早在该词出现前就已经存在很长时间了。旨在讨论全球治理的帝国主义世界体系的宏大思想的某些地方，既存在着一些正当的利益，也存在着一些应斥责的利益。尽管如此，我们还没有理解牢固秉持这些原则的组织形式到底是什么，他们构建、创造和确立的权力来源和权威形式是什么，以及这些形式会导致什么样的后果。

我们还远没有理解由美国霸权的新秩序原则而导致产生的世界治理形式。这些原则中自决和经济自由化原则是最为突出的两个原则，同时这些原则混合着自利和进步两种成分。虽然自决原则可以使殖民地居民真正地实现自我管理，但是它也使得原有的殖民体系更加接近于美国的商业制度；虽然经济自由化承诺商品在全球自由流通，但是选择性政策的应用并没有使关键行业

[①] Craig Murphy, *International Organization and Industrial Change: Global Governance since 1850*, Cambridge, UK: Polity, 1994.

（农业也许是最为重要的行业）处于外部的竞争。这些原则导致了形塑着我们世界的大量正式组织和非正式组织形式的出现，而且随着时间的推移，这些原则本身也在不断地发生着变化。

一个关键的还没有回答的问题是：我们是如何以及为什么从欧洲大国的世界统治转向了美国的霸权统治？贵格会经济学家肯尼思·博尔丁（Kenneth Boulding）饱含智慧地说道，"我们之所以在我们所在之地，是因为我们已经到达了那里"。① 然而，如果想要真正地理解我们是如何形成现在的秩序和组织形式的——许多形式是传统形式的延续，或者修正——我们就不仅需要理解之前全球治理是如何随着时间的推移不断显现并发生改变的，而且也需要明白过去不同的治理形式是如何实现共存的。对这个问题的回答不仅对我们思考因冷战导致的不同的全球治理形式，以及纳粹制度可能酿成的悲剧是非常重要的，而且对我们理解世界秩序的古老形式是如何长久共存也是非常关键的。唯有如此，我们才能理解我们是如何以及为什么到达了今天我们的所在之地；唯有如此，我们才能到达我们的向往之地。

因此，了解这个世界的组织方式是我们知晓应该去向哪里和能够到达哪里的先决条件。建立一个更加美好世界的计划，显而易见是缺失的。先无需对如何使我们的世界变得更加公正和更加适宜居住这样的问题进行广泛的讨论，我们首先需要做的，从最好的方面来讲，应该制定克服重重障碍的政策；从最差的方面来说，应该对认为"剧烈变革是不可行和不可接受"的各种说法进行判断。如果我们能够推进或积极地参与"未来理想世界秩序的可能图景"的讨论，那么我们就能够为我们自己、为我们领域、为我们整个世界做出应有的贡献。

接下来，让我们思考一下另一个可以使这些观点推向深入的学术研究领域。经济学是鼓励国际关系学者在工作方式方面更加科学化的一门学科。无

---

① Elise Boulding, "Interview in Needham, Massachusetts by Thomas G. Weiss in the United Nations Intellectual History Project, 16 April 2001", in Thomas G. Weiss, Tatiana Carayannis, Louis Emmerij and Richard Jolly (eds.), *The Complete Oral History Transcripts from UN Voices*, New York: Ralph Bunche Institute for Intemational Studies, 2007, CD-ROM.

论是我们所谓的"主流"经济学或"正统"经济学,还是许多非正统经济学,都具有同样的规范指导意义。尽管最终的结果是以"事实"和"法律"来呈现的,但是在谈及什么样的组织形式和治理形式应该盛行于世,稀缺资源应该如何分配,什么样的政策应该付诸实施才能导致目标等问题方面,主流经济学给我们提供了明确的指导。当然,我们并不是建议我们应该持有与主流经济学家同样的价值观,建立一个与主流经济学家理念相同的未来世界;相反,我们的建议是,国际关系研究应该为更清晰的未来愿景,即世界应该是什么样子的,世界应该如何组织,以及我们应该如何到达那里,实现这些愿景需要腾出更多的空间。如果不是唯一的话,这个空间应该是国际关系研究的一个重要主题。需要明确的是,我们在这里不是讨论一个单一的未来愿景,相反我们希望未来出现百花齐放的现象,作为国际关系研究领域的学术共同体,我们至少能够讨论"这个世界应该如何组织起来"这样的问题,而不是消极地接受目前的现状。

  国际关系与经济学的对比值得进一步深入。缺乏对世界组织形式变革驱动力的尊重,使得国际关系成为了一个与历史无关的学科。[①] 尽管"历史"可能是我们在国际关系入门课程的第一堂课就会推介给学生的一门学科,但是我们倾向于对其施加诸多限制:或将历史看成是一个经验知识宝库,在那里可以找到符合,或者使它们符合,我们对世界的解释理念的例子;或过度聚焦于一些概念和特殊问题,以至于忽略了从历史发展研究中本来可以获得的一些真知灼见。合理构建的国际关系学科,在回答诸如"为什么有些国家发达,而有些国家贫穷"的宏观社会科学问题方面,可以提供大量的帮助。例如,经济历史学家是通过分析发展的驱动因素来对这个问题进行回答的,对这个世界是如何治理的以及这种治理是如何随时间推移而发生转变等问题的关注和思考,有助于国际关系研究者更好地理解使有些国家坐享繁荣而大多数其他国家却只能忍受贫穷的组织形式。

---

① Andrew J. Williams, Amelia Hadfield and Simon J. Rofe, *International History and International Relations*, London: Routledge, 2012.

例如，墨菲的《国际组织和工业变革》（*International Organization and Industrial Change*）解释了国际组织在促进工业发展和经济增长方面所发挥的作用。① 他与乔安娜·耶茨（JoAnne Yates）合著的著作对我们称为"悄然蔓延的全球治理"（creeping global governance）② 的研究揭示了，使经济行为和社会规范标准化的微小的功能主义发展是如何将催生特定经济结果和社会产品的命令和控制系统锁定在特定空间中的。在一个不能对变革尤其是治理系统的变革进行解释的领域中，墨菲和耶茨是明显的例外。③ 尽管如此，这束光是微弱的，仅仅可以使我们窥探刚刚过去的短暂历史时期，而不是全球治理的整个时代。如果全球治理是一个合理的分析工具，那么它必须不仅能够解释发生在今天或者后冷战时代的变革，也能解释其他历史时期和其他情境下的变革。

因此，毫无疑问的是，如果我们能将注意力聚焦到一些重大问题，至少如果我们能够参与到全球治理的研究中的话，那么国际关系学科就一定能够为这些问题的回答贡献自己的力量。相关数据清晰地表明，那些1820年的最富裕国家几乎一直保持着自己的繁荣地位，不管是在国民平均收入④还是在健康和其他社会指标上。⑤ 我们也知道，今天我们将之看成是国际制度的全球组织形式就诞生在那一时期，并在19世纪50年代后急剧发展，日益占据主导地位。尽管我们应该尽量小心，以免将"国际制度"和"全球治理"混淆，因为它们仅仅是一个特定的历史耦合因素。通过复杂的命令和控制形式，欧

---

① Murphy, *International Organization and Industrial Change*.

② Thomas G. Weiss and Rorden Wilkinson, "International Organization and Global Governance: What Matters and Why", in Thomas G. Weiss and Rorden Wilkinson (eds.), *International Organization and Global Governance*, London: Routledge, 2014, pp. 1–22.

③ Craig Murphy and JoAnne Yates, *The International Organization for Standardization (ISO)*, London: Routledge, 2009.

④ Robert C. Allen, *Global Economic History: A Very Short Introduction*, Oxford: Oxford University Press, 2011, pp. 3–5.

⑤ Erik S. Reinert, *How Rich Countries Got Rich and Why Poor Countries Stay Poor*, New York: Public Affairs, 2008.

洲大国以及（随后的）美国的权力得到了巩固；国际体系所创造的机遇部分地解释了在 19 世纪初期已经强大的那些国家为什么获得了财富的急剧增长和经济的日益繁荣。尽管如此，还没有学者试图去研究全球治理和全球秩序是如何对财富的积累、发病率的减少，以及相对贫困和绝对贫困现象的降低产生积极影响的。

我们应该对这些问题进行时间上的前后延展。通过这样做，我们可能会发现早期的组织形式是如何对特定体制和文明的成功和衰落产生影响的，反过来，这也会增长我们在"如何更好地治理现代世界"方面的知识。对一些秩序是如何发生变化的研究，例如罗马帝国到神圣罗马帝国的转变，或者罗马教廷和教皇的历史演变①，有助于我们理解对和平、战争、发展和衰落产生重大影响的组织原则和治理形式。鉴于两个帝国间的差异和内外部治理形式的相似性②，罗马和古代中国是两个十分有用的例子。而且，帝国体系间的转换、合并及其相互关系中存在一些有意思的问题。这些问题有助于我们更好地理解古代世界和不那么古老的世界的治理，这些治理是形塑世界秩序的众多力量的一部分。

同样的，这些帝国的治理机制，即行政管理形式、组织形式和配置形式，可以在现代政治竞争的要素和我们过去曾经拥有和未来应该力图避免的制度形式方面给我们大量的启发。英国将岛屿用作监狱、流放地和殖民需要之地就是帝国治理机制在今天依然发挥影响的一个例子。③ 由纳粹德国和日本帝国主义尝试建立的法西斯经济纳贡系统是国家间地位不平等的组织形式，这种

---

① Peter Heather, *Empires and Barbarians: The Fall of Rome and the Birth of Europe*, Oxford: Oxford University Press, 2009.

② Walter Scheidel (ed.), *Rome and China: Comparative Perspectives on Ancient World Empires*, Oxford: Oxford University Press, 2009.

③ 参见 Taylor C. Sherman, "From Hell to Paradise? Voluntary Transfer of Convicts to the Andaman Islands, 1921 – 1940", *Modern Asian Studies*, Vol. 43, No. 2, 2009, pp. 367 – 388; Uma Kothari and Rorden Wilkinson, "Colonial Imaginaries and Postcolonial Transformations: Exiles, Bases, Beaches", *Third World Quarterly*, Vol. 31, No. 8, 2010, pp. 1395 – 1412; David Vine, *Island of Shame: The Secret History of the U. S. Military Base on Diego Garcia*, Princeton: Princeton University Press, 2009。

形式正是我们今天应该避免的全球治理形式。① 社会历史学家拉尔夫·福克斯（Ralph Fox）在20世纪30年代指出，"帝国的存在对于每一个英国人的生存和（通常是）死亡都发挥着至关重要的影响"。② 很明显，它也对殖民地居民的生活发挥着至关重要的影响。研究"不同类型的组织形式——无论是值得借鉴的组织形式，还是应该摒弃的组织形式——是如何影响和已经影响了普通人日常生活"的问题，对于我们更好地理解当前的全球治理形式是非常有价值的。

三、使全球治理在 21 世纪充分发挥作用

即使国际关系的研究学者采纳我们的建议对"世界是如何组织起来的""我们为什么会拥有这样的全球治理形式""世界范围内的其他时期还存在过什么样的组织形式和权力形式""我们应该怎样建立一个更完善的全球命令和控制系统"等问题开始进行讨论，他们还依然面临一个结构性的问题，即全球治理本身对研究者的吸引力是比较微弱的。因此，如果我们想要使全球治理在21世纪发挥挽救国际关系学科的作用，那么就必须高度重视这一概念。

最起码，全球治理应该鼓励我们提出"世界是如何组织起来的""权力和权威是怎样发挥作用的"，以及"应该做出怎样的调整，是渐进的，大规模的，还是其他？""怎样才能使世界变得更加美好"这样的问题。然而，该术语和后冷战时代的紧密结合大大削弱了它本该发挥的分析功能。在这一历史时期，世界多元化的日益发展，使得众多分析专家都想利用非国家行动主体的资源和能力来解决全球问题。尽管如此，一些学者将"全球治理"这一术语和"全球组织"交替使用；一些学者担心"全球治理"只是"世界政府"

---

① 参见 John Gerard Ruggie, "Multilateralism: The Anatomy of an Institution", *International Organization*, Vol. 46, No. 3, 1992, pp. 568–569; Louise Young, *Japan's Total Empire: Manchuria and the Culture of Wartime Imperialism*, Los Angeles: University of California Press, 1999。

② Ralph Fox, *The Colonial Policy of British Imperialism*, 1933; reprint, Oxford: Oxford University Press, 2008, p. 1.

的一个代名词——正如罗伯特·考克斯指出的,全球治理只是众多构想出来的形式中的其中一种①;一些学者对全球治理一直抱有一种怀疑和敌视的态度,并且过于狭隘地认为治理就是政府的行为,基于此,他们认为全球治理就是作为委托者的国家和作为代理机构的国际组织(尤其是联合国②)在缺乏中央权威的情况下进行的事务运作和管理。在这样的情况下,芬克尔斯坦在《全球治理》这本杂志的第一卷就提出"厨房水槽"(kitchen sink)③的观点也就不难理解了。④

"全球治理"这一概念的本质特征可以在詹姆斯·罗西瑙和厄内斯特·赞姆皮尔于1992年提出的没有"政府"的"治理"中找到解释。这种形式的特征包括多种权威形式,以及正式和非正式的过程,单独、联合或者协调一致地实施着治理,且并不一定需要和正式的政府发生联系。⑤ 他们指出,这些权威形式、权威运行的机制、指导原则、支配性的理念和意识形态在世界政治的所有层面都是存在的。在特定的情境下它们以特殊的方式交互影响,并常常产生相互对立的结果和相互对抗的趋势。尽管如此,底线是非常清楚的:以上要素的整合是一种可识别的治理模式,该治理模式所呈现的有序性要远远高于我们的预期。

了解总体和构成要素,以及其中的对立结果和对抗力量,是探究全球治理的真正目的。然而,我们中有多少人向学生推荐过罗西瑙和赞姆皮尔的原著,又有多少人推荐过罗西瑙在《全球治理》第一期发表的关于命令和控制

---

① Robert W. Cox (ed.), *The New Realism: Perspectives on Multilateralism and World Order*, Basingstoke: Macmillan, 1997.

② Thomas G. Weiss and Ramesh Thakur, *Global Governance and the UN: An Unfinished Journey*, Bloomington: Indiana University Press, 2010.

③ 厨房水槽是包罗万象、无所不包的意思,此处作者想表达芬克尔斯坦就提出了全球治理就是个无所不包的概念。——译者注

④ Lawrence Finkelstein, "What Is Global Govemance?", *Global Governance*, Vol. 1, No. 3, 1995, p. 368.

⑤ James N. Rosenau and Ernst Czempiel (eds.), *Governance without Government: Order and Change in World Politics*, Cambridge: Cambridge University Press, 1992.

的重要论文呢①？我们猜想——事实上，通过对全球高校在国际组织和全球治理课程教学大纲的简单调查，已经证明了我们的猜想——推荐的人是非常少的。为什么？因为这些著作往往晦涩难懂，而且它们意图表达的思想被淹没在了对后冷战时代发生事件的诸多分析中。

对全球治理这一术语含义的普遍困惑导致了大量棘手问题的出现，其中最为棘手的是我们很难识别20世纪90年代和21世纪之初的全球治理与19世纪、人类第一个千年甚至是当前的全球治理有何不同。如果讲得通的话，我们不仅仅应该将全球治理认为是后冷战多元化时代的一个描述性符号，更应该将全球治理看成是关于"在不同历史时期世界是如何治理、如何组织和如何变得有序的"等问题的一个有序集合。

历史变迁也许是更广泛地讨论当代国际关系研究碎片化和原子化问题的最好出发点。换句话说，如果我们认为21世纪的全球治理是世界政治多元发展的结果，并将导致得出这个结论的相同问题应用于其他历史时期，那么我们就应该能够知道在当代全球治理之前存在的世界体制是怎样的类型，权力和权威在那样的体制下是如何运行和发挥作用的。我们应该能够洞察到这些变迁及其影响的根本驱动因素。我们认为，对当代全球治理的深入研究有助于我们准确地理解"权力在全球范围内是如何运行和发挥作用的""多元行动者在特定问题上是如何与彼此发生联系的""如何更好地理解全球复杂性"，以及"如何解释在某一历史阶段和不同历史时期内世界组织方式的改变"等问题。

尽管如此，对当代全球治理进行深入的研究，并将相关理论应用于其他历史时期，只是成功了一半。如果这种"回溯式"的方法对于理解未来不是一个有价值的路径的话，那么这种方法的价值将是十分有限的。面向未来的价值导向要求我们将全球治理看成是一系列问题的集合，对这些问题的研究和分析有助于我们找到"世界过去、现在和未来是如何治理的"以及"影响

---

① James N. Rosenau, "Governance in the Twenty-first Century", *Global Governance*, Vol. 1, No. 1, 1995, pp. 13–43.

深远的治理形式和不那么具有影响的治理形式在现在、过去和未来如何演变的"等问题的答案。简言之,如果我们在"世界过去、现在和未来是如何治理的"问题上无话可说的话,那么我们就应该质疑我们现在正在进行的研究工作是否称得上是国际关系的研究。

四、拯救国际关系?

在挽救国际关系学科以免其跌入支离破碎的深渊方面,我们是有优势的,而其他学科未必有这样的优势:我们拥有一批关注国际关系的忠实观众;我们在未来必然会得到任用,因为我们的工作与当今世界的诸多重大问题息息相关,比如恐怖主义、酷刑、经济衰退、新兴势力的崛起、贫困、扩张、暴行、气候变化、饥荒、流行病等;我们的学生依然认为国际事业是富有吸引力的。尽管如此,如果我们在未来不采取行动去阻止和扭转国际关系研究日益原子化的趋势,不与同行进行更多的交流,在改进世界治理方式方面不解决其中的重要问题——全球治理要求我们探索的问题,那么我们便不应该低估这些世界问题在未来涌现的可能性。因此,在未来,我们需要继续追寻,继续研究,继续寻找问题的答案。然而,从根本上来说,我们感兴趣的是全球治理的不同表现形式以及它们是如何演变和发展的。

如果全球治理未能拯救国际关系学科,那么我们这些积极参与者依然会带着死者的尊严走向乔治·奥威尔(George Orwell)《行刑》(A Hanging)故事中的"绞刑台"。① 尽管死亡将至,在通往刑场的路上,我们依然会侧身躲开地上的泥泞积水,以免踏入其中。②

---

① George Orwell, "A Hanging", 1931; reprinted in Orwell, *Decline of the English Murder and Other Essays*, London: Penguin, 1965, p.16.

② 此段是作者引用了小说《行刑》故事中的一段,故事是说一个将要被处刑的人,在行刑的路上还有意躲过了一个小水坑,都是将死之人了还需要躲过一个小水坑吗,还需要在意水坑弄脏他吗?作者在此是想类比治理在拯救国际关系学科上做出的努力也许看来无关紧要,就像那个小水坑,但是作者依然要继续该项研究。——译者注

悲观的西方,乐观的亚洲——评全球治理的三种视角[*]

[英] 理查德·尤利 著 郎玫 译[**]

2007年,世界经济遭遇了20世纪30年代以来最严重的一次危机。尽管在危机发生后的两年时间里,全球各国在金融监管和财政刺激方面采取了一系列的联合救市措施,但是成效不尽如人意。随着2009年3月G20峰会的召开,挽救经济的责任实质上已经落在了受国际货币基金组织和欧盟支持的每个国家的肩上。不过,能否获得这些支持通常取决于受援国是否实施严厉的财政紧缩政策。虽然美国采取了一系列的措施来刺激本国经济,但是多方证据表明这些措施仍然是不够的。多数欧洲国家甚至还未来得及采取刺激措施,就已经进入了经济萧条期,随之而来的是底层人民实际收入的大幅下滑。尽管在2013年和2014年出现了一些"复苏"迹象,但是大多数经济增长数据都是在一个较低基点的基础上进行测算的。鲜有证据表明经济出现了大范围的复苏,更别说中产阶级或者底层人民经济状况的改善了。

本文评述的三本书都聚焦于诸如此类的全球治理失灵现象,着眼于21世

---

[*] 原文载于 Ethics & International Affairs, Vol. 28, No. 3, 2014, pp. 383-396。

[**] 作者简介:理查德·尤利(Sir Richard Jolly),英国苏塞克斯大学发展研究所名誉教授,1996—2002年联合国开发计划署署长特别顾问。译者简介:郎玫,兰州大学管理学院副教授。

纪中更为长远而不是短期的重要发展事项。在《谁将主宰世界：支配世界的思想和权力》(Governing the World: The History of an Idea) 一书中，马克·马佐尔回顾了自 1815 年 "欧洲协调" 建立以来的 200 年间，一些成功和不成功的、不断成为全球焦点和不断变化着的制度创新举措。在《诸国分裂：全球治理为何失败以及我们能为此做些什么》(Divided Nations: Why Global Governance Is Failing and What We Can Do about It) 一书中，伊恩·戈丁 (Ian Goldin) 聚焦于联合国、世界银行和其他国际机构的缺陷，尤其是当前背景下这些机构在应对国际社会对全球公共物品的迫切需要时所面临的诸多挑战。两本书都充斥着浓郁的悲观主义色彩。戈丁认为，"全球领导的缺位和对全球挑战规模的清醒认识" 足以让我们彻夜难眠。[1] 马佐尔的论断也如出一辙，他认为，"治理世界的理念已经成了昨日旧梦"。[2] 与西方两位作者形成鲜明对比的是，来自亚洲的前新加坡驻联合国大使马凯硕所著的《大融合：东方、西方，与世界大同的逻辑》(The Great Convergence: Asia, the West, and the Logic of One World) 一书却洋溢着无处不在的乐观主义。他详细讨论了近几十年来全球治理的成功之举，并对全球治理的未来走向提出了自己的见解。

一、国际治理的早期实践

马佐尔的著作回顾了过去两个世纪的历史，其包含的信息量是极为丰富的。书中既有权威和发人深省的综合论证，也有翔实和极具感染力的史料。由大国控制力作为后盾的、意图明确的政治野心是马佐尔所谓的 "第一个国际政府模型" 的内在实质。[3] 拿破仑战败后，奥地利、俄国、英国和普鲁士的政治家们创立了一个名为 "欧洲同盟" (Concert of Europe) 的会议制度。这些国家成为了当时统治世界的权力大国，随后法国也加入了这个队伍之中。

---

[1] Mark Mazower, *Governing the World: A History of an Idea*, New York: Penguin Books, 2013, p. XII.

[2] Ibid., p. 427.

[3] Ibid., p. XIV.

自1815年开始,这些大国定期会晤,"以防止可能出现的单方称霸行为,镇压革命暴动,并在其可能引发战争前夕将之扼杀在襁褓中"①。国际视野/目标与国家视野/目标的联系和冲突依然是国际组织的固有特征。

一旦国际合作和调停的思想得以传播,这种理念便立即会被大量其他国际组织所吸纳,许多不同的观点也会被不断激发。正如马佐尔所写的:

> 卡尔·马克思希望工人团结一心;马志尼(Mazzini)……希望共和党爱国志士结成国际联盟。新教福音派动员人类加速成立兄弟会。商人和记者呼吁自由贸易和工业文明的传播。科学家期待着全世界使用新的通用语言,传播技术知识,建设团结人类的大工程项目。……法学家……督促国家停止战争,利用仲裁或世界法庭来解决各国间的分歧。②

在马佐尔众多颇有意思的论述中,其中一部分内容考察了19世纪前众多思想家和知识分子在构想全球制度方面所做的努力。伊曼努尔·康德(Immanuel Kant)发表了有关"永久和平"的经典文章;德国神学主义者诺瓦利斯(Novalis)呼吁人类返回"热爱和平"的早期时代,那时,在这个饱含民族精神的超级帝国中,即便是最边远的地区也会参与到共同利益的谋划上来;杰里米·边沁(Jeremy Bentham)最早提出了"国际"(international)一词,以便将国际法与混乱无序的普通法进行对比。

长久以来,和平一直是全球治理的共同主题和目标。马佐尔指出,19世纪上半叶,福音基督徒中笃信国际主义的人要远远多于其他人群。1816年,英国的反对者和福音派教徒建立了一个旨在促进全球永久和平的协会,反对因任何理由而发起的战争,并将该原则融入传教活动和教化使命中。这些和平运动一直持续到19世纪中叶,由于当时克里米亚和美国局势日益动荡,才

---

① Mark Mazower, *Governing the World: A History of an Idea*, New York: Penguin Books, 2013, p. XIV.

② Ibid., pp. XIV – XV.

逐渐失势（克里米亚战争唤起了英国对沙皇俄国的仇恨，加速了和平运动的衰亡；美国的和平主义者则选择站在了北方这一边）。虽然至此之后国际主义的精神被保存了下来，但是形式上更为简洁且较少带有基督教色彩，和平理念的追求也更为间接且更多聚焦于制度。而且，在此期间，由于国际商务和自由贸易运动的兴起为国际主义提供了一个可供替代和更为现实的基础，因此使得对国际主义的追求更为有章可循。

有意思的是，无论是基督信徒还是自由贸易运动，都寄希望于通过公众舆论而不是任何政府支持的国际组织来实现他们的愿景。然而，某种程度上来说，法学家则是从另一个方面来看待这个问题的。法律学派坚持将国际法的制定和实施看作实现和平的路径，至少在"文明"（civilized）国家中，这是行得通的。尽管如此，当一些"野蛮"（uncivilized）国家力图展示其军事威力，例如1905年日本对俄国发动的侵袭，文明等级思想（欧洲诸国居于金字塔尖，非洲及太平洋地区处于塔底）便会寿终正寝。在这种状况下，全球治理的法律途径被认为是有问题的，而建立在权力和利益基础上的仲裁重新开始占据主导地位。

另一方面，19世纪技术的快速发展也导致了众多国际协定和新组织的出现。对效率和协调技术的显性需求促成了1865年国际电信同盟（International Telecommunications Union）和1874年万国邮政联盟（Universal Postal Union）的创立。在统一度量衡方面所做的努力在1875年召开的国际计量大会上达到了顶峰。尽管如此，实现建立全球治理统一框架的梦想依然任重而道远。

二、国际联盟

总而言之，马佐尔认为："19世纪国际主义的雄心有多大，它们面临的种种限制就有多大。国际主义对比利时和瑞士这样的小国尤为适用，其运作资金也多来自这些国家，然而全球大国对国际主义的支持程度依旧十分有限。"[1] 那

---

[1] Mark Mazower, *Governing the World: A History of an Idea*, New York: Penguin Books, 2013, p. 117.

么，是什么样的局势变化导致了 1919 年国际联盟的形成呢？马佐尔问道："究竟是什么让英国力排众议，笃定地相信国际主义并未失败，而是被赋予了新的国际地位和政治意义？"更让人吃惊的是，"一战"期间的新兴国家美国也持有相同的观点。① 当然，众所周知，伍德罗·威尔逊在其中起到了非常关键的作用。受其宗教教育的启发，"威尔逊使用圣经中的盟约（covenant）思想而不同于法律契约（contract）来思考国家间的关系。他希望建立某种制度，随着时间的推移，这种制度可以健康有序地发展从而满足全人类的共同需求，而不是少数权贵的利益（无论如何这些人都可以过得舒适安逸）"。② 从这一点来讲，威尔逊寄希望于制度的建立，而不是"国际仲裁"的思想 [国际仲裁的思想是他的两个共和党前辈——老罗斯福和塔夫脱（Taft），以及老罗斯福总统执政期间的国务卿——伊莱休·鲁特（Elihu Root）所秉持的核心理念]。

而此时，英国也开始从制度的角度去思考国际关系。在凡尔赛会议召开不久前，带着一种帝国的自我满足感，劳合·乔治（Lloyd George）宣称"大英帝国是一个国际联盟（league of nations）"。马佐尔认为，这种声明有助于解释"在传统上一直对国际承诺持怀疑态度的英国，为什么对这种新的提议，即战后国际组织（旨在维持世界的和平）和英美联盟的建立利于维持大英帝国的地位，持有积极的支持态度"。当然一些个体所发挥的作用也是极为关键的。最值得瞩目的莫过于时任英国外交部常务次官的罗伯特·塞西尔（Robert Cecil），他是英国倡导国际联盟理念的先驱。南非总理和政治家扬·史末资（Jan Smuts）的作用也举足轻重，他认为英联邦国家的建立是"迈向未来世界政府的重要一步……有助于在未来几个世纪中引领人类文明的发展"。马佐尔认为，塞西尔在国际联盟创立方面发挥的作用与威尔逊是不相上下的。

---

① Mark Mazower, *Governing the World: A History of an Idea*, New York: Penguin Books, 2013, p. 117.

② Ibid., p. 121.

马佐尔认为，在 1919 年凡尔赛会议上，"塞西尔—史末资"团队通过个人外交手段"基本无视了英国内阁给他们的所有指令，他们利用伍德罗·威尔逊的支持成功对抗了英国首相提出的所有异议"①。继而开启了美国提供资金、英国提供思想的制度安排。然而，对于美国来说，国际联盟几乎完全摒弃了尚法主义的典型结构，加上威尔逊不屑于与共和党人控制的美国参议院进行协商，最终导致议会对旨在建立国际联盟的《凡尔赛和约》的反对。继而在 1920 年 1 月，当四十余个成员国聚集巴黎召开第一次国际联盟委员会议的时候，位于主桌上的美国席位却一直是空着的。

众所周知，国际联盟在经济和政治方面很大程度上是失败的。不过马佐尔也向读者展示了国联在社会领域（医疗、营养保健和统计）方面取得的诸多重要成就，这通常与卡内基（Carnegie）、洛克菲勒（Rockefeller）和其他慈善家的资金支持是分不开的。同时，国联也充分证实了建立一个公正、有效、精简并实施沉静领导之道的国际秘书处的可行性和重要性。即便是在繁盛时期，国际联盟也只雇佣了 650 个工作人员，扣除物价因素后，实际预算支出仅相当于联合国今天支出的三十分之一。然而，即使是在这样的条件下，国际联盟也达成了诸多目标，而且几个主要官员在战后创立联合国方面也发挥了非常关键的作用。从这一角度上讲，马佐尔总结道，"我们应该关注的不是国际联盟的失败，而是其他持续的影响"。② 他指出，国际联盟是"建立在道德原则和主权国家形式平等基础上的世界领导的工具，它宣扬国际格局新纪元的开始，否认神圣同盟和欧洲协调的合法性，承诺通过技术知识实现民主和社会转型。事实上，国际联盟是第一个将大国霸权的现实和国际社会的理念融为一体的机构"。③

---

① Mark Mazower, *Governing the World: A History of an Idea*, New York: Penguin Books, 2013, p. 135.
② Ibid., p. 153.
③ Ibid., p. 153.

三、联合国

在《全球治理：支配世界的思想和权力》一书的下半部分，马佐尔将全部精力放在了对联合国时代的研究，并冠以"以美国的方式治理世界"（Governing the World the American Way）的总标题。尽管学术界已经充斥着大量对于联合国的讨论，但是马佐尔的分析依然令人耳目一新，这主要得益于他对大量原始资料的旁征博引和对众多新近研究的吸收利用，其中包括许多博士论文。自1945年创建以来，联合国一直受到时局变化的影响。不过，尽管在政治上屡遭打击，财政上备受限制，地位日益边缘，但是联合国从来没有失去其合法性和全球领导的地位。的确，美国对联合国的支持一度出现复苏的迹象，而77国集团长期以来则一直对联合国给予稳定的支持。在20世纪40年代末期的一小段时间里，美国许多人士甚至对世界联邦主义的思想颇感兴趣。国会召开了与此有关的听证会。在盖洛普民调中，56%的受访者支持"加强联合国建设，使之成为世界政府"的理念。尽管如此，对于长期以来一直在联合国问题上持摇摆态度的美国来说，这绝对是一个例外。

正如马佐尔多次强调的，20世纪60年代，去殖民化改变了联合国投票权力的均衡状态。这导致了两个具有长远意义的主要结果：第一，民族自决原则成为了新世界主义的基石；第二，赋予许多小岛国家完全的公民权利打开了全球力量的瓦解之门，而不是整合之门——这与马志尼、密尔和马克思的预期是完全相反的。因此，马佐尔总结道，"联合国政治不过是一种符号，并没有实质性内容"。这的确可以称得上是马佐尔为数不多的激烈言辞的一部分，不过他继而补充道，"即便如此，去殖民化的胜利依然具有深远的历史意义，它不仅标志着联合国的胜利，更是联合国达到的历史最高点"①。

在世界发展问题上，马佐尔涉及了大量领域。他用了仅仅三十页的篇幅

---

① Mark Mazower, *Governing the World: A History of an Idea*, New York: Penguin Books, 2013, p. 272.

巧妙地对世界发展的大多数主要问题都进行了讨论，主要聚焦于美国的国家利益，以及受环境影响，美国是如何"双管齐下"使得华盛顿政府既能服务本国国民，又能参与国际多边事务的。多年以来，联合国以极其微小的成本为美国利益提供了庇护。美国在培养国际政治技术专家队伍方面所支出的费用也是相对低廉的，这使得美国的知识迅速传到了世界各地，"对世界的发展构想产生了深远影响"。与此同时，马佐尔评论道："发展理论逐步演变为美国的社会科学，其结果之一就是发展工作越来越像全美自上而下的内部事务了，美国和相关国家之间真正意义上的对话越来越少。"[①] 这是一个十分有意思的论断，但无疑也是一个值得讨论的主题。我的观点是，马佐尔的这种非难更适合于布雷顿森林体系，而不是联合国。因为联合国所涉事务往往需要各类背景人员的参与，行事风格较少独断专行，而且对于发展中国家的意见和立场也是较为敏感的。

以20世纪70年代到90年代国际货币基金组织和世界银行的兴起为例。国际货币基金组织组织在世界舞台所扮演的角色从原来的出资者逐渐转变为"全球工程师"，一方面，通过幕后操纵影响受援国的政策走向；另一方面，通过附加各种约束条件，确保对施加政策的合理性持怀疑态度的国家接受相关政策。马佐尔对国际货币基金组织和世界银行提出了十分严厉的批评，强烈指责两个机构的工作人员在经济政策方面所犯下的一系列代价昂贵的错误。

国际货币基金组织的大部分经济学家对历史和其他社会科学并不感兴趣，其职员大都是男性，并且基本都曾在美国和英国的大学里攻读经济学。20世纪80年代进入国际货币基金组织和世界银行的他们是抱有合理期望的改革者，他们的改革有定式的内部模板作为比照，这些模板都是高级公式形式的数学模型，即使是数学专家也会对其赞不绝口。作为美国战后美国最成功学科的实践者，生活在一个或多或少对被服务国的文化、语言或是风俗表示无视的国家中，他们接受的训练告知他们（许多经济学家也是如此）：这种"无

---

① Mark Mazower, *Governing the World: A History of an Idea*, New York: Penguin Books, 2013, p. 285.

视"的做法作为一种"外生变量"并无大碍。①

这些失误所导致的后果往往是灾难性的。联合国开发计划署1996年人类发展报告中指出：1996年，70个国家的人均收入远低于1980年，其中43个国家的人均收入甚至低于1970年。② 马佐尔也着重分析了国家调控政策是如何导致产权关系的重大转型的：水、电、煤炭、铁路运输、公交运输和其他国有产业纷纷卖给了私人企业。与这些国家行动并行的是，世界贸易正日益受到自由市场原则的限制和影响，至少从某种意义上来说，发展中国家被要求开放他们的市场，然而他们的互惠要求没有被考虑。

因此，将20世纪与19世纪进行对比，马佐尔强调，尽管随着时间的推移，全球制度已经变得更加完善，但是权力大国再一次地掌握了主导权，并极不合理地瓜分着世界利益。马佐尔对这一过程进行了剖析："像国际联盟和联合国这样的大型国际组织，它们的发展历程绝不是一帆风顺的。相反，尽管受到世界强国的声援支持，但是它们的成立过程依然披荆斩棘，说到底，是战争催化了这些组织的诞生。……越来越狭隘的国家利益不可避免地造成了紧张的局势，而这一局势已经从一开始就同新的国际机构联系在一起，世界强国希望利用国际机构实现本国的发展和扩张，普适思想和溢美之词也发源于此。"③

四、僵化的制度

尽管相比过去，世界的联系变得更加紧密，但是僵化的全球制度正在使我们失去"全球善治"的有利战场。这是伊恩·戈丁所著《诸国分裂：全球

---

① Mark Mazower, *Governing the World: A History of an Idea*, New York: Penguin Books, 2013, pp. 353 – 354.

② United Nations Development Programme, *Human Development Report 1996*, New York: Oxford University Press, 1996, pp. 1 – 3.

③ Mark Mazower, *Governing the World: A History of an Idea*, New York: Penguin Books, 2013, p. XV.

治理为何失败，我们能为此做些什么》一书的主要论断。在书中，戈丁充分利用了他在许多国家和国际组织的高层任职经验和在牛津大学马丁学院与同事合作的研究成果。

戈丁研究的核心是五个关键领域：气候变化、网络安全、流行疾病、移民和金融、全球公共物品的需求和供给不足现象。他认为，每一个领域都不仅存在着因全球化而引发的严重风险，也存在着"昨日结构和今日问题"日益不能兼容的问题。戈丁的分析是令人印象深刻的，充分展现了他脚踏实地的现实主义作风：书中不仅使用了大量的统计数字，也引用了一些妙趣横生但又鲜为人知的客观事实。戈丁强调，日益频繁的全球行动不仅要求更高的透明性和更为顺畅的信息协调，同时也需要更为有效的激励措施和行动来应对日益增长的风险和搭便车行为。一个国家同意采取集体行动但在日后无法履行当时承诺的做法导致的不公正结果是：这个国家依然可以获得其他国家通过履行自身的契约义务而带来的好处。不能遏制污染物的排放就是这种现象的一个非常明显的例子，同时在获得利益却对集体行动没有支付任何费用也是体现搭便车行为的另一个佐证。

戈丁建议使用五项原则来指导未来的行动，这些原则是戈丁与牛津大学的同事——奈瑞·伍茨（Ngaire Woods）一起合作构想出来的。第一，不是所有的问题都需要通过全球行动来予以解决；第二，选择性融入原则，这条原则是与第一条原则密切相关的：既然不是每一个国家都需要深入参与到某个问题的解决，又何必事事都追求全球合作呢？第三，相机应变原则，即考虑不同国家集团的利益和处境，以实现高效和统一；第四，确保全球治理的合法性；第五，实施过程要具有一定程度的强制性。

尽管这些观点都是现实世界政治的真实写照，但是一个需要思考的问题是：这些原则真的可以很好地应用于全球治理的所有重大问题吗？它们也许适合于那些具有高成本和高技术特性的问题，但是一定不会适合于所有问题，比如流行疾病，气候变化，甚至是网络安全，在这些问题的处理上，虽然弱小国家不是其中的重要参与者，但是它们必须考虑不具备合理性和代表性的全球治理给他们造成的后果。在网络安全领域，最薄弱的环节可能是最容易被突破的地方。

这说明，我们需要思考的一个问题是：很大程度上聚焦于公共物品的全球治理视野是否足够开阔。不断上演的搭便车问题解释了政府在许多领域未能切实有效采取行动的大量失败之举，而政府在这些领域的参与实际上可以获得大量益处。拿气候变化来说，戈丁引用了斯特恩爵士（Lord Stern）的估计数据：政府采取行动的益处与成本之比是10∶1。不过，这些观点也忽略了欠发达国家面临的失衡状况：与气候变化对它们造成的影响相比，它们在民生、国内骚乱甚至战争方面可能面临更大的风险。例如，在《全球治理和联合国：未完之旅》（Global Governance and the UN: An Unfinished Journey）一书中，汤姆·韦斯和拉梅什·塔库尔（Ramesh Thakur）识别了在全球治理中需要考虑的众多其他关键问题：和平、军备控制和裁军、集体安全、技术协调、恐怖主义、贸易和援助、人权和国家保护责任。[1]

五、亚洲乐观主义

混合着无处不在的亚洲乐观主义，马凯硕的《大融合》向读者展示了一幅未来的历史图景，尽管西方的主导地位将一去不返，但是西方的传统和领导力依然是非常有价值的。该书致力于探寻马凯硕称之为"世界大同逻辑"（the logic of one world）的思想，即一个建立在呼吁全球治理新兴力量崛起和联合国复苏基础上的理性分析。马凯硕是一个见多识广的观察家，曾任新加坡驻联合国大使，并三次荣登时代周刊"100位全球思想家"榜单，现任李光耀公共政策学院院长。

与马凯硕早年的一些著作相比，《大融合》这本书的论调是相对平缓的，他在本书的分析建立在三大支柱之上。首先，亚洲在世界的地位日益上升。这种说法不仅与亚洲的经济增长有关，同时也与其他一些因素是相互关联的：

---

[1] Thomas G. Weiss and Ramesh Thakur, *Global Governance and UN: An Unfinished Journey*, Bloomington, Ind.: Indiana University Press, 2010.

最显著的莫过于亚洲中产阶级数量的日益增长，截至2020年，中产阶级的数量将会再翻一番，届时全球40%中产阶级的席位将会被亚洲占据；同时，马凯硕指出，亚洲在高等教育方面也日益占据主导地位。以中国为例，2009年，中国授予的博士学位数是5万多，而在2001年，该数量仅仅只有1.2万；2010年50万的工程师从学校毕业，其中1万人获得了工程博士学位，与此形成鲜明对比的是，美国只有8000人获得了工程博士学位，而且其中约有三分之二的博士学位获得者还不是美国公民。

其次，东南亚政治和经济方面的经验是"全球社群"的典范。马凯硕指出，世界上没有哪一个区域在宗教、民族、文化和政治方面像东南亚地区这么多元。在宗教方面，东南亚约有6亿人口，其中3亿是穆斯林信徒，2.3亿是佛教信徒，8000万是基督教信徒，还有500万是印度教信徒；在民族方面，东南亚是更为多元的；在政治方面，东南亚国家联盟（ASEAN）的成员国涵盖了所有的政治体制。然而，这些差异并没有阻碍该地区在政治和经济方面的快速发展和广泛合作。马凯硕将东盟与欧盟进行了发人深省的对比，他将欧盟描述成是一个"单一政治体制的、基督教信徒占多数的国家联盟"。①

最后，西方国家和世界其他地区在对待联合国的主导性看法方面存在着"极大的裂痕"，马凯硕对此深信不疑。以他看来，大多数西方国家的公民，尤其是美国人，认为联合国是"一个庞大、臃肿、无效和几乎没有任何益处的官僚机构"，而大多数非西方公民对这个组织"仍然抱有极大的信任感"。②马凯硕假设，"如果当下西方能够认清全球趋势的话，他们便会立即利用这种信任以确保长期的利益"，这将是地缘政治的一个"妙举"。③

马凯硕持乐观态度的根据在于东南亚在战后的巨大转变。"二战"结束后的几十年间，东南亚曾是世界上最为动乱的地区之一，大量人员在战争中丧生——多于同一时期整个中东地区的死亡人数。在越南入侵柬埔寨后不久，

---

① Kishore Mahbubani, *The Great Convergence: Asia, the West, and the Logic of One World*, New York: Public Affairs, 2013, p.39.

② Ibid., p.91.

③ Ibid., p.91.

中国对越南发动了自卫反击战，双方参战士兵均过百万。而仅柬埔寨种族灭族的死亡人数就高达 240 万。

那么东南亚是如何摆脱这种状况，转变为世界上最稳定和最富有发展前景的发展地区呢？马凯硕指出了东盟在四个方面的主要成就。第一，东盟阻止了成员国间的冲突，尽管东盟还未像欧盟一样取得"零"战争，但它显然在朝这一方向前进；第二，东盟促进了成员国在经济等不同领域方面的合作；第三，该地区一直保持着与世界强国的合作，意识到极力将这些国家排除在外是毫无价值的；第四，东盟将政府间的合作转向更多的民众间的交流（例如通过奖学金的设立和技术交流平台的搭建），从而深化了成员国间的关系。

在马凯硕看来，"东盟是世界正在经历的大融合的一个强大缩影"①。在《大融合》这本书中，他讨论了如何通过五个准则使东盟典范被世界各国所效仿，这五个准则分别是：认同现代科学、逻辑思考、自由市场经济、社会契约的转型和多边主义。他认为，这些准则在解决他所识别的 25 类全球挑战（从气候变化到基因工程）方面都是不可或缺的。他将当前应对这些问题的失败归咎于"全球非理性"。当然，学术界和媒体对于全球经济的拙劣分析也是导致治理失败的一部分原因。尽管如此，如果马凯硕能够更加直接地将"全球非理性"现象描述为政治领导的失败和国家、地区和全球层面政策制定的急功近利（包括欧盟国家）的话，那么问题的答案就更加清晰了。

对全球非理性现象的关注将马凯硕带到了联合国问题的讨论上。他指出，每年联合国的常规预算只有 26 亿美元——仅占世界生产总值的一个极其微小的部分（约 0.004%），比世界每年在核武器方面支出总额的 4% 还要少。即便如此，在 2011 年 12 月，各国政府将联合国的预算支出又削减了 5%。毫无疑问，马凯硕强烈反对大多数支持这种错误经济的言论（尽管不是所有），指出对诸如世界卫生组织的机构日益削减的财政支持将会带来十分严重的消极后果。虽然他注意到了其他补充资金的增长可以代替这些削减的支出，但是

---

① Kishore Mahbubani, *The Great Convergence: Asia, the West, and the Logic of One World*, New York: Public Affairs, 2013, p. 193.

他对这些特定捐赠的解读是：西方捐赠者力图通过这些资金支持自己中意的项目，而不是将之花费在最为紧急或者对全球卫生健康最为有益的必要事项上。他对"市场多边主义"也持怀疑态度，虽然私人资金被用来填补一些资金的空白，但是这降低了全球公共物品的流通。

为了探究如何克服这些短期的非理性现象，马凯硕识别了阻碍全球行动的七大矛盾：全球利益与国家利益的矛盾；西方国家与其他地区的矛盾；美国和中国的矛盾；扩张中的中国与萎缩中的世界的矛盾；伊斯兰和西方世界的矛盾；全球环境与全球消费者的矛盾；政府和公民社会的矛盾。他对这些挑战和"地缘政治颠覆融合的风险"的分析中，虽然充斥着大量的案例和见解，但是也存在解释欠缺和以偏概全的问题。与马凯硕乐观预期持不同意见的读者会发现许多意见不合之处。尽管如此，如果对其论证的细枝末节或者极具雄心的论断过于吹毛求疵的话，在我看来，也是不恰当的。马凯硕在加强全球治理方面提供了一个强有力的解释，鉴于其丰富的国际经验，不能简单地将之看成是没有逻辑或基础的理想主义设想而不予理会。

在书的最后两章，马凯硕在如何将愿景转化为行动方面提供了自己的见解。建立一个强大的联合国是他所有思想的核心。他在联合国安理会改革方面的提议是应该将理事国数量增至21个，包括增设一个半常任理事国的新类别，这些建议是非常有意思的，因为他对不同类别的国家将会支持或反对他所设想的安排的原因进行了十分细致的分析。虽然马凯硕关于联合国的改革和现阶段的做法并不契合，但是马凯硕的思想值得读者深思，因为他对现实中可能存在的改革动机进行了非常精妙的分析，并将之与理想主义的构想巧妙地融合在了一起。

通过揭露他所谓的"肮脏的小秘密"，马凯硕得出了这样的结论：当今全球制度的脆弱性是人为设计所造成的，而不是"生来如此"。他解释道，长期以来，一直存在着一个美国主导联合国的西方战略，甚至在冷战时期，尽管莫斯科和华盛顿对任何事务都存在分歧，但他们唯独"臭味相投"的是保持联合国的影响力和领导力处于弱势地位。但是到了今天，他认为，这种战略已经不能再服务于西方利益。西方人口仅占世界人口的12%，加上经济和军事实力不断下滑,"西方的核心长期地缘利益会很自然地从尝试维持'西方霸权',转化成长期保护西方作为'非主体'的国际实力分布"。① 这意味着加强法律和提倡法制。

这是一个值得我们深思的巨大挑战,作为一个欧洲人,我不仅希望马凯硕能够对西方国家的战略转变和视野转化需要发表更多的意见,同时也希望他对世界其他国家,尤其是中国,以及印度和其他东南亚的新兴国家,在这方面的转变需要进行更多的讨论。很大程度上来说,是西方国家在战后创立了联合国和布雷顿森林体系,但是如果在未来需要进一步加强全球制度的话,那么就需要新的思维和大胆举措,将焦点放在新兴的权力大国和那些渴求影响力的国家的长期利益的实现上。

在最后一章中,马凯硕返回了他的主题:包括名副其实的民族国家在内的老式全球社会和传统的政治秩序单元,在应对全球挑战方面的作用正变得越来越微弱。这是世界每一个国家(包括其人民和政治领导人)都必须面临的挑战。他主张加强联合国的建设并在此基础上建立一系列有效的全球制度;将资源从不合时宜的军事预算(尤其是核武器)转移至全球治理的和平举措上;引入任人唯贤的理念,尽可能挑选最强的候选人来担任多边机构的首脑。尽管如此,马凯硕认为最为重要的是转变公众思维和政治思考方式,发展全球伦理,这是因为"在未来几十年中,我们会越来越意识到,我们的村庄是一个世界,但我们的世界绝不是一个村庄"。②

六、结论

无论从人类生活还是经济意义上来讲,世界各个角落的经济正在以远远低于正常能力的方式运行着。数以百万的人民正承受着数量极低和日益下滑的收入,居高不下的失业率弥漫着整个世界(尤其是 25 岁以下的年轻人)。

---

① Kishore Mahbubani, *The Great Convergence: Asia, the West, and the Logic of One World*, New York: Public Affairs, 2013, p. 224.

② Ibid., p. 259.

不公平现象正以前所未有的速度在世界大多数地区中上升着，在诸如气候变化的主要风险方面人类仅仅付出了极其微小的努力。尽管国家政策很大程度上应该受到指责，但是所有国家都不是生活在一个孤岛上。我们迫切需要全球治理的强烈举措为更积极的国家行动提供机遇和激励。

三本书都强调了当今全球治理的困境和挑战。虽然全球化发展迅速，但是政治和政策一直在破败不堪的国家轨道上运行，好像不存在什么世界大同的思想，似乎外交事务本来就应该聚焦于国家安全和主权的保护上。大胆的思维和全球愿景是我们所迫切需要的，在过去两百年的历史中它们一直都是非常重要的，马佐尔非常智慧地将它们的重要性清晰地表达了出来。面对日益增长的全球风险，全球治理显然是功力不济和努力不足的，面对这样的情况，全球的领导者确实应该彻夜难眠，正如伊恩·戈丁在他的叫醒电话中所解释的。世界大同的思想要求全球领导具备新的愿景、新的思想和新的结构，其正如马凯硕所构想的那样。三本书都值得阅读，但是由于马凯硕的视野之宽，提议之细，加上世界其他地方迫切需要亚洲"踏实进取"的乐观主义，他的著作值得反复推敲。

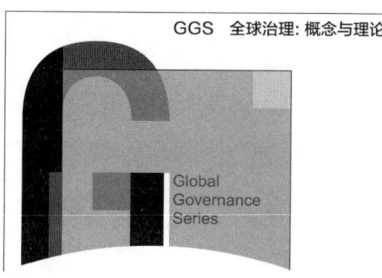

第四部分 | **全球治理与国家治理**

全球治理改革与美国的领导地位[*]

[美] 斯图瓦特·帕特里克 著　　杨文静 译[**]

自 2009 年 1 月就任总统以来,奥巴马一直倡导美国实施"新时代的接触政策"。该战略的核心要素包括：现大国与崛起国和平相处的世界秩序；共同管理跨国问题；彻底修正现有国际机制,以适应大国力量对比和全球议程的新变化。与往届总统相比,奥巴马较少强调追求美国的优势地位,他更期望——甚至是坚持——其他全球性力量能够承担更多责任。尽管从本性上讲,奥巴马更倾向于多边合作,但奥巴马政府缺乏推进全球治理改革的有效办法。美国与其寄希望于联合国这样的全球性组织,倒不如采取实用主义态度进行国际合作,将正式的国际机制与更加灵活的伙伴关系结合起来,以实现美国国家利益。从根本上说,美国要进行有效的全球治理改革将主要取决于美国与世界上最主要的崛起国——中国——之间的双边关系。奥巴马政府希望赋予中国在全球治理机制方面更多的活动空间。但这也有赖于中国本身是否愿意接受现有的全球规则,是否愿意提供适当的全球公共产品,以打消美国和东亚邻国对其崛起可能有损自己利益的疑虑。中美关系若能处理得当,对建

---

[*] 本文原载于《现代国际关系》,2010 年第 3 期,有删节。

[**] 作者简介：斯图瓦特·帕特里克（Stawart Patrick）,美国对外关系委员会国际研究所主任、全球治理项目负责人、高级研究员。译者简介：杨文静,中国现代国际关系研究院美国所副研究员。

立全球稳定的国际秩序会非常有利。

一、全球治理的未来：改革的障碍

奥巴马政府倡导在真正伙伴关系的基础上重塑多边秩序。但现实中也存在一些障碍，使美国难以进行任何系统性的全球治理改革。再加上美国独一无二的地缘政治利益、价值观和国内政治因素，使美国不可能完全依赖于全球多边机制，而会继续建立临时性伙伴关系，实施"照单点菜"的安排。

美国主导全球治理改革过程受五大国际因素制约。首先，美国实力的下降。美国不像20世纪40年代那样享有压倒性的物质权力和绝对的意识形态影响。美国的外交和经济地位在过去十年中下降了，军事却过度扩张。美国还浪费了大量的软实力，不管是在发展中国家还是发达国家，其软实力都有所下降。事实上，即便是西方世界也不再想当然地认为美国处于领导地位，很少有国家再愿意把美国看成是世界最主要的规则制定者。

其次，情况各不相同的"利益攸关者"。要把新兴国家整合到享有共同规范的世界秩序当中很困难，也远远超出了"负责任的利益攸关方"这一概念本身的含义。新兴国家在对威胁的认知、政治价值观及经济愿景等方面与美国有很大不同。今天国际上的角色大大增多，崛起国不太可能不附加任何条件或做出一些修正就全盘接受西方的秩序。迄今为止，美国的目标究竟是将崛起国社会化，使其纳入一个无须改变的西方秩序当中，还是要辛辛苦苦地创建出一套全球化时代的全新规范，奥巴马政府释放出的信号是混乱不清的。要是它选择将崛起国社会化，美国和其他现大国是否应加紧与崛起国打交道，调整现有的排序等级以适应它们的新愿望——使它们对现有机制产生出某种利害关系，以帮助它们"负责任"地行事？或者，美国和西方是否应采取一种更为长远和有条件的态度，按照崛起国接受新责任、承担新义务和遵守规则的意愿，逐步地扩充其地位和特权？

第三，世界并非一张白板，而是存在着成百上千种机制——有全球性的，也有地区性的；有正式的，也有非正式的；有服务于一般性目标的，也有以针对具体问题为使命的。这是一个"多层次的多边主义"的世界：在联合国核心之外，还有数目繁多的其他国际机制，在某些人眼里这些机制也属于多边主义。机制化的多边主义有很多优点。新的地区安排或组织更加灵活，给那些尽管令人尊敬但也略显疲惫的正式组织带来一些良性竞争，也为美国及其他国家提供了多边合作的新渠道。但由于现有机制已经非常稠密，这使多边体系的复兴更加复杂化。一些机制尽管已经过时，但因其现有成员国和官僚体制本身拥有既得利益，因而很难取消，即使是在其内部重新分配权力也很困难。这种情况就好比城市规划中郊区不断扩张，而城市却没有复兴一样。

第四，当前危机的限制。事实上，当前对我们而言并不是一个合适的"立法时刻"。尽管经济危机给世界带来一定打击，但其严重程度不足以引发类似于毁灭性战争后的世界性重组。世界经济的下降带来了全球金融体系的一些重新调整，特别是二十国集团被提升为主导全球经济的主要多边机制，创立了金融稳定委员会，对 IMF 的治理结构也进行了某些改革，但是在金融领域之外更为广泛的全球治理改革方面却没有更多进展。没有长期的经济衰退，或是发生类似于核进攻这样极端事件的催化作用，很难一下子就彻底地把旧的机制安排抛开。因而，现有机制的改革将继续在挣扎中缓慢演进。

第五，规模和效率的较量。有关全球治理改革的目标经常处于一种矛盾当中——究竟是应该让这些机制更具代表性，还是更加有效率。扩大八国集团和联合国安理会可以使这些机制变得更具有全球代表性，但也可能以牺牲决策效率为代价。美国驻联合国大使苏珊·赖斯在 2009 年 2 月的讲话中曾提到过这一矛盾："美国认为联合国安理会的长期合法性和有效性就取决于其是否能够反映 21 世纪世界变化的现实。与此同时，任何形式的扩大都不应该降低其效率和有效性。"

美国主导全球治理改革也受若干国内因素制约。美国是当代世界秩序的主要缔造者，但它在维护自身特权方面却比其他大多数国家都要警惕。美国辛辛苦苦地营造了一个多边世界，却感到自己陷入到一个充斥着各类国际规则、义务和期望的网络当中。不管是现实还是想象，这些限制都让它感到恼怒。限制美国主导全球治理改革的国内因素包括：美国大众的力量、"例外主义"的政治文化以及独特的宪法结构。(1) 美国的权力特权。尽管美国近期经历了经济危机，同时面临战略上过度扩张，它依然比其他国家享有更多的单边和双边的选择。同时，美国在军事上继续占据优势也毫无疑问赋予其特殊的责任，使其比安理会其他成员承担更多的责任，成为世界秩序的主要守护者。只要美国仍然是一支真正意义上的全球力量，它就要继续坚持在外交和国家安全领域保有行动自由，同时希望别国继续遵守多边限制。(2)"美国例外"的政治文化也削弱了其在全球治理改革方面的领导地位。两个世纪以来，"美国例外主义"所赋予的特殊使命一直是美国外交政策的基石，塑造了美国全球接触的内容和方式。威尔逊等进步主义理想家在按照自由主义原则重新塑造世界的过程中激活了这些原则。(3) 美国在全球治理改革方面能否发挥领导作用也受到美国宪法本身的限制，因为其赋予国会在外交政策方面与行政部门同等的权力。与议会国家不同，美国国会独立发挥立法作用，这为政府批准加入任何国际条约或国际机制制造出很大障碍。从参院否决《凡尔赛和约》到80年后拒绝批准《全面禁止核试验条约》，美国国会经常施行否决权，对白宫履行职责提出了挑战。行政与立法部门的竞争经常导致关系紧张，也使美国推行多边主义与履行国际义务更加复杂化。考虑到目前国会两院均由民主党控制，奥巴马总统在推行多边主义政策的优先次序方面还能有一些灵活性。不过，参院要批准像《全面禁止核试验条约》和《联合国海洋法公约》这样的条约需要三分之二多数，这就需要共和党给予少量支持。围绕《京都议定书》的经验表明，有关全球变暖的任何主要条约均需共和党的合作才能完成。在贸易领域也是如此。总统可能面临来自其选区中一些有影响的选民的保护主义压力，这就限制了美国推行多边商业自由化的努力。要是共和党在2010年的中期选举中重新控制国会，美国实施多边接触的障碍会更加突出。

总体而言，奥巴马政府主张加强多边机制并与之合作。但长期以来美国对全球治理改革的态度都模棱两可，其国内政治中还存在种种限制因素，因而今后美国还会继续诉诸临时性多边安排来实现其外交利益。奥巴马的挑战是如何成功地执行一种"照单点菜的多边主义"，一方面确保现有国际组织的合法性和运作能力,一方面可以灵活有效地组成临时性同盟。这些同盟应与现有机制和正式的同盟关系相互补充、相互加强,而不是相互削弱,因为长期看美国真正需要的是后者。美国应该更多使用"小多边合作",其目的不仅仅是为了避免形成永久性的机制框架,也是为了能够较好地推动议事日程,促使各方有效采取行动。历史也证明,有效的多边合作最初都是由一些关键的核心国家达成协议后,再说服其他国家参与,经过一定阶段逐渐形成的,这就是所谓的"小多边合作"。这一过程有时发生在像世贸组织或联合国这样大型、正式的机制中,由有影响的各方组成一个核心,发挥"掮客"作用,以促成谈判达成协议。有时在正式的全球性组织之外也会有这样的情况:由少数国家建立起一个平行的谈判机制,推行其议事日程,然后吸引他国逐步加入这些相对而言更有选择性的机制。这一模式被称为"机制扩充的双轨模型"。在临时性同盟当中,或在处理具体问题之时,小多边机制也很有用途。例如,美国分别发起"防扩散安全倡议"和"主要经济体论坛"来应对核扩散及气候变化等全球性挑战。通过将这些小多边谈判纳入一个更为广泛的多边框架,美国在享有小集团活力和效率好处的同时,也可以得到普遍性组织所拥有的合法性。

二、全球治理改革的进展评估

奥巴马迄今的表现向我们预示了什么?美国在全球治理改革中将发挥什么样的领导作用?与中国等崛起国家进行多边接触时的挑战是什么?虽然有效的全球治理需要多重的合作框架才能实现,但有三样合作是其重要支柱,首先需要一个强有力和合法性的多边组织,能够确保和平与安全的长久实现。这方面仍属安理会的管辖范围——理想的情形是:安理会的成员要进行改革以适应新时代需要,同时能采用更透明及反应更迅速的工作方法。其次是要有一系列常设的职能机制——包括 IMF、世界银行、世贸组织——它们提供了各式论坛,也为全球经济的运行制定了基本规则,并提供必要的资源和专业知识。在这些正式组织之外,也需要一些灵活的议程设定式的组织，首脑们可借此通过多种渠道实现非正式会见，以聚焦问题、协调政策、积聚动力。

（一）对联合国的接触与改革

奥巴马总统认为联合国的问题深重，但同时它也是美国实施全球接触不可或缺的工具。美国面临的挑战是如何与之建立更加有益的关系，"既要避免过于屈从于联合国，又要避免过于低估它"。奥巴马认为，联合国尽管有很多瑕疵，但也有着无与伦比的国际合法性，其组织的常设性具有很多优势。美国希望把联合国从长期以来的南北分歧中解脱出来使其不再受困于发达国家与发展中国家的对立当中。问题是，奥巴马对联合国的信心能否实现预期目标，以及美国能否得到回报。从美国国内来讲，这一"新时代的接触"政策要想维持下去，取决于美国国会和公众如何评判其他大国在安理会、人权理事会、联合国大会及其他一些主要论坛上与美国的合作。如果他们看法消极，对联合国的国内政治支持就会削弱。

就奥巴马总统第一年的执政情况而言，美国在联合国的收益是有得有失。一方面，美国说服中国和俄罗斯支持对朝鲜的严厉制裁；在 2009 年 9 月奥巴马历史性地出现在安理会之后，美国还促成了一项有关核不扩散机制的决议。然而，在其他一些有碍于全球和平与安全的重要问题上，进展却不容乐观。如，尽管伊朗继续违反《核不扩散条约》的义务，俄罗斯和中国却反对实施更严厉的制裁。与此相类似，尽管美国政府对喀土穆采取了更为现实的态度，安理会还是未能在达尔富尔实现和平与正义。

对奥巴马接触战略的另一项考验是联合国人权理事会。2009 年，美国内经过一场政策辩论之后加入该理事会。但至今该组织的表现令人失望。它还没有制定出严格的成员标准，因而不能阻止某些专制政府加入。这些国家联合起来进行投票，使大批滥用人权的行为躲过了监督和审查。

(二) 安理会改革：现在改还是不改？

尽管奥巴马政府声称致力于全球治理改革，但对于安理会改革却保持沉默。在美国政府内部有一个广泛共识，那就是安理会已不能够反映当前世界力量对比的新变化，要是不对其进行改革的话，它将会面临合法性危机。但是，美国内对于安理会的扩大是否能符合美国的国家利益也存在广泛的疑虑，而且，即便是符合，其推动的可行性也值得怀疑。

许多人担心，安理会的扩大不仅不会改善其应对威胁的能力，相反可能会引发更多僵局、削弱美国的权力，也会使一些地区强权错误地判断形势。从华盛顿的角度看，理想地说，安理会常任理事国的扩大应局限在四个主要竞争者当中：德国、日本、巴西、印度（可能没有否决权）。这就能保证美国在多数情况下有两张票，德国与日本在其他问题上又会有另外两张（巴西与印度）。这样一种有限的扩大与安理会成立时的初衷相吻合，就是要保证全球的和平与安全由一些特权大国来保护和维持。不幸的是，这种主张在联大并不能得到广泛支持，必须有三分之二的赞成票才能进行有关扩大安理会的改革。事实上，所有扩大安理会的方案都要求增加至少6个乃至8—9个非常任理事国席位。对美国而言，安理会如此扩大之后，要想继续组成投票联盟，或是利用否决权杯葛任何决议，都会变得更加困难。

美国的官员们还担心所有有关扩大安理会的改革计划都可能遭到政治抵制。现在围绕安理会扩大正在进行一场谈判：增加少量非常任理事国席位，同时新增一种可以连任、更为长期的"过渡性"理事国席位。但是，对于那些申请常任理事国的国家而言，接受这项改革议案，就意味着要做出重大让步。

对于所有联合国成员而言，安理会改革要是没有美国发挥领导作用是不可想象的。但有一点还不清楚，就是即使美国发挥了领导作用，是否就能达到预想结果。很明显，奥巴马政府并不愿意把美国的外交资源和国家声望投放到这样一项高风险的事业上。美国很难做到两边都不得罪，既不疏远那些常任理事国的竞争者,也不丢开那些即将发挥重要影响的国家。中俄担心其在安理会的特权会受到影响,能否接受任何重大改革也值得怀疑。

面对这样一幅复杂的外交图景,奥巴马政府很可能继续仅在言辞上强调联合国的"代表性"和"有效性",同时听任没有结果的谈判继续下去而不采取任何行动。不过,要是奥巴马政府真的采取这样一种态度的话,很可能面临一些外交责难,抱怨他推卸责任,以及对于攸关世界秩序的重大问题采取消极态度。

(三) 二十国集团、八国集团与 X 国集团

始于2008年夏秋的全球经济危机反映出现有的世界经济治理机制有很大缺陷,特别是在保护世界金融体系稳定不受系统性破坏方面。从小布什到现在的奥巴马政府都看到了其危害性,因而都支持对多边经济机制进行重大革新。除需采取提振经济的手段外,在全球治理方面还要做出以下重大突破:将二十国集团确立为多边经济协调的最高论坛;扩大金融稳定委员会,加强国际金融机制的系统性职能;重振和更新国际金融体系的治理结构,以满足新兴经济力量(特别是亚洲崛起力量)的需求。

奥巴马总统2009年9月在匹兹堡峰会上曾宣布,二十国集团将永久性地取代八国集团作为多边经济协调的主导性论坛,这无疑是自1995年世贸组织成立后全球治理方面最重大的动议。毫无疑问,只有二十国集团才能更好地反映全球经济变化的现实。其成员国占有全球 GDP 的85%,国际贸易的80%,以及世界人口的三分之二。最重要的是,中国作为世界上最大的外汇储备国,已经成为世界上第三大经济体、第二大主要出口国,却未能充分崭露头角。奥巴马政府的态度很明确,希望中国能够在世界经济中扮演更加负责任的大国角色——特别是在解决全球货币不平衡、开放市场方面能发挥更多作用。由于安理会还未能实现改革,许多人都将二十国集团作为具有广泛代表性的全球治理机构。

尽管如此,要完全将八国集团抛弃,或者指望二十国集团能够成为解

决一系列敏感政治问题的全球领头羊,时机还不成熟。奥巴马政府仍想继续保留八国集团机制,至于其是否使用其他"X集团"以应对全球挑战还有待观察。

事实上,从华盛顿的角度看,二十国集团机制远不够完美。一直以来就有关于其代表性与有效性的平衡问题。为了实现有效性,一个更好的做法应该是将八国集团进行某种适当地扩充,可以"8+5"(中国、印度、巴西、南非和墨西哥)对话机制为基础。必须防止二十国集团由于其成员国的不同利益、不同价值观和对世界秩序的不同认识而成为一个达成最低限度协议的牺牲品。二十国集团所针对的范围至少应在初期定位为经济问题,同时应继续保留八国集团年度会议,以讨论一系列敏感的政治与安全问题。八国集团要彻底地被二十国集团所取代,奥巴马政府必须确保新兴经济体能够真正愿意接受从贸易自由化、气候变化到核不扩散等有关议题的义务与责任。一般认为,奥巴马政府至少应该留一手,将八国集团作为一个与二十国集团机制相平衡的谈判机制。

八国集团的另外一个重要好处是该机制形式较为灵活,可通过自愿组合将具有特殊利益的某几个国家纳入,将这些国家的资源聚合起来以应对某个特别问题。这种"变量几何学"的做法是一种实用主义的全球治理方式。与其把不切实际的议事议程强加在某一机制身上,不如组成更加灵活的"X国"集团,根据挑战性质的不同由不同的国家组合应对。美国创建"主要经济体论坛"就是以这种方式应对气候变化问题。今后美国还可能在其他领域推行这种"照单点菜"的多边主义。一个重要的现实问题是,美国及其潜在伙伴是否有足够的政治意愿和强有力的机制能力来支撑这一模式。要避免交易成本,在近期最现实的选择仍是在现有八国集团或"8+5"的基础上,按照具体问题灵活组合国家。

展望未来,奥巴马政府及其伙伴们一个最优先的事项,应该是系统地设计一下如何才能将这些咨询性的论坛与世界上主要的机制组织实现功能和议程上的对接。

（四）全球金融机制改革

全球经济危机凸显了国际金融体系特别是 IMF 的诸多弊病，证明其还不足以维护全球金融稳定。有一种广泛共识，认为 IMF 需要更大的组织授权、更多的力量资源以及一个能够反映近期全球经济权力变化的新的治理机制。因而，奥巴马政府主张增加对该组织的财力支持，调整其成员国的投票份额，并在一定限制的基础上扩大其授权范围。

匹兹堡会议后，该组织董事会同意草拟一项新的更大范围授权，计划于 2010 年春天在华盛顿召开会议。美国和其他的利益攸关者均认为 IMF 应变换角色：过去，往往是在危机发生后，由它充当一个最终的借款者，现在，应令其更多发挥监管和预警职能，包括负责监督发达与发展中国家的经济政策。二十国集团也敦促该组织加紧研究是否能"向一些经济发展良好的发展中国家提供更多类似于银行的服务，允许这些国家在付费的基础上更快更好地获取贷款"。然而，究竟应将该组织的职能范围扩大到多大，成员国有很大分歧。一些国家希望它能提供更多基金，成为一个世界储备银行。二十国集团成员已经同意，理论上可将其资金能力再增加 7500 亿美元，但对于其具体应承担的义务却语焉不详。而且，美国（加上德国和其他国家）抵制将其作为一个拥有大量资金储备的全球中央银行的想法，并对赋予其过多权威感到警惕。

同样有争议的问题是如何调整该组织的治理结构以适应新兴国家的崛起。在匹兹堡会议之前，二十国集团就敦促加快研究 2003—2011 年的配额情况，并开始推进有关执行董事会席位与捐款份额的改革，增加巴西、中国、印度、墨西哥、新加坡、韩国和土耳其的份额。在匹兹堡会议上，二十国集团同意，2011 年之前完成有关的治理结构改革，包括向中国在内的崛起国家转让 5% 的投票权。之后在 2009 年 10 月伊斯坦布尔召开的半年会上，成员国同意重新分配投票权，以在发达与发展中国家之间实现 50∶50 的比例。

然而，考虑到对投票权的争夺属零和游戏，确定分配比例是较为困难的。

美国目前的配额权重与其实际影响力还有一定落差，因而在这场争论中并没有什么可损失的，但一些较小的欧洲国家如比利时就会受到很大影响，不愿意放弃原有份额。在这样一场斗争激烈的谈判中，一个更为广泛的争议是关于该组织已经过时的配额分配模式，它的依据贸易量占 GDP 的比例，甚至把欧盟国家内部的贸易量也计算进来，过于倾向于欧洲国家，因而很不合理。

今后，美国和其他现大国必须认识到，投票配额改革与该组织是否能获取更多资源之间是相互联系的。像中国或沙特这样资本过剩的国家如果不能增加发言权，当然不愿意增加其相应的捐款额。现大国要想使该组织拥有更多资源，必须接受一个更能准确体现当前全球金融与经济权力分配发生新变化的治理结构。

除了配额分配改革，IMF 与世界银行也面临许多其他方面的改革。例如，选举程序、董事会主席席位的分配、预算的分配、美国的有效否决权等。一个迫切的问题是，如何才能改变欧洲人选举 IMF 总裁和美国人选定世界银行行长的不合理做法——奥巴马政府也曾表态关注这个问题。其他一些必要步骤还包括：赋予新兴国家更大的发言权，使其参与有关这两个组织如何发挥作用及如何制定优先次序的决策；确定选举执行董事会的清晰标准；使国际金融机制更加开放和透明；将高级管理事务交给更多的利益攸关者负责。最后，华盛顿应考虑制定一个新的 IMF 投票制度，剥夺美国一直以来因要求该组织达到 85% 赞成票而所享有的有效否决权。

三、《核不扩散条约》与"防扩散安全倡议"

核不扩散机制的发展进一步表明，需要采取一种综合战略应对全球问题——一方面需要有普遍性强、基于条约的正式机制，另一方面也要有针对性更强的临时性同盟。在核不扩散领域有着各种正式条约，包括《核不扩散条约》《核材料物理保护公约》《战略武器削减和战略进攻性武器削减条约》；以及像国际原子能机构、核出口（纳格尔）委员会、核供应国集团及联合国裁军委员会这样成员国需要经过选举投票才能加入的多边组织。在此基础上，还有各种各样的临时性多边合作项目，如反对核恐怖的全球倡议、全球核能源伙伴关系、减少全球威胁倡议、导弹技术控制机制以及防扩散安全倡议。之后，还有一整套联合国安理会决议，有的是针对某个具体国家（如朝鲜、伊朗），有的则是围绕该机制之外的某些具体问题位（如 1540 号决议）。

核不扩散机制的核心是《核不扩散条约》，该条约是在有核国家与无核国家间达成妥协的条件下才达成的。条约向无核国家保证（依据条约第 4 条）获取民用核能的"不可剥夺"的权力，而无核国家则要保证不研制和获取核武器。另一方面，该条约也规定有核国家依据条约第 6 款有义务采取一些具体步骤实施核裁军。现在围绕这个问题又再起冲突，一些国家利用第 4 款的漏洞在"和平"发展核能的情况下秘密发展核武器计划；面对核国家没有履行裁军义务的情况，一些无核国家也不再抱有任何幻想，开始发展自身的核能力。如朝鲜和伊朗（有可能）就对现行体制产生了严重冲击。目前围绕核机制的主要问题包括：（1）缺乏普遍性，九个核国家中有三个（印度、巴基斯坦、以色列）从未加入过《核不扩散条约》，另外一个（朝鲜）宣布退出；（2）国际原子能机构缺乏有效的核查和执行机制；（3）在防止核裂变材料流失方面没有取得足够进展；（4）对民用核计划和核军民两用技术缺乏有效监督和规定；（5）《核不扩散条约》国在核裁军方面进展有限。

专家就如何加强核不扩散机制提出了多种改革方案：包括加强国际原子能机构的预算和权威；任何国家退出《核不扩散条约》都要被强制执行非核化；加强核供应集团的权威，对富核与后处理行为实施更加严格的标准；批准和执行《全面禁止核试验条约》；达成《核裂变材料削减条约》，推进核裁军计划（包括"全球零点"方案）；创建国际燃料银行以应对日益高涨的全球民用核能需求。针对 2010 年春天即将召开审议《核不扩散条约》的重要会议，奥巴马总统已提出好几项有关动议。其中包括：继续构筑"无核世界"；与俄罗斯签订条约，进一步削减美俄核弹头；促使联合国通过对朝鲜更加严厉的制裁（第 1874 号决议案）；敦促安理会通过一项压倒性的决议案，只允许那些认真遵守《核不扩散条约》的国家实施富国计划；邀请其他国家领导人参加 2010 年 4 月在华盛顿召开的核安全峰会。

这些步骤都是可取的，也是必要的，但国际社会也需采取行动，阻止对核武器及相关技术的非法走私活动——卡迪尔·汗网络涉及范围之广反映了这一威胁的严重程度。有鉴于此，奥巴马政府应大力推行"防扩散安全倡议"，这是小布什政府于2003年发起的一项计划，当时的成员国有11个，其目标是阻止获取和走私大规模杀伤性武器材料、运载系统及相关技术。之后该计划的成员国发展到93个国家。这些国家承诺共享有关运输禁止材料的情报和信息，不管是在空中、海洋还是陆地，一旦发现，可以在任何一方领土范围内进行拦截。该计划的好处在于其灵活的网络化管理。经过事先的安排和联合训练，一旦发现任何情报，立即就能做出反应。该计划与其说是法律性的，不如说是政治性的，其成员国只需要简单地通过6项拦截原则就可执行任务。

然而，防扩散安全倡议也有其脆弱性：由于其成员国的代表性不够广泛，因而缺乏一定的国际合法性。像中国、印度、巴基斯坦这样的核国家以及埃及、印尼这样战略地位重要的海洋国家均没有被包括进来。中国和印度事实上就对拦截的合法性表示怀疑。为了获得更多的国际合法性，奥巴马在2009年4月的布拉格讲话中提出建议，主张对该项计划及反对核恐怖全球倡议进行改革，以期把它们变成"长期的国际机制"，使之拥有一定的法律义务和更加正式的决策程序。

这些说法非常有吸引力，但要使防扩散安全倡议实现"制度化"，也存在一些风险。赋予其类似于正式条约的义务，或者将其活动置于多边管理之下，将会以牺牲其有效性为代价。一个更为谨慎的做法是，促使安理会通过一项更具有约束性和创见性的决议，声明支持该项倡议，并依据第7条赋予成员国进入在领海和公海上的可疑船只，以及在空中拦截走私飞机的完全的法律权利（很明显，要赢得中国赞成这样一个决议将是一项非常困难的工作）。

四、气候变化：主要经济体论坛

在更大的条约框架下通过小多边形式取得进展的一个最明显的领域是气

候变化问题。自 1992 年以来，国际社会围绕这个问题的主要活动框架就是《联合国气候变化公约》会议。对于这个世界上最复杂的难题而言，如此庞大的机制并不是一个理想的谈判方式。因而，自 2007 年秋天以来美国加入了一个平行的外交谈判——在小布什时期被称为"主要排放国会议"，奥巴马政府上台后改为"主要经济体能源与气候变化论坛"，其成员包括世界上主要的温室气体排放国。

许多观察家都将"主要排放国会议"看成是小布什政府用来削弱联合国气候变化公约以躲避任何可能导致经济损失的双边义务的精心一招。不过奥巴马政府却将它变成了一个小多边机制，使其与《气候变化公约》会议相补充而不是相互削弱。事实上，要是经合组织（OECD）的主要成员和一些大的发展中国家不在减排目标、附加条件贷款以及技术转让问题上达成一致，就很难在气候变化谈判中取得任何重大进展。要在气候变暖问题上签订一个全面、有约束性的新条约，这样的小范围谈判方式非常重要。正如 2009 年 12 月召开的哥本哈根会议所体现的，要让 192 个国家在集体会议上达成任何重大进展，基本上是天方夜谭。要取得进展，首先要美国与一些主要大国之间能够达成协议。由于像中国和印度这样的发展中国家有排放量限额的规定，加上美国对降低排放量也有相关的立法限制，有关各方需以能源与气候变化主要经济体论坛为基础，经过反复的"承诺与评估"才能达成协议。与此同时，主要排放国须同意承担相关的国际义务。这一过程必须"透明、可通报、可核查"并需要制定相关的国内立法才能实施。

五、中国在"新接触时代"扮演的角色

中国与东亚如何才能被整合到美国理想当中的世界秩序中？与小布什和克林顿总统一样，奥巴马总统也认为中国应该扮演全球角色，同时在国内推动政治（不仅仅是经济）自由化。从地区角度看，华盛顿在东亚的战略目标是保持其开放、完整和自由，民主充满活力，并与全球经济体系相融合。为了防止该地区被任何单一强权所掌控，美国要继续作为地区的秩序维护者，

加强与该地区伙伴的双边安全联系，同时确保在该地区的前沿部署。

然而，美国这两项核心目标与中国是相互冲突的。美国希望在东亚保持稳定的均势，使中国能由一党执政逐步过渡为政治多元化，而中国共产党则希望继续连任，并将中国看成是东亚地区的一个主导角色。一些中国分析家看到了这一潜在冲突，认为美国旨在执行两面政策，一方面通过"接触"促使中国发生制度改变，另一方面通过"遏制"阻止中国在地区的崛起。

美中关系现在和将来都会是一对复杂的关系，一方面双方合作还有强大的动力；另一方面也有一些可能导致战略冲突的长期潜在因素。奥巴马政府对历史教训记忆犹新，对可能发生的地缘政治冲突保持警惕，但也不认为这是不可避免的。在美国政府眼中，中国既不是一个现状国家，也不是革命性国家，而是一个较为温和的修正主义国家。中国现在焕发出一种新的使命感和自豪感，决心要调整现有的全球治理机制以反映其力量的崛起和政策的优先考虑。然而，中国已经受益于全球化，必然没有计划推翻以西方为主导的世界秩序。

实际上，中美之间在塑造未来世界秩序方面有着很广阔的讨论空间，至少在近中期看来是如此。美国和中国的邻居都希望中国支持现有的地区与国际结构，同时确保其自我克制、遵守义务。对中国而言，至少在近期按照现有规则办事，支持现有的全球和地区秩序对其有利。这些因素均有利于遏制美国的单边主义，确保美国在地区的继续存在。通过牺牲某些政策自主性，中国可以将自身锁定在国际社会的期望之中。当然，随着中国的崛起这一考虑也可能发生改变。但就眼下而言，中国遵守国际规则还有很广阔的空间。在过去十年中，中国曾多次提出对世界秩序的看法，从"和平崛起"到"和平发展"直至"和谐世界"。所有这些均与佐利克所谓"负责任的利益攸关者"目的一致。

那么，中国如何在崛起的同时又不引发地缘政治冲突呢？正如奥巴马政府所看到的，其关键是北京采取"战略再保障"的态度。这有赖于中美和亚洲其他国家之间达成默契。正如副国务卿斯坦伯格所阐述的，"我们和我们的盟友必须表明欢迎中国崛起的态度……作为一个繁荣和成功的强国，中国也必须向世界表明它的发展和日益增强的全球角色不会危害别国的安全和人民幸福。"

与此相应，奥巴马政府也试图通过加强对话确保战略互信，用斯坦伯格的话来说，就是旨在"强化共同利益，同时直接就政治、军事或是经济方面的疑虑进行沟通"。2009年7月27日的美中战略与经济对话的核心目标就是这一点。不过，除了在国际金融领域承诺进一步改革之外，该对话没有取得任何其他进展。双方也有意回避了人权、汇率、保护主义等争议议题。然而，该对话还是为双边互信和建立信任提供了有益的论坛。

战略再保障对地区也有一定含义。为了说服中国的邻国"日益强大的中国不会损害别国利益"，奥巴马政府改变往届政府一个时期以来对东亚较为冷淡的政策，加强了与东亚的接触。除了支持像日本、韩国、澳大利亚这样的军事盟友和伙伴，美国还要"领导其他国家改革和加强地区与国际机制，以塑造中国发展的方向，使之有利于世界的稳定而不是相反"。作为实施外交新接触的标志，美国最近加入了《东盟友好同盟互助条约》。最后，美国需努力确保该地区贸易和货币体系的发展对世界经济开放，而不是发展成为一个封闭集团。

当然，战略再保障真正的核心是中国自身。美国、其他西方国家及中国的亚洲邻国都在仔细观察，看看中国是否能够成为一个负责任的利益攸关者，或者是一个全球或地区公共产品的提供者，而不再是一个被动的"搭便车者"。从地区角度看，中国已经开始采取一些重要步骤来加强与邻国的多边合作及对话，如与东盟签订《友好合作与互不侵犯条约》，并在朝核问题六方会谈上发挥主导作用。华盛顿期望北京能在朝核问题上发挥更大作用，与日本建设性地处理关系。

从全球范围看，奥巴马政府希望北京能对国际和平与安全承担起更多责任，不仅在朝鲜，也在苏丹、伊朗和缅甸等其他一些全球热点地区发挥更加积极和建设性的作用。华盛顿希望中国能继续扩大其自2000年以来在联合国维和问题上所展示出的建设性接触的态度，表明中国愿意为全球和平承担责任，而不仅仅拘泥于狭隘的国家利益。

从华盛顿的角度看，一个令人不太放心的事情就是上海合作组织。美国官员认为该组织对中国来说有两个目标：一是把一系列都非常关心国内稳定、领土完整和跨国威胁的国家组织起来；二是针对美国在中亚的军事存在提供一个反制措施。同时，华盛顿也非常了解上合组织内部的结构性限制，可能会妨碍它成为一个重要的安全组织，更不要说是"亚洲的北约"。对美国的国家安全官员而言，更具现实重要性的是中国能否为阿富汗和巴基斯坦的地区稳定做出贡献。

在核领域，中国也开始采取可见的步骤加强核不扩散机制。它是《核不扩散条约》的正式成员国，最近加入了"核供应集团"，在反恐方面也保持着良好记录。同时，中国也有望改进其出口控制和对核扩散国的总体立场。考虑到其与朝鲜的特殊关系，中国面对其核问题也有特殊责任。北京与奥巴马政府所达成的联合国1874号决议就验证了在必要的时候，中国有能力防止核不扩散机制受到关键性的损害。奥巴马政府希望中国能在有关伊朗问题的"5+1"框架下表现出同样的决心。

在经济领域，美国也希望中国能够采取一些具体措施。首先，美国将继续敦促北京实现人民币升值，并采取一些其他步骤以减轻全球货币的不平衡，从而缓解全球金融危机。其次，美国期望中国能够在WTO框架下采取更加积极的贸易自由化政策（特别是在制造业和服务业领域），同时更加坚定地维护知识产权。第三，美国官员将向中国施加压力，防止其操纵双边贸易用于政治与战略目标，从而减少对世界经济的不利影响。第四，奥巴马政府将敦促中国修改发展援助政策，放弃其不附带任何附加条件的外援政策，使之与现行的全球规范和透明化、有条件等条款相一致。最后，美国还将鼓励中国放弃旨在封锁外国市场的资源重商主义政策。斯坦伯格认为，这样的政策不仅扰乱了国际市场，也"使中国与伊朗、苏丹、缅甸、津巴布韦等国发展不正当的关系，从而破坏了中国有利于地区稳定和人道主义目标的国际形象"。

最后，奥巴马政府认为要是没有中国的参与，将难以解决全球气候变化等重大问题，因为中国占有世界温室气体排放量的20%，至2030年前将对全球一半的排放量负有责任（届时其占全球的温室气体排放量将达到三分之一)。虽然北京仍然反对为减少温室气体排放承担"约束性的义务"及制订时间表,但近期它已经开始采取一些重要步骤——包括采纳一项全面的国家气候战略,宣布愿意采取"可通报、可核查"的措施减少能源使用密度。同时,美国及其他发达经济体也将敦促中国改善法律和治理能力,以确保其实现上述目标。

美中关系在未来不会一帆风顺,存在着长期地缘政治竞争的潜在可能,特别是在东亚。为此,中美对话将有助于培育双方在21世纪世界秩序中的广泛合作与信任。北京有义务向华盛顿和世界其他大国表明其对全球治理改革的优先考虑,并为维护国际秩序的开放与稳定发挥领导作用。

新兴大国与全球治理的未来*

［美］迈尔斯·凯勒 著　　游腾飞 编译**

　　中国、印度和巴西这三个新兴经济大国对未来全球治理的影响将十分显著，这些国家已将本国的经济发展与全球经济一体化紧密地联系在一起，并争相发挥更重要的区域和全球影响力。由于未过多地受到2008年金融危机的影响，这些国家不仅展示出强劲的经济发展态势，而且扩大了国际影响力。但是，这些国家是否能够对全球治理相关的制度和参与者产生持续影响，仍然值得商榷。基于对国际秩序中存在的经济趋同（economic convergence）现象的不同认识，经济学家们产生了两种相异的观点：一种观点认为，无论从绝对趋同的角度还是相对趋同的角度衡量，这些发展中人口大国的工业化发展是数十年来伟大的成就之一；而另一种观点则认为，经济趋同将引起权力结构的剧烈变动，传统强国（如美国、欧盟和日本）需要回应新兴国家的挑战，这一过程蕴含着矛盾冲突和秩序混乱升级的风险。新兴大国致力于重建

---

　　*　原文载于 *International Affairs*, Vol. 89, No. 3, 2013, pp. 711–729。原文题目为：Rising Powers and Global Governance: Negotiating Change in a Resilient Status Quo. 本文原载于《学习与探索》，2014年第10期。基金项目：国家社会科学基金项目"全球治理与主权国家之间的协调关系研究"（13CGJ021）。

　　**　作者简介：迈尔斯·凯勒，美国加利福尼亚大学圣地亚哥分校国际关系和太平洋地区研究学院教授。译者简介：游腾飞，华东政法大学政治学研究所博士。

全球治理机制，但有别于传统强国所支持的既定机制。

当下，全球存在两种相互竞争的发展趋势：其一是传统强国将继续维持全球治理现状，其二是新兴挑战者试图促进全球治理发生变革。对此，研究者需要谨慎地对支持两种观点所需的因果关系进行经验性检验，唯有如此，方能对上述两种趋势做出准确判断。谈判行为（negotiating behavior）为这一经验性检验提供了重要证据，有三个研究变量可用来支持对谈判行为的研究。第一个研究变量是新兴大国关于全球治理的偏好，主要偏好包括全球治理的内容和制度设计。如果新兴大国基本认同目前的全球治理的制度和规范，那么出现冲突和谈判僵局的可能性较低。第二个研究变量是影响全球治理的能力。虽然国家可能拥有潜在的全球治理能力，但是由于受到国内或国际因素的制约，此种能力可能无法充分发挥。第三个研究变量是新兴大国的崛起战略。新兴大国与传统强国间的谈判会直接导致全球治理发生变化，因而传统强国对新兴大国的回应将是全球治理的关键因素。

此外，在对偏好、能力和战略进行分析之前，应该预先了解以下两种理论观点，其一，全球治理不只限于正式的政府间组织。除了诸如国际货币基金组织、世界贸易组织之类的全球高峰组织外，全球治理还包括非国家行为体和非正规机构。其二，假定存在持续的经济趋同现象。通过对金砖三国经济领域可能的政策变化进行研究，可以得出关于经济趋同的未来趋势，即那些负债的传统强国的经济将出现持续性疲软的发展态势。

一、新兴大国的全球治理偏好

以国家为中心的发展模式，对以市场经济为导向的华盛顿共识构成了挑战。2008年全球金融危机之后，许多国家的政府包括美国政府均采取了大规模的国家干预政策。金砖三国以国家为中心的发展模式，常常被描述为一种替代华盛顿共识的经济增长方式。然而，对思想固化的既得利益者来说，以国家为中心的发展模式，将损害全球经济治理的现有规则，即使最成功的发展中国家也没有完全采用市场导向政策。① 相反，他们采取了广义上的新重商主义政策，从而促进了出口导向型制造业的发展。可见，经济趋同不仅不会对全球机制下的传统市场产生挑战，反而会促进经济增长性趋同。如果金砖三国推广其成功的国家指导经济发展模式，并且试图建立一个兼容所有发展模式的全球经济环境，那么金砖三国与传统强国以及现存的全球经济体制间的冲突很可能接踵而至。

金砖三国在全球经济谈判中的显著偏好，反映出他们试图在全球经济体制中寻求主导地位的倾向。例如，中国在最近的经济危机中一直迫切要求并试图在布雷顿森林体系中赢得更大的份额比重。由于传统强国开始让步，新兴经济体都愿意对国际金融机构投入更多的资源。然而，金砖三国对加强宏观经济政策监督的国际制度普遍持怀疑态度。

经济危机也使各国对以美元为中心的国际货币体系持批评态度。在2008年的金融危机中，中国虽然对美元地位持批评态度，但其目的是增强多边体系而非完全推翻整个国际货币体系。因此，中国代表在二十国集团峰会上没有明确提出这些问题，也没有试图与其他新兴经济体建立一个新的全球货币体系结构。中国打算将人民币更加国际化，最终形成一种可替代美元的国际化货币。但是，这种尝试将导致中国国内政治出现难题，即改变国际货币体系的努力与现存的国内治理模式可能发生冲突，因为新兴大国的全球经济治理抱负可能破坏现有的国际政治和经济秩序。

中国、印度和巴西在国际金融和货币管理领域的偏好表现出一个共性，即希望尽可能地出台适当影响全球化进程的政策。但其中一些政策（尤其是中国实行的与美元挂钩的低汇率政策）遭到了国际社会的尖锐批评。尽管存在这些批评，但新兴大国仍然试图在敏感的经济政策领域保持更多的自主性。新兴大国并没有提出全球经济治理体系的替代方案，也没有提出彻底推翻现有制度的改革性建议。总体来看，中国、印度和巴西在全球经济谈判和全球

---

① Ching, Thakur R., "Will China Change the Rules of Global Order", *Washington Quarterly*, 2010 (33), pp. 119 – 138.

金融危机前后，表现出温和的改革态度，在既定的国际准则和规则框架下，他们试图在全球治理过程中保持一定的政策自主性。

虽然新兴国家在全球经济治理上存在共性，但是在国际安全问题领域难以发现中国、印度和巴西三国的共同特点。这三个国家的军事水平和安全愿景各不相同，但他们均与美国为中心的安全网络保持适度距离，并经常与美国的安全战略发生冲突。自"9·11"恐怖袭击后，美国将其安全利益的定义不断扩大，导致金砖三国政府面临传统强国单方面修改国际安全制度的不利局面，在这种情况下，金砖三国政府往往表现为现有国际安全体制的固有捍卫者。

在现有全球治理制度中，金砖三国均关心两个关键的安全机制，即防止大规模杀伤性武器扩散和维和行动。虽然"金砖国家"对核不扩散的认识已经从批评发展到逐步认同，但是，当美国或其他大国未经多边同意即给这些国家强加新的义务时，他们仍然对此十分敏感。例如，中国虽然长期支持不扩散大规模杀伤性武器，但仍不承认美国支持的导弹扩散监管制度。[1] 印度已经与美国签订民用核能合作协议制度，以适应核不扩散条约非签署国的国家利益。但是，印度仍然是游离于武器出口管制协定外的主要武器出口国，并拒绝加入防扩散安全倡议。[2] 至于巴西，虽然它已经放弃核武器计划，但仍然认为核不扩散条约是一个内在的不公平条约。总之，这三个国家均认同掌握核技术是大国崛起的重要特征。

金砖三国对国际维和活动也做出了重大贡献。过去十年内，中国派出的参加国际维和行动人员数量，已超过其他安理会常任理事国。金砖三国始终捍卫传统的主权概念，对武装干涉表示质疑。例如，2011 年中国在联合国 1873 号设立利比亚禁飞区的决议中投了弃权票。中国和印度都对国家保护的

---

[1] Evans, Medeiros, "Reluctant Restraint", *The Evolution of China's Nonproliferation Policies and Practice*, 1980 – 2004, Stanford CA: Stanford University Press, 2007, p. 242.

[2] Narlikar A. Reforming Institutions, Unreformed India CC//ALANS, Alexandroff, Andrew F. Rising States Rising Institutions, Washington DC: Brookings Institution, 2010, p. 127.

责任（R2P）表态谨慎。① 对本国政治局势的关注和与发展中国家结盟的外交政策，共同决定了金砖三国的全球治理偏好。

在全球治理领域中，金砖三国对国际安全制度有着共同偏好，即在阐释全球治理制度的观点时，坚持强调与传统强国平等共存，拒绝任何未经明确协商的约束国家自主决策权的行为。随着这些国家进入国际结构体系的上层，无论是作为商品交易国、资本投资者或核能力国家，他们与其他新兴国家间的关系不再对等。

总之，金砖三国对现存全球治理制度的改革偏好趋于保守。虽然亚洲各国经常与合法国际机构发生对抗，但事实上，中国和印度都积极参与世贸组织的争端解决机制（DSM）。② 全球治理已不再局限于正式的政府间机构。近年来，在跨政府网络化管理和复合型网络化管理领域，非国家行为体参与网络化管理的特征日益显著，对国家来说，非政府组织已经成为全球治理的重要参与主体和谈判对象。因此，金砖三国政府往往把这些非国家行为体视为工业化国家的联盟伙伴，不再参加以主权国家作为关键准入者的全球治理机构，转而把政府间组织作为谈判和履行国际协定的首选。

二、新兴大国的全球治理能力和战略影响力

在全球治理的大多数议题领域，中国、巴西及印度这三个新兴大国展示出与传统强国类似的全球治理偏好。由于国内政治的变化或国际经济的周期性动荡，这三个新兴大国的偏好可能在未来出现分歧，国家能力的增长可能会导致本国全球治理偏好的改变。

潜在的偏好、日益增大的经济比重和不断增长的军事实力，不会直接转

---

① 国家保护责任，简称 R2P 或 RtoP。保护责任意指国家有保护其人民免受大屠杀、战争罪、种族灭绝和反人类罪等严重危害的责任。如果一国没有能力行使此责任，则国际社会必须随时准备根据《联合国宪章》采取集体行动保护人民。

② Christina L., Who Files, "Developing Country Participation in GATT/25 WTO Adjudication", *Journal of Politics*, 2009 (71), pp. 1033 – 1049.

化为新兴大国与全球治理机构谈判的磋商能力或对全球治理制度的影响力。在经济领域，庞大的市场规模，往往会为新兴国家提供一个重要的谈判优势。但是，市场规模和市场准入只是衡量全球治理能力的基准，遵守商定的市场开放措施与保持承诺可信的市场准入同样重要。

学者往往难以测量国家在全球经济治理领域的治理能力。在与传统强国的谈判中，中国和其他新兴经济体都拥有一个关键的筹码——大量的外汇储备。特别是中国的外汇储备在过去十年以惊人的速度增长，使中国在国际货币基金组织中的影响力日益提升，然而中国利用外汇储备优势与美国进行双边谈判的策略基本是无效的。① 通过关注全球治理领域内相关的国际国内安全、科技和军事等三项指标，可对国家谈判能力进行初步的估计。例如，印度和美国围绕核不扩散体系的谈判即是例证。印度通过掌握核技术，并以受到承认的"近核国家"（near-nuclear）的地位迫使美国调整核不扩散机制。

通过比较分析，人们就能发现这些新兴大国的能力是有差异的，只有中国具有持续提高在国际经济和安全议题领域的能力。虽然这三个国家影响全球治理的能力程度各异，但是他们运用这些能力的意愿十分重要。同时，谈判的方式可以弥补能力的缺失。例如，巴西在世界贸易组织中占据主导地位，具备了影响世贸组织的非正式能力。虽然印度的关税与贸易总协定（GATT）发起国身份常被忽视，在国际贸易体制内的能力也比较弱，但其一直是连续多轮贸易谈判中（包括多哈回合谈判）发展中国家反对派的领袖。至于中国不仅是多哈回合谈判的主要成员，而且在世贸组织中显示出略有激进的特征。

由于国内政治的约束，金砖三国在全球谈判和全球治理中运用其能力的意愿往往受到阻碍。国际经济一体化形式下不断产生的新政治参与者，使得国家难以执行连贯性谈判策略。中国出现的新外交政策参与者——活跃的跨国企业和网民，已经产生了分歧的政策倾向，这些新参与者质疑国际化的优先顺序，并迫切要求中国在追求国家利益过程中展现出更有力的姿态。巴西

---

① Drezner D., "Bad Debts: Assessing China's Financial Influence in Great Power Politics", *International Security*, 2009 (34), pp. 7–45.

外交政策的制定表现出混乱的特点：疲于应付国际承诺，并对是否将国际承诺视为其外交目标产生了疑惑。对国内政治成本的考量也限制了新兴国家参与全球治理的程度。这些规模庞大、快速增长的经济体存在着相对贫困现象，这限制了其在国际机构发挥领导作用的意愿。贫穷是导致中国、印度和巴西国内政治脆弱性和不安全感的一个重要因素。此外，印度和中国均面临着民族主义和政治腐败的问题，环境恶化问题也十分突出。总之，经济和社会不平等导致的冲突会影响新兴大国在跨议题领域谈判的立场。

综上所述，国内政治因素将导致新兴大国在全球治理上只能做出有限的谈判让步，并将不断减少全球治理的承诺，倾向于在全球问题治理上"搭他国便车"。

三、新兴大国和传统强国的全球治理策略及其回应

新兴国家在全球治理领域的谈判能力，能够通过建立两种类型的联盟来得以增强：其一是大型新兴经济体发挥领导作用的"南南合作"组织；其二是区域性合作联盟，此种合作可以将新兴大国区域性的影响力扩展到全球层面。

"南南合作"组织有两种形式，一种是大型新兴经济体间的联盟，如印巴南对话论坛（IBSA Dialogue Forum）和"金砖国家"领导人峰会（BRIGS Summit）。这两个联盟没有成立总部或常设秘书处，而且由于各自的国家利益诉求不同，难以做出步调一致的行动计划。另一种是广泛意义上的"南南联盟"。在世贸组织多哈回合谈判和气候变化谈判中，新兴大国努力形成规模更大的"南南联盟"，印度和巴西积极推动二十国集团联合"金砖国家"，常常通过运用联盟型战略在全球贸易谈判中获取一席之地。总体来说，通过领导联盟，印度和巴西两国在世界贸易组织中增强了能力，但同时也限制了战略灵活性。

区域性合作联盟是基于区域协定和机制形成的联盟。区域合作伙伴关系同样能够增强国家能力，区域合作的替代性选择方案提供了二次议价的好处，

即可以替代全球谈判的外部选择。传统的两大强权——美国和欧盟，已经运用此种外部选择，直接或间接地赢得全球谈判的优势，而金砖三国由于缺乏自身可靠的区域选择方式，在与传统强国的谈判中已处于不利地位。

然而，过去十年，中国、印度和巴西已经扩大了区域联盟战略。在亚洲，许多区域性的倡议已出台，如优惠贸易协定（PTAs）、东盟与中日韩合作机制（ASEAN Plus Three）、东亚峰会（the East Asian Summit）等，中国是这些倡议的主要推动者。由于亚洲存在收入水平和政治体制等方面的差异，区域性协调制度难以形成。因此，对于中国和印度来说，亚洲不太可能在短期内显著增加其全球治理的谈判能力。

自关税同盟谈判开始，巴西就通过寻求成为区域性主导国家的途径来增强其全球雄心，在巴西倡导下，相继成立了南方共同市场（the Southern Common Market）和南美国家共同体（South Ameriean Community of Nations）。然而，巴西面临着与中国和印度同样的困境。巴西试图成为区域性领导者的行为，既没有在全球层面上得到承认，也没有得到邻国的认可，区域性谈判难以形成该地区各国在全球谈判中的统一立场。与此同时，区域外交给已经不堪重负的巴西外交机构增添了新的负担。

无论是"南南联盟"还是区域性联盟，都不能支持金砖三国增强全球谈判能力或全球治理的雄心。"南南联盟"中最有活力的支持者——印度和巴西在世界贸易组织和其他论坛中能够发挥较大作用。但是，印度和巴西作为联盟的领导者，仍需要同其他数量众多、国情各异的发展中国家进行协商并统一联盟的谈判策略，这无疑大大增加了印度和巴西的外交成本。区域性联盟难以成为可信的外部选择，并且同样消耗了金砖三国大量的外交资源。现实中，有全球治理抱负的全球大国时常发现，区域邻国往往是他们的对手，而非谈判议程的忠实拥护者。

随着中国、印度和巴西的影响力日益提升，传统强国（美国、欧盟和日本）并非被动旁观。他们正在寻求应对策略。一方面，传统强国通过满足新兴国家在关键的全球机构中发挥更大作用的诉求，来维持自身地位的合法性；另外一方面，传统强国尽可能保留重要的决策权以保持机制运作的高效率。

首先，新兴大国在过去的十年里，几乎在所有重要的全球治理机构中都被授予了更大的决策权。例如，新兴大国在国际货币基金组织和世界银行中增加了配额。金砖三国被允许加入原先限于工业化国家参加的金融监管实体机构，印度加入经济合作与发展组织，金砖三国加入二十国集团等等。但是，传统强国的主要阵地如国际货币基金组织和世界银行的高层职位，是不会轻易拱手让予新兴大国的。

其次，传统强国努力削弱那些能够加强新兴大国潜在谈判能力的外部选择。通过一系列有竞争力的区域性举措，这些新兴大国形成的区域联盟已对传统强国构成了威胁。因此，日本谋求建成全球自由贸易协定网络，以便与中国相抗衡；美国则通过建立环太平洋贸易伙伴关系协定（TPP）来对抗中国主导的亚洲贸易集团。

总之，传统强国采取策略的最终结果是在现有的全球性机构和谈判论坛中适度增加新兴大国的数量。与此同时，传统强国对新兴大国区域性联盟的反击可能会削弱中国和印度现有的影响力，但有利于增强巴西的未来影响力。

四、大国博弈和全球治理的未来

几乎没有迹象表明，中国、印度和巴西这三个世界上最大的新兴经济体试图对全球治理的现状进行激进的挑战。上述三个国家的经济成功均建立在谨慎参与国际经济一体化的基础之上。在现今的国际经济秩序下，他们已经成为主要的利益相关者，因而不太可能支持革命性的变化。他们在2008年全球经济危机之后的经济发展成就，可视为对全球治理机构改革的支持。虽然金砖三国政府初步表现出对外输出国家发展模式的企图，但他们与传统强国相似，在捍卫国家政策自主权的同时，试图从全球经济一体化中攫取最大化的利益。虽然这三国具有善意的和谈态度和改革方案，但并不意味着他们是软弱的谈判伙伴。新兴大国与传统强国间常常发生能够破坏全球治理的冲突，此种冲突最有可能在以下三方面发生：体制差异上的摩擦、治理责任分配上的矛盾和规则效率上的争议。

当传统强国要求新兴大国向以市场为导向的发展模式转变时，常常出现因体制差异带来的摩擦。如果新兴大国经济持续发展的动力依赖于经济增长的趋同性，那么国内利益集团就会抵制与全球标准一致的外在要求。新兴大国将有限选取传统强国的做法和标准，并将继续表现出那些影响合作伙伴和竞争对手的体制性差异，对待外国投资者的态度、政府补助、劳工和环境标准等诸多问题领域的冲突也将持续存在。传统强国和新兴大国间关于上述问题的谈判，将使全球化时代的学者对全球治理议程更加质疑：全球经济治理的目标是完全消除国内政治和经济差异，还是通过对体制的差异性进行管理和利用旨在减少冲突的谈判等方式进行更深入的一体化？

全球治理中的治理责任分配矛盾，是难以在短时期内解决的棘手问题。由于存在贫困和发展不平等等国内矛盾，新兴大国与传统强国间在全球治理责任分配上的冲突可能加剧。一方面，传统强国常指责新兴大国在提供全球公共产品上采取"搭便车"的做法；另一方面，新兴大国则认为其并不具备足够的国家能力执行全球规则，并以发展中国家的身份拒绝承担有约束力的新义务。而且随着新兴大国经济权重和谈判能力的不断增长，传统强国有可能不再认可此种解释。传统强国和新兴大国关于"是否搭便车"的观点截然不同，这些差异观点掩盖了全球正义的一个基本的问题：一个贫穷国家在多大程度上需要对全球治理做出贡献？

全球治理中关于效率的争议会随着新兴大国的加入而日益激烈，在国际谈判中需要权衡哪种做法更加合理，是最终建立具有包容性的完善体制，还是注重达成并实施协议的效率？在多哈回合谈判中，这种争议表现得非常明显。由于持不同观点的参与国不能被平等对待，多哈回合谈判陷入僵局。因此，在未来的全球治理规则的制定中，应该严格限制参与国的规模与数量，虽然此种做法存在分裂全球治理体系的缺陷。

五、结语

自 20 世纪 30 年代最严重的世界经济危机之后，各国之间既没有停止国际合作的步伐,也没有瓦解全球的治理机制。然而在最近的谈判中,新兴大国却表现出保守的姿态。新兴大国对国际合作的支持是维持国际合作机制的关键因素。展望未来,虽然难以出现一个对全球治理构成颠覆性挑战的权力转移模式,但缺乏有效领导的全球治理将导致世界的混乱和无序。当前,增长缓慢的传统强国将继续从现有的游戏规则中获益,并不断展现其国家优势,而那些需要更多国际监督的国家间合作和参与,则难以得到实质进展。例如,在全球经济平衡和气候变化问题上,最理想的情况是达成脆弱的协议,而最差的情况则是可能出现国家的单边行动。

为此,只有推进制度性创新才能促进传统强国与新兴大国达成协议,从而进一步推动全球治理的良性发展。首先,如果传统强国承认新兴大国日益增长的全球治理能力,那么新兴大国必须做出提高透明度的承诺。在最近的全球治理改革中,透明度正在不断提高,这将有助于减少因为信息失真和不对称性带来的谈判失败和矛盾冲突。其次,由于新兴大国存在国内政治和经济的不确定性,因此,机构改革谈判应着眼于关注条约的例外条款,并采取形式上灵活的保障措施。再次,鉴于新兴大国对主权十分敏感,精心设计非正式的全球治理机制至关重要。最后,传统强国需要将新兴大国纳入工业化国家间已经形成的、涵盖各国政府和非政府组织的非正式网络,从而使此种非正式网络成为开展国际合作的一个重要新支柱。虽然上述几种机制改革创新可以实现,但也仅能在不断变化的全球环境中为松散的全球治理和机构提供一些保障。中美、中印之间因政治、军事对抗而带来的外部效应,可能破坏其他领域的合作。为此,传统强国政府必须说服本国公众接受一个现实情况,即新兴大国通过成功的发展已经产生了积极、显著的全球外部效应,新兴大国的进步将持续产生实质性的好处,因而值得传统强国与新兴大国共同进行全球治理改革。尽管新兴大国需要将主要精力用于解决国内政治问题,但是,仍旧需要不断提高国际参与程度。因此,全球治理改革的目标一方面应是维持新兴大国未来的经济和政治进步,另一方面则是推动新兴大国和传统强国进行深层次的国际合作。

全球治理舞台上的中国和印度[*]

[德] 德克·梅斯纳　　[英] 约翰·汉弗莱　著　　赵景芳　译[**]

一、引言

冷战结束后,有关全球治理的争论反映了一种共识,即加速发展的全球化正在带来跨界和全球性问题,这些问题无法依赖各行其是的民族国家得到解决,而是需要国家间以新形式的"超国家治理"为基础通过政治合作加以应对。[①] 国际金融危机、银行管制、全球气候变化、国际产权、移民流动、人道主义干涉、打击跨国恐怖主义以及一直以来备受关注的国际贸易体制等问题,已经日益成为全球治理的对象。

---

[*] 本文原载于《世界经济与政治》,2006年第6期。

[**] 作者简介:德克·梅斯纳,德国发展研究所主任;约翰·汉弗莱,英国发展研究所研究员。译者简介:赵景芳,军事科学院博士研究生。

[①] M. Zürn, *Regieren jenseits des Nationalstaates*, Frankfurt: Suhrkamp Verlag, 1998; J. N. Rosenau, *Along the Domestic-Foreign Frontiers*, Cambridge: Cambridge University Press, 1997; J. D. Donahue and J. S. Nye, *Governing in a Globalizing World*, Washington, D. C.: Brookings Institutional Press, 2000; P. Kennedy, D. Messner and F. Nuscheler, *Global Trends and Global Governance*, London: Pluto Press, 2002; E. Ostrom, "Revisiting the Commons: Local Lessons, Global Challenges", *Science*, Vol. 84, No. 12, 2002, pp. 278 – 282.

在这种背景下,全球治理的目标与宗旨被确定为:"发展一整套包括制度、规则及新型国际合作机制在内的体制,以此为基础不断应对全球挑战和跨国现象所产生的问题。"① 随着越来越多具有潜在威胁的问题的出现,全球治理的主要目的是要避免全球体系内的危机和动荡。这一目标无法通过一个集中统一的全球治理体系来实现,而是需要大批的多层次、多行为体参与的制度安排,其中这些行为体既包括政府间组织,也包括半官方及完全非官方的团体。②

但是,全球治理并非仅止于此,其发展还有自身的目标。20世纪90年代的大部分时间里,全球治理的目标被设计为一项新自由主义政策议程,旨在通过国家内部和外部的自由化来促进经济更快增长。尽管有关"管理全球化"或"让全球化有利于穷人"等问题的讨论日益突出表明,如果要促进各国普遍发展,全球化进程需要从政治上进行干预③,但是国际一体化的不断增强仍被认为是一项促进经济增长的积极因素。④

20世纪90年代,全球治理理论促进了多边世界秩序的强化以及政府与民间行为体之间新型合作模式的建立。这段时期内,私营公司和非政府组织在全球治理中的地位更加凸显,民间与半官方组织在各种全球治理制度中,尤其是围绕产品安全、质量、金融、劳工和环境的标准设定方面的

---

① D. Messner, "1st Außenpolitik noch Außenpolitik…und was ist eigentlich Innenpolitik. Einige Beobachtungen zur Transformation der Politik in der Âra des Globalismus." PROK LA. Zeitschriftfür kritische Socialwissenschaft, Vol. 30, No. 118, 2000, p. 28.

② 对规范全球经济起到一定作用的民间团体,包括私营债券评级代理机构以及在再保险和清算账目领域中的全球寡头垄断公司。此类团体还包括诸如食品领域的欧盟良好农业规范(EU-REPGAP)和全球食品安全倡议(GFSI)以及电子领域的电气与电子工程师协会(IEEE)等民间标准制定倡议在内。参见 A. Payne, "The Study of Governance in a Global Political Economy", in N. Phillips (ed.), *Globalizing International Political Economy*, Basingstoke: Palgrave Macmillan, 2005, p. 77。

③ E. Aninat, "Surmounting the Challenges of Globalisation", *Finance& Development*, Vol. 39, No. 1, 2002, http://www.imf.org/external/pubs/ft/fandd/2002/03/aninat.htm.

④ 可参见 World Bank, "Globalisation, Growth, and Poverty", Policy Research Report, Washington, D. C.: The World Bank, 2002, http://econ.worldbank.org/prr/globalization/text-2857/。

作用越来越重要。① 施奥特则把全球层面上私营部门行为体在规范活动中发挥越来越大作用的趋势称为"治理的私有化"。②

然而,多行为体、多层面全球治理体系的兴起似乎并没有为发展中国家创造出有效参与全球治理制度的空间。③ 虽然人们十分关注发展中国家对全球治理制度的参与和影响力有限的问题,并试图通过贸易谈判为发展中国家提供增加理解和能力的机会,但是直到最近的世界贸易组织"多哈回合"谈判,发展中国家才充分展现出在设定议程和阐明立场上的能力。不过,大量分析表明,发展中国家对许多制定和应用具有重要影响的贸易技术规则的论坛的参与仍十分有限。④ 面对这种情况,全球治理机构的决策者一直努力通过为发展中国家培训谈判和技术专业人员以及支持其参加会议来提高它们对这些论坛的参与程度。

"9·11"事件加剧了发展中国家在各种全球论坛中的边缘化,因为它把讨论的焦点转移到了全球化条件下世界政治的未来上面。美国政府对"9·11"事件的回应和伊拉克战争引发了一场有关"孤独超级大国"阴影下单边世界秩序的激烈讨论。⑤ 许多观察家认为,在未来一段时期内,美国仍将是全球唯一的超级大国。有人宣称,除美国外,还没有看到其他行为体能够对全

---

① K. Nadvi and F. Wältring, "Making Sense of Global Standards", in H. Schmitz (ed.), *Local Enterprises in the Global Economy*, Cheltenham: Edward Elgar, 2004, pp. 53–94; J. Humphrey, "Shaping Value Chainsfor Development: Global Value Chains in Agribusiness", Eschborn, GTZ, http://www2.gtz.de/publikationen/isissearch/publikationen/details.Aspx? RecID = BIB-GTZ066187 Global.

② A. Scholte, *Globalization: A Critical Introduction*, Basingstoke: Palgrave, 2000, p. 151. 转引自 V. Higgins and G. Lawrence, "Globalisation and Agricultural Governance", in V. Higgins (ed.), *Agricultural Governance: Globalisation and the New Politics of Regulation*, London: Routledge, 2005, p. 5。

③ D. Rodrik, *Has Globalization Gone Too Far?* Washington, D. C.: Institute for International Economics, 1997; C. Maggi and D. Messner (eds.), *Gobernanza Global*, Una Mirada desde América Latina, Caracas: Nueva Sociedad, 2002.

④ S. Zarrilli, "WTO Sanitary and Phytosanitary Agreement: Issues for Developing Countries", TRADE Working Papers 3, Geneva: South Centre, 1999, p. 15.

⑤ R. Cooper, *The Breaking of Nations, Order and Chaos in the Twenty-first Century*, New York: Grove Press, 2003; I. V. Daalder and J. M. Lindsay, *America Unbound*, Washington, D. C.: Brookings Institution Press, 2004; W. R. Mead, *Power, Terror, Peace, and War—America's Grand Strategy in a World at Risk*, New York: Knopf, 2004.

球治理进程发挥广泛而持久的影响。① 如果那样的话，发展中国家则将不可能在未来国际政治和全球治理中发挥有效的作用。

可是，在关于"单边世界秩序"的讨论即将达到顶峰之时，又出现了一场新的争论。这场争论的焦点是中国和印度及其他一些"支柱国家"（anchor countries，如巴西和南非）的崛起以及它们对整个工业发达国家特别是对美国全球霸权带来的新挑战。② 本文将主要讨论中国和印度的崛起如何塑造全球治理架构以及对西方带来怎样的新挑战。

二、作为全球变革推动者的中国和印度

值得关注的是，直到最近一段时间，人们才意识到中国和印度作为全球变革的推动者甚或"亚洲发动机（Asian Drivers）"，在全球政治、变革和治理等方面正日益发挥着重要的作用。从许多重要的全球治理文献可以看出，直到 2003—2004 年，在有关全球性变革（世界问题、全球相互依赖、全球化进程对民族国家改革的冲击以及全球治理体系中政策制定的新模式）主要驱动力的争论中，人们才开始论及中国和印度作为全球化推动者的重要性。③

---

① R. Kagan, *Paradise and Power: America versus Europe in the Twenty-first Century*, New York: Knopf, 2003.

② 所谓"支柱国家"，是指一个地区内的最大经济体，或拥有至少相对于地区内其他国家 20% 经济量的国家。支柱国家在地区内拥有广泛的经济政治影响。参见 John Humphrey and Dirk Messner, "The Impact of the Asian and Other Drivers on Global Governance"; Goldman Sachs, "Dreaming with BRICs: The Path to 2050", *Global Economics Paper*, No. 99, 2003, http://www.gs.com; A. Stamm, "Schwellenund Ankerälnderals Akteure einer globalen Partnerschaft", DIE Discussion Paper, No. 1, Bonn: German Development Institute, 2004; T. L. Friedman, *The World Is Flat: A Brief History of the Twenty-first Century*, New York: Farrar, Straus and Giroux, 2005; T. L. Friedman, *The Lexus and the Olive Tree*, New York: Farrar, Strauss & Giroux, 1999。

③ Commission on Global Governance, *Our Global Neighbourhood*, Oxford: Oxford University Press, 1995; D. Held, et al., *Global Transformations: Politics, Economics and Culture*, Standford: Standford University Press, 1999; M. Zürn, Regieren Jenseits des Nationa lstaates, 1998; M. Zürn, "Global Governance under Legitmacy Pressure", *Government and Opposition*, Vol. 39, No. 2, 2004, pp. 260–287; J. N. Rosenau, *Along the Domestic-Foreign Frontiers*, 1997; J. D. Donahue and J. S. Nye, *Governing in a Globalizing World*, 2000; P. Kennedy, D. Messner and F. Nuscheler, *Global Trends and Global Governance*, 2002.

美国国际政治领域内的一些重要学者也忽视了"亚洲发动机"现象的出现。比如，兹比格纽·布热津斯基认为，中国仍然是一个非常贫穷的国家，对美国来说并非真正的政治挑战；约瑟夫·奈强调，中国必须要走相当长的一段路才能成为与美国实力相当的竞争者①；查尔斯·库普乾则把欧洲描绘为唯一超级大国面临的严峻挑战，而丝毫没有论及"亚洲发动机"的未来作用；伊沃·戴尔德与詹姆斯·林德赛则把注意力集中在发展跨大西洋的新型合作模式上，也根本没有考虑中国和印度可能会改变整个局势。②

自 1990 年以来，西方出现了六种有关全球政治未来发展的理论，但其中没有一种论及"亚洲发动机"的发展趋势。第一，福山的"历史终结论"意识到全球民主化的强烈趋向，认为全球政治地图的主要冲突线是民主国家和非民主国家之间的斗争。③ 第二，米尔斯海默集中关注冷战稳定格局崩溃之后民族国家间冲突的再度出现。④ 在他看来，大规模杀伤性武器扩散是最严峻的挑战。因此，以实力为取向的安全政策是任何全球战略的核心内容。"9·11"事件后，卡根等许多学者认为，反恐战争将是未来几十年内的主要冲突形式。⑤ 无论米尔斯海默还是卡根，他们都把"安全"作为其研究的首要议题。第三，亨廷顿则主要思考西方与其他文化之间的"文明的冲突"。⑥ 第四，保

---

① J. Nye, *The Paradox of American Power*, Oxford: Oxford University Press, 2002, p. 22.

② 实际上，直到最近的国际关系争论，西方学者才开始把中国和印度放入全球权力格局的框架之内来考虑。J. Nye, "Entspannung Zwischen Indienund China", *Süddeutsche Zeitung*, June 13, Munich 2005, S. 2; J. Fischer, Die Rückkehrder Geschichte. Die Welt nachdem 11. September unddie Erneuerung des Westens, Cologne: Kiepenhauer & Witsch, 2005; T. G. Ash, "Len inistischer Kapitalismus. Chinas Undemokratischer Aufstiegzur Schönenneuen Welt 2026", *Süddeutsche Zeitung*, January 13, München 2006, S. 15。

③ F. Fukuyama, *The End of History and the Last Man*, New York: The Free Press, 1992.

④ J. J. Mearshemier, "Back to the Future: Instab ility in Europe after the Cold War", *International Security*, Vol. 15, No. 1, pp. 5 – 56.

⑤ R. Kagan, *Paradise and Power: America Versus Europe in the Twenty-first Century*, New York: knopf, 2003.

⑥ S. P. Huntington, *The Clash of Civilizations and the Remaking of World Order*, New York: Smion and Schuster, 1996.

罗·肯尼迪和罗伯特·卡普兰认为，主要冲突线存在于"西方世界和世界其他部分"之间社会经济上的不对称。在他们看来，全球贫困、环境破坏、腐败和南方国家的失败是主要挑战。发展政策以及西方工业化国家和发展中国家间的国际合作是应对这些全球风险的重要方面。第五，托马斯·弗里德曼分析了全球政治的经济化进程。在他的地缘经济学图景中，主要冲突线存在于能够从自由化、新技术和全球市场变革中获益的部分与信奉国家调控和保护主义的另一部分之间，而这两部分既存在于国家内部，也存在于国家之间。第六，20世纪90年代中期以来，全球治理理论经历了全球化条件下深刻的政治变革。这种转变的关键词是"威斯特伐利亚体系的终结"①，即国家内部与外部主权的销蚀以及国内外政策与政治界限的模糊。在这种情境下，关键性的挑战是建立一个综合性的全球治理架构，以便处理日渐增多的世界性问题和全球相互依赖。换言之，全球治理理论认为当前面临的主要挑战是如何强化合作性的全球多边主义。

依笔者看来，"亚洲发动机"现象可能会改变并挑战上述六种"全球政治未来图景"所描绘的那些趋势。全球政治的第七种图景则认为，未来几十年内，全球治理中的主要冲突线存在于中、印作为全球经济及治理的强大推动者所产生的新动力与以上种种趋势之间的相互作用。

三、中印崛起带来的新的权力格局

中国和印度崛起为全球治理与世界经济的重要行为体，将使当今"准单边世界秩序"转变为一种事实上的多极权力格局。最迟到2025—2030年，美国、中国、印度和欧洲将成为全球治理体系中举足轻重的四大力量中心。这些核心行为体在未来全球治理中的相互作用将在很大程度上决定21世纪跨界及全球性问题是否以及如何进行应对，决定世界发展中地区在世界政治和经

---

① 此指1648年签订的结束了"三十年战争"的《威斯特伐利亚和约》，它确立了国家主权和不干涉他国事务的原则。

济中能够扮演怎样的角色。这种新的多极力量格局及其带来的权力与政策选择的竞争将成为塑造未来50年全球治理架构的核心冲突线——其塑造的方式类似冷战时期的两大体系冲突,也类似导致第一次世界大战的主要欧洲国家之间无休止的冲突。

其中,问题的核心是,欧盟能否帮助把这两股新兴力量逐渐整合到一个有效的多边主义体系之中,抑或这种多极体系因无节制追求权力而导致新的冲突和不稳定,从而制约了遏制全球化消极方面(比如贫困、环境退化、国家失败)的力量。而未来很可能的情况是,全球治理体系将受到"动荡的多边主义"(turbulent multilateralism)的影响。

中国和印度正成长为全球性参与者,从而改变着工业化国家和发展中国家之间的关系。这两个国家在经济和政治上的崛起正在并将继续产生重大而深远的影响。20世纪70—80年代,虽然韩国和台湾地区也曾展示出高增长率,但是现在中、印这两个世界上人口最多的国家正在推动世界经济发展,并改变着其根本的模式。因此,中国和印度不仅是"崛起的经济体"(如同韩国、新加坡、泰国和日本一样),而且更是"全球变革的亚洲发动机"。中国对全球经济影响的迅速增长令人吃惊:它在美国全部进口中所占的份额从1995年的6%上升到2004年的15%①,而且在各种制造业部门中,它对全球贸易具有根本性影响。根据经济合作与发展组织出版的《中国经济概览》预测,至2010年,中国将超过德国和美国,成为世界最大的出口国;中国对关键性贱金属(base metals)的需求从20世纪90年代早期的5%—7%增长到目前的20%—25%;中国拥有世界第二大外汇储备,总计超过8190亿美元;中国将很快成为世界最大的二氧化碳排放国——中国未来的能源政策将对全球气候变化情况产生至关重要的影响。从20世纪70年代到90年代中期,中国从事实上孤立于国际

---

① http://www.uscc.gov/trade_data_and_analyses/industry_job_trends/2005/B-95-05-US-X-M-share.pdf.

组织的状态逐渐转变为对国际体系内的国际组织进行充分参与。①

印度在世界贸易和金融方面的地位不如中国显赫。虽然印度的贸易占国内生产总值的比率比中国低得多，但是在过去20年中，印度也实现了经济的持续增长，并且在下个十年中保持继续增长的前景看好。至2020年，印度将可能成为世界第三大经济体。一些分析人士甚至认为，印度的长期发展前景要好于中国。② 比如，由于印度相对于中国有许多重要的比较优势（比如，"民主制度"、不断成长的年轻人口等），它甚至可能成为具有更大全球行动能力的行为体。自1964年七十七国集团成立之始，印度就一直在发展中国家的贸易谈判中发挥着关键性主导作用，但印度在各种全球论坛中的地位以及印度政治与经济精英对自我的认知正在经历戏剧性的变化。颇具影响力的《金融时报》专栏作家马丁·沃尔夫（Martin Wolf）指出："印度工业联合会的'印度无处不在'运动席卷了今年达沃斯世界经济论坛的年会。如果公共关系是走向经济成功的路径的话，印度将征服整个世界。印度人确实无处不在，而中国人则相对不见踪影。"③

发展中国家经济面临的最大挑战当然来自中国与印度的崛起。首先，随着中国与印度经济的增长，全球竞争环境迅速发生了变化。由于中印两国的高经济增长率、经济规模以及国家内部结构调整的速度，中国和不断加速崛起的印度正在对世界其他地区造成巨大的压力。其次，初级产品在数十年价格跌落之后，自2001年起，原材料与农产品的贸易价格开始反

---

① Y. Wang, "Briefing Multiple Perspectives on Relations bewteen China and International Organizations", in Y. Wang (ed.), *Construction with in Contradiction: Multiple Perspectives on the Relationship bewteen China and International Organizations*, Beijing: China Development Publishing House, 2003, pp. 1 – 46; A. I. Johnston, "China and International Institutions: Perspectives from Outside China", in Y. Wang (ed.), *Construction with in Contradiction: Multiple Perspectives on the Relationship bewteen China and International Organizations*, pp. 314 – 328.

② D. Rodrik and A. Subramanian, "Why India Can Grow at 7 Percent a Year or More: Projections and Reflections", IMF Working Paper 04/118, New York: International Monetary Fund, 2004, p. 3; Deutsche Bank Research, "India Rising: A Medium Term Perspective", http://www.dbresearch.com, 2005.

③ *Financial Times*, February 14, 2006.

方向运动①，其原因在于中国与印度需求的拉动。在越来越多的部门中，中国工业出口产品正在积极抢占拉美和非洲公司在世界市场上的份额。② 这两个世界上人口最多的国家的经济活力正在使世界劳务、商品和金融流动市场发生着重大变革。发展中国家决策者需要理解并对新的全球环境做出反应。其中，"赢家"（特别是能源与原材料出口国）将不得不应对出口商品价格与数量增长带来的影响，而"输家"（需要进口不断涨价的原材料与能源的国家以及在国内外市场面临廉价工业制品竞争的国家）则将面临艰难的调适过程。

自相矛盾的是，这种不断增强的影响却很少被运用它的国家所认识到。以中国为例，外界对中国力量以及它对全球经济影响的增强与中国国内的认识大相径庭。中国国内认为，中国仍然相对贫穷落后，需要集中精力克服困难，实现经济持续快速增长以及保持政治稳定和领土完整。这种内外认识上的巨大差异主要存在三个原因：第一，外部与内部认识的视角不同。从外部来看，中国的发展对全球贸易具有重大影响：它在 2010 年有望成为世界上最大的出口国。中国内部的观点则非常不同：1998 年，以人均工业制品出口计算，中国在世界上排名第 52 位。③ 因此，中国仍把自己看作贫穷的国家，而外界则把中国看作强国。第二，外部与内部的优先考虑和对风险的认识存在差异。外界根据中国过去的增长来推断中国未来的发展，认为它们必须为这种可能的未来情况而准备。对于外界来说，无论中国经济保持继续增长还是进入一个停滞或危机时期，中国都将对全球经济具有根本性影响。而在国内，中国政府的优先考虑和责任所系则是维持国家的经济增长和政治稳定，应对主要因经济和社会快速转型而带来的众多挑战。第三，存在一个相对规模的问题。某些对于中国相对不太重要的变化，而对于较小的国家来说则意义重大。

---

① R. Kaplinsky, "Revisiting the Revisited Terms of Trade: Will China Make a Difference?" unpublished paper, Brighton: Institute of Development Studies, 2005.

② E. Dussel, *Economic Opportunities and Challenges Posed by China for México and Central America*, Bonn: German Development Institute, 2005; R. Kaplinsky and M. Morris, "China's Impact on Africa", unpublished paper, Brighton: Institute of Development Studies, 2006.

③ UNIDO, Industrial Development Report 2002/2003-Competingth rough Innovation and Learning, Vienna: UNIDO, 2002, p. 163, http://www.unido.org/doc/5156.

笔者认为,"亚洲发动机"崛起带来的挑战在以下两个方面能够被明显感受到:(1)在多极权力格局时期,全球治理制度的管理能力以及这些机构中权力的均衡和所面临的挑战;(2)由于中国和印度提供了不同的发展选择,工业化国家的发展政策因而面临着挑战。

四、全球治理领域中的挑战

在我们进入一个多极世界的过程中,世界将会怎样被塑造呢?它将以各方合作性的态度,还是新老全球参与者的尖锐冲突为特征呢?历史经验表明两点:多极国际结构常常不稳定,倾向于冲突性;全球霸权国家或帝国的崛起与衰落通常伴随着冲突、动荡甚至战争。[1]

中国与印度作用的日益增强必将给全球治理带来挑战。首先,尽管中国与印度喜欢利用多边主义的辞令,但两国国内重要政治行为体的思维主要受传统主权和民族国家观念主导。相比之下,工业化国家特别是欧洲国家的决策者则认为,在当代全球相互依赖背景下,利用国际合作加强国家的治理资源,修正对于"不干涉"概念的理解,对于在一个已全球化的世界中保持政治行动与解决问题的能力来说是必要的。有意思的是,中国与印度所赞成的关于主权与民族国家的传统理解与当前美国政府的政治思想完全吻合。比如,在有关伊拉克问题的争论中,美国新保守主义政治思想家罗伯特·卡根曾努力向欧洲解释,"多边主义是弱国所使用的概念"是一种很可能在崛起的亚洲强国中找到众多支持者的论断。在这种背景中,人们很容易理解,中国与印度为什么在 2005 年与布什政府签署了"气候倡议"而同时又支持京都多边进程以及对二氧化碳排放量设定限制的努力。如果这些基本政治模式在美国、中国与印度关系中得到强化,那么它对全球治理进程的未来将产生重大影响。

---

[1] Charles Kupchan, *The End of the American Era*, New York: Alfred A. Knopf, 2002; Paul Kennedy, *The Rise and Fall of the Great Powers*, New York: Vintage Books, 1989; H. Münkler, *Impevien*, Berlin: Rowohlt Verlag, 2005.

其次，中国与印度的崛起将会挑战美国在布雷顿森林体系（世界银行、国际货币基金组织和世界贸易组织）中的霸权。比森与贝尔认为，这些机构不仅仍然在管理全球经济方面发挥着重要作用，而且反映了根据盎格鲁－撒克逊思想设计的某种特定世界秩序观念。①

最后，多极世界除挑战全球治理的内容外，还将挑战各种治理的进程。历史表明，即使世界经济出现了新的格局，而调整的压力可能会使多极权力格局的演变充满动荡与不稳定。未来很可能出现的一种情景是，现有主导国家与新兴崛起国家间充满大国敌对。② 在1997—1998年的亚洲金融危机期间，日本曾提出创建亚洲货币基金组织以稳定地区货币，美国则立即对日本表示，国际货币基金组织将负责此事。如果有一天中国与印度开始建立自己的全球治理战略，那么情况又将如何呢？谁会负责缓和中国与印度的立场并指导它们走入合作的渠道呢？实际上，无论"东方"还是"西方"，在不同的问题上都可能会产生分歧或根据立场来画线。从这个角度看，一个以大国间彼此离心为特征的破碎的全球治理架构比一个包容性的全球治理结构出现的可能性更大。

（一）对世界贸易组织的影响

总体来看，随着中国和印度影响力的日益增强，人们能够辨识出它们对

---

① M. Beeson and S. Bell, "Structures, Institutions and Agency in the Models of Capitalism Debate", in N. Phillips (ed.), *Globalizing International Political Economy*, Basingtone: Palgrave Macmillian, 2005, pp. 116 – 140.

② "亚洲发动机的崛起"将挑战美国作为"唯一超级大国"的自我认识。兹比格纽·布热津斯基描述了美国克服"全球支配"观念和发展一项"全球领导"战略的困难有多大："一个富有经验的欧洲观察家在对当代美国与古代罗马对比时很有见地地指出，没有对手的世界大国自成为一个等级。它们不接受任何国家是对等的，很容易把忠实的追随者称为朋友。它们不再有任何敌人，有的只是叛乱分子、恐怖分子与流氓国家。它们不再作战，而只是惩罚。它们不再发动战争，而只是缔造和平。当臣属没有履行其职责时，它们就会被激怒。"此处还应该加上，"它们不侵略别的国家，而只是解放"。作者写于"9·11"事件之前，但是其评论惊人地抓住了美国某些决策者的态度。参见 Z. Brzezinski, *The Choice: Global Domination or Global Leadership*, New York: Basic Books, 2004, p. 216; P. Bender, "America: The New Roman Empire?" *Orbis*, Winter 2003, p. 155。

当前世界秩序的潜在挑战。然而，需要认清的重要一点是，中国与印度的影响力不仅取决于它们进行改造的能力，还取决于它们希望挑战当前游戏规则意愿的程度。在这方面，世界贸易组织的例子提示我们，我们并非简单地存在于这样一个世界，即西方的利益必然受到来自崛起国家的挑战。坎昆会议就展示了西方未来可能受到的其他挑战。当时美欧议程与二十二国集团国家的议程发生了冲突，最后形成了僵局。① 在坎昆会议上，由于中国同意加入二十二国集团使得印度长期以来作为发展中国家利益代言人的角色得到加强。然而，这可能是一个特例，而非一种常规。总体而言，中国在世界贸易组织中一直保持低姿态。大多数关于中国与世界贸易组织的分析集中于中国在成为该组织成员过程中需要进行的调整，而非中国对该组织运作产生的影响。宋乱强调指出，中国加入 WTO 过程中面临着各种压力和困难。② 一方面，作为发展中国家，中国应该与其他发展中国家协作，为争取发展中国家更加公正的贸易条件以及国家发展的政策空间而斗争。中国自身的发展经验与世界贸易组织的许多规则相抵触。另一方面，作为崛起中的大国，中国会从世界贸易组织创立的经济秩序的维持中得到好处。随着中国对科技投资的稳脚跟，中国可以从当前体系规则的维持中获得许多好处，包括知识产权的保护等。对于印度，现在尚不确定伴随它在科技领域的同样大力投资，它能否也会实现向"正统"全球治理制度的过渡。因为没有理由假定，在未来 20—30 年，中国与印度的利益必然会与其他发展中国家的利益相一致。

当前，发展中国家具有共同利益的这样一种"意识形态"对于印度来说仍然很重要，因为印度经常把自己当作发展中世界的领导者。在这方面，它与种族隔离之后的南非和卢拉当选总统后的巴西有很多的共同之处，因为这

---

① 尽管如此，国家间仍以十分复杂的方式画线站队。比如，在农业问题上，发展中国家就存在许多不同的利益。关于坎昆会议上对发达国家与发展中国家在农业问题上复杂的立场画线的讨论，参见 Australian Services Round table, "Cancun Special", *Newsletter*, September 2003, http://www.servicesaustralia.org.au/pdfFilesNewsletters/specialnewsletter.pdf.

② H. Song, "China and WTO: A Process of Mutual Learning, Adapting and Developing", in Y. Wang (ed.), *Construction with in Contradiction: Multiple Perspectives on the Relationship between China and International Organisations*, p. 194.

些国家也想承担这样一种角色。它突出体现在 2003 年 6 月三国外交部长在巴伐利亚会议上创立了"印度—巴西—南非对话论坛"(IBSA)。这一组织没有包括中国,说明这些国家作为"民主的"、非经合组织国家正积极试图在"七国集团"或"八国集团"之外发挥更显著的作用。它们把自身看作是穷国利益的代言人,但这种自我认知可信吗?事实上,它们充当这样一种角色的同时,并没有排除对自我利益的追求。比如,巴西在联合国提出有利于穷国的倡议并大谈特谈多边主义外交的同时,在本地区却采取服务于本国经济私利的货币政策。

(二) 全球准则的制定

在贸易和投资领域,全球治理还是通过制定多种多样准则的机构来实施的。正如布鲁森与雅各布森指出的,在现代世界中,准则可以生成一种强大的全球秩序要素,若没有这些准则,现代世界中的全球秩序是不可能存在的,准则强化全球范围内的协调与合作。标准化是规范的一种形式,其极端重要性犹如等级制和市场一样。① 创立什么样的准则以及如何应用这些准则对于贸易发展具有重大影响。

在这一领域,发展中国家一直被认为处于边缘化地位。菲利普斯观察到,全球化背景下发展中国家对自身处境的认识主要与全球准则相关。他指出,从大量非西方国家的全球化的研究中看,最引人注目的是它们研究全球化的方式。这些研究倾向于关注全球化的"冲击气",好像全球化是一股造成国家、地区、社会和经济体出现问题的外在力量,而并不关注发展中国家在世界经济全球化中的地位及其建设性的参与。②

发展中国家很大程度上是工业化国家发展准则的被动接受者,而这些

---

① N. Brunsson and B. Jacobsson, "The Contemporary Expansion of Standardization", in N. Brunsson and B. Jocobsson (eds.), *A World of Standards*, Oxford: Oxford University Press, 2000, pp. 1 – 17.

② N. Phillips, "Globalization Studies in International Political Economy", in N. Phillips (ed.), *Globalizing International Political Economy*, Basingstoke: Palgrave Macmillan, 2005, pp. 20 – 54.

准则反映的则是工业化国家的考虑。中国与印度试图通过三种不同的方式来改变这种状况：首先，它们拥有潜在资源，能够获取有效参与准则制定机构的技术资格。随着印度与中国本土跨国公司的成长，私营部门参与这些谈判的能力也会增强。其次，进口国家拥有在自己市场上确定标准的权力。随着中国与印度国内市场重要性的增强和进口越来越多的商品与服务，它们将具有塑造地区与全球标准的能力。这方面的例子如中国"绿色食品"的标志。尽管这种标志不是强制性的，但是由于它作为一种可以安全食用的食品标志在中国得到广泛认同，因此进入中国市场的销售公司发现拥有这种标志将获得优势。最后，随着中印两国公司的成长和技术上的不断成熟，它们在各自政府的支持下，能够影响诸如电子商品之类产品的兼容性的技术标准设定。

中国与印度公司对全球准则制定的影响并不会局限于全球准则制定的正式领域。由于知识产权保护的加强和对新药品安全的日益关注，西方制药公司的主导地位在20世纪后半期曾得到强化。全球领先的药品公司的垄断状况将会改变，中国与印度公司可能会在制药领域挑战西方公司的主导地位。这不仅是在于印度（以及较小程度上中国）的公司会生产并"复制"这些专利药品，而且在于将来新药产品可能会生产出来，并且主要以发展中国家为市场。在这种迅速变化的形势下，西方公司与政府很可能加强对知识产权的保护，同时鼓励中国与印度公司减少专利侵权、改善产品质量以及打击造假。总体上看，亚洲制药公司能够为发展中国家提供价格低廉的药品，从而直接地冲击西方制药公司的垄断。

（三）对资源与能源的寻求

在未来几十年中，资源特别是能源可能会越来越紧缺，因为包括中国与印度在内的许多国家都需要通过获取各种资源和能源以维持经济快速增长。迈克尔·克莱尔指出，能源与水等资源问题正日益导致全球冲突，甚至在冲突出现以前的很长时期里，国家间对资源的竞争与战略筹划就已经开始。① 长期以来，获取外部能源一直是发达国家特别是美国外交政策的目标。

个中原因十分明显。预计2002—2015年，中国的能源消耗将翻番，而印度的能源消耗将增加50%，这两个国家将日益依赖能源进口。目前，中国能源需求的45%依赖进口，而到2030年，预计石油消费的74%将依赖进口。同样，整个南亚地区（印度占其中经济活动的80%）2000年石油消费量的72%依赖进口，而2030年则预计达到95%。② 中国和印度都严重依赖煤炭，但是现在它们的国内煤炭供应已出现短缺。2002年之前，中国还曾一度试图出口煤炭，现在则不得不努力保障国内需求。同样，印度煤炭进口量预计从其煤炭总消耗的7%增加到2031年的71%。③ 这两个国家的能源战略还与全球气候变化密切地联系在一起。现在，中国二氧化碳的排放量占全球总排放量的16.5%，而印度则占4%。

保障能源供给安全意味着中印与地区伙伴间更加紧密的合作，这种合作既包括发展基础设施，也包括加强政治联盟。比如，印度为了获取尼泊尔的水电资源和孟加拉国的天然气，不得不加强对这些国家的基础设施投资和改善政治关系。此外，印度还与巴基斯坦达成协议，要建立一条经过巴基斯坦连接伊朗与印度、价值70亿美元的油气管线。同样，中国在维护其南海权益的同时，也试图与中亚、俄罗斯东部的能源区域连接起来。④ 然而，在中国政府的战略中最引人注目的还是它在积极获取非洲石油方面的努力。

换言之，我们当今所谈论的美国情况正在越来越适用于中国与印度：如果这些全球参与者在能源政策、京都进程和可持续发展方面不能够被争取开

---

① M. Klare, "The New Geography of Conflict", *Foreign Affairs*, Vol. 80, No. 3, 2001, pp. 49–61.

② IEA, *World Energy Outlook*, Paris: International Energy Agency, 2004.

③ TERI, *TERI Energy Date Directory and Yearbook*, 2003/2004, New Delhi: The Energy and Resource Institute, 2004.

④ 然而，中国在获取哈萨克斯坦能源方面的缓慢进展表明，国家间共同声明并不总能保证项目的完成。

展国际合作的话,那么世界上任何紧迫的环境问题都将无法得到解决。① "全球变革发动机"的高速增长率带来的可持续发展、能源和全球气候政策等问题,注定很快将高居世界政治的议程之上,而对这些问题的讨论则表明了地缘经济与政治的复兴:对能源储备和资源的竞争(特别在非洲、拉美、中亚和俄罗斯)在塑造未来的多边权力结构上将产生重大影响。当然,中国与亚洲地区的其他国家一样,对这些问题都十分担忧。在这些具有共同利益的问题上进行协作,很可能是新兴亚洲强国融入全球治理进程的一种重要方式。

五、工业化国家发展政策面临的挑战

当下中国与印度的崛起意味着"两个非西方大国"正成为全球体系的关键行为体。"西方"如何应对这种事态呢?美国外交关系委员会成员、克林顿政府时期的重要政策顾问查尔斯·库普乾曾断言,"全球化就是美国化"。②但是,这种"美国化"又能维持多久呢?对于以西方共识为基础形成的工业化国家发展政策来说,中国与印度正带来巨大挑战。

工业化国家发展政策与战略的指导原则主要体现在它们的双边援助项目及在世界银行、国际货币基金组织和世界贸易组织等国际组织中确立的优先重点上。这些原则包括促进贸易自由化、金融改革、私有化和良治(good governance);在兼顾军事与战略利益的同时,努力促进人权;根据对经济改革和人权的特定承诺而实施有条件的援助。

墨菲指出,工业化国家创建特定发展议程的成功,是基于金融权力(包

---

① 同样,一篇为 2005 年 3 月在首尔举行的"第五届亚太环境与发展部长会议"提交的文章强调了六个方面的环境挑战:工业污染、农业用水增加和农业化学品污染、城市卫生恶劣、能源密集型消费、能源短缺以及自然资源的大量开采。该文还指出:"本地区必须尽快从传统的破坏环境的非持续经济增长,即可称为'先增长、后清洁'的范式,转换为新的可称之为'绿色增长'的环保型可持续经济增长的范式。"参见 UN ESCAP, "Achieving Environmentally Sustainable Economic Growth in Asia and Pacific", Theme paper prepared for Fifth Ministerial Conference on Environment and Development in Asia and the Pacific, Seoul, March 2005。

② Charles Kupchan, *The End of the American Era*, p. 72.

括援助、对国际金融机构的控制等)、强大经济体所赋予的信誉度和设定发展议程能力的组合。① 然而,这三个因素正随着亚洲经济体特别是中国与印度经济的崛起而缓慢弱化。

首先,中国与印度的崛起提供了"发展是什么"以及"如何实现发展"的新思路,从而对西方国家的发展模式提出了挑战。"北京共识"就是这样一种体现。② 中国在经济自由化方面并没有遵循"华盛顿共识"开出的"标准处方"。在其他很多方面,中国的做法也与众不同。过去二十多年,中国经济的持续高速增长在亚洲以外几乎是不可想象的。而对于这样一个国家,如果认为采纳"标准处方"则中国经济还将更快增长的话,那显然是站不住脚的。

其次,柯兰特奇科观察到,"中国正在挑战美国的'软权力'。这种权力是经济活力、文化吸引力以及贸易和外交的结合。它如同军事力量一样,使美国在世界上的实力无与伦比。"他认为,美国在亚洲的情况尤为如此。③ 汤普森则强调,中国在非洲地区努力建立联盟以及提供基础设施、医疗卫生和教育等方面的切实援助,正在增强中国在非洲的"软权力"。④ 此外,欧盟最近一份关于亚洲战略的报告援引美国一位未透露姓名的专家的话说:"在过去的五年当中,亚洲地区特别是东南亚对中国的认识已经发生了改变。该地区正在把中国视为思想之源(a source of ideas)。这是一种新现象。"⑤

最后,尽管中国与印度尚不能挑战西方国际金融制度的霸权,或挑战西方的援助计划,但它们能够在一些特定领域产生重要影响。比如,尽管中国与印度的对外援助十分有限,但是对于那些接受援助的国家来说,这可能会开启它们新的发展选择。当安哥拉想获得一项20亿美元的贷款而避免求助于国际货币基金组织及其可能的附加条件时,则转而求助于中国。作为回报,

---

① C. Murphy, "Global Governance: Poorly Done and Poorly Understood", *International Affairs*, Vol. 76, No. 4, 2000, pp. 789–803.

② J. Ramo, *The Beijing Consensus*, London: Foreign Policy Centre, 2005.

③ J. Kurlantzick, "China's Chance", *Prospect*, March 2005.

④ D. Thompson, "China's Soft Power in Africa: From the 'Beijing Consensus' to Health Diplomacy", *China Brief*, Vol. 5, Issue 21, 2005, pp. 1–4.

⑤ Consortium of European Institute for Asian Studies and NOMISMA, 2005, p. 31.

中国获准进入安哥拉石油工业。① 这些举动可能带来对工业化国家奉行的自由化议程的某种制衡（counterweight）。

对一些国家来说，中国的吸引力还由于奉行"不干涉别国内政"政策而进一步加强。苏丹、津巴布韦等遭受西方国家指责的国家就特别欢迎这样一种政策。作为非西方国家，中国影响力的不断增强是否会阻挡世界范围内人权、社会、环境标准的进步，并使这些标准实施起来更加困难呢？在国际发展合作的框架下推进民主与防止冲突的努力是否会被削弱呢？"中国模式"是否会在非洲与拉美找到"崇拜者"呢？

拥有影响发展政策的潜力并不必然会转化成为实际的影响力。比如，尽管具有金融权力以及庞大的援助预算，日本在过去二三十年间既没有对全球制度也没有对发展政策产生重要影响。然而，无论中国还是印度看来很可能都将更加明确地使用它们的权力，其中一个关键原因就是对资源的争夺。② 如前文所述，能源问题看来是中国外交与贸易政策的一个主要因素。中国与"人权纪录糟糕"的国家间（如津巴布韦、苏丹等）的紧密合作以及与伊朗、苏丹之间密切的能源伙伴关系，不仅表明外交、援助与投资如何与能源联系在一起，而且还表明这些关系如何挑战西方国家对有关捐赠国标准的政策。③

西方不得不学会与自信心不断增长的强国打交道，对于这些国家，西方缺乏更多的优势或影响力。因为，中国与印度都不需要接受国外的大量援助，而且尽管它们需要同西方国家在创新、技术和环境政策领域进行紧密的合作，但西方也需要进入这些快速增长的市场和生产与创新竞争的中心。随着印度与中国在全球发展政策及援助中担负起更加积极的角色，西方国家对它们的

---

① C. Alden, "Leveraging the Dragon: Towards 'An Africa that Can Say No'", Africa, *The Electronic Journal of Governance and Innovation*, March 1, 2005, p. 6.

② 能源并非是外交政策中对资源争夺的唯一动力。中国还扩大了它在拉美地区的参与，包括成为美洲国家组织的常任观察员，并试图成为泛美开发银行（Inter-American Development Bank）的股东以及加强与拉美国家的双边关系等。

③ 中国石油总公司在苏丹最大的石油企业中拥有40％的股份。这种情况一定程度上是由于西方国家因为安全形势而撤离苏丹造成的。参见 I. Taylor, "Beijing's Arms and Oil Interests in Africa", *China Brief*, Vol. 5, Issue 21, 2005, p. 4.

影响将有越来越明显的感受。

需要指出的是，工业化国家与中印在某些领域拥有共同利益，如全球经济稳定和共同应对诸如气候变化的挑战等。前文曾指出，中国无意削弱 WTO，尽管它可能希望改变 WTO 的某些政策，以便为国家经济发展留取更大的政策空间。此外，在整个亚洲，所有国家都认为环境与气候问题是它们面临的共同挑战。其中，尽管中国不想过早承诺对温室气体排放量的限定，明确声称减少排放是当国家进一步消除贫困之后才应考虑的事情[①]，但是中国在这一领域的努力还是十分显著的。比如，在努力履行《京都议定书》规定的"非附件 1 国家"的责任的同时，中国大力投资制度的创新以促进能源的有效利用，而且中国还意识到电力行业过度用煤所带来的问题。

中国与印度的未来作用现在尚无法清晰界定，这取决于中印各自的国内进程以及它们与其他国家间的关系。作为快速增长和改革发展的社会，中国与印度必将面对困难重重的国内调整。历史表明，国内局势紧张常常导致狭隘民族主义的和侵略性的外交战略。因此，鉴于中国与印度在全球政治中不断增强的重要性，全球治理的未来可能依赖于这两个国家在管理内部关键性转型上的治理能力，这反过来将塑造它们与发达国家和其他发展中国家间的关系。

六、"亚洲发动机"挑战全球治理理论：一项多维的研究议程

直到现在，关于"亚洲发动机"对全球变革与全球治理观念影响的讨论仍是初步的，全球治理理论还没有囊括亚洲发动机现象。本文试图给出一个简要的概述，以指明中国与印度在全球治理等级体系中的崛起可能带来的深

---

① Y. Chen, "The Evolution of UNFCCC: Interests and Options for China", in Y. Wang (ed.), *Construction within Contradiction: Multiple Perspectives on the Relationship between China and International Organisations*, pp. 236 – 258.

远影响与趋势。

这个研究项目需要展示全球变革领域的准确轮廓，并回答上文概述的问题。这项研究议程的相关角度和问题包括：

1. 关于中印对全球治理的参与

中印两国在全球治理的哪些领域正在发挥着积极主动的作用（包括议程设定能力；动员其他国家、组织投票阵营以及组织临时或稳定联盟的能力；在国际事务中资金开支能力；组织全球会议能力）？在哪些领域它们的作用比较被动？它们这些作用的发挥主要在地区层次，还是在全球范围？这对于其他发展中国家有怎样的影响以及发展中国家如何反应？

2. 关于中印对国际政治的理解

中印两国是否坚持狭隘的国家利益，积极寻求地区领导作用的提升，在发展中国家集团中积极寻求全球领导作用，把自己作为全球领导者而不顾发展中国家利益？它们对外行事的方式是相同的还是不同的？若不同的话，那对于其他发展中国家来说又意味着什么？

3. 关于中印对全球治理的不同选择

两个国家是倾向于采取一种合作性多边主义还是单边主义？遵守国际体系的规则还是避免国际规则的约束？支持一个强大的联合国还是虚弱的联合国？以地区合作与一体化来应对全球化，还是加强主导国家在地区内的政治权力？

4. 关于中印对不同权力模式的态度

目前国际政治领域有四种主要的权力样式：（1）通过与其他行为体的联系而获取的权力，即通过直接的交往来影响其他行为体的能力；（2）"软权力"，即通过组织合作以获取信任以及说服和吸引别人的能力；（3）制度性权力，即参与国际治理制度和体制标准的设定过程，通过确定游戏的规则影响他人的能力；(4) 通过武力与强迫获取的权力，即利用军事力量、政治主导和金融实力迫使他人就范的能力。"全球变革的亚洲发动机"会运用哪种形式的权力？它们能否加强自己在这些方面的权力？

5. 关于中印对私人行为体的态度

这两个国家如何看待世界政治中私人行为体的兴起以及如何与它们打交道？新兴的私人行为体在这些国家中的发展程度如何？它们的议程怎样？更主要的是，不论是在正式全球治理机构内部还是通过事实上的权力的运用，中国与印度将如何挑战发达国家及其跨国公司制定国际商业规则（如知识产权）的权力？这些挑战对发展中国家将会开启新的机遇，还是带来新的威胁？

6. 关于中印国内政治与政策问题

这两个国家的政治精英如何认识其国家不断增长的国际重要性及其在世界政治中的新兴角色？这些国家内部对于它们在地区及世界政治中的地位存在怎样的政治共识？当前，中印国内对它们作为"全球变革推动者"角色的主流态度将保持不变，还是处于变化之中？

7. 关于中印国家内部行为体的问题

在全球治理领域，要想成为积极而有影响力的行为体，必须具备以下条件：(1) 有效的制度（如高效的外交部及其他国际交往的部门）；(2) 外交使团的战略能力；(3) 在国际事务、全球化进程研究方面的投入，以创造强大的"软权力"（体现在大学、思想库及出版物等方面）等。中国与印度准备在这些领域发挥作用的方式有什么不同？它们的利益和战略对其他发展中国家将产生怎样的影响？

全球治理与发展中国家：盲点还是未知领域？*

［法］丹尼尔·康帕格农　著　　谢来辉　译**

一、导论

在参与全球治理概念的有关讨论中，我们认识到了"去语境化"（de-contextualized）的"概念阐释"所具有的循环性。概念都是通过社会互动以及在结构化的命题与反命题组成的框架中产生（或再生）出来的。因而，所有重要的政治学概念都会面临激烈的争论，而且对它们的理解无法脱离各种主观观点，这些主观观点要么丰富、要么混淆了这些概念的内涵。当然这并不是说社会科学对于获得知识无能为力，而是说无论我们获得何种知识，它们都在某种程度上依赖于具体的社会和历史语境。因此，对全球治理的反思不应该是对某种"正确"概念的毫无根据的或者徒劳无益的探求。相反，它应该是一种对它深处于其中的具体的历史语境（即多维度的全球化）所进行的探索。因此，我们这里将把对全球治理概念的讨论与来自非洲政治的经验

---

* 原文载于 *International Studies Review*，2010 年第 12 期。本文原载于《国外理论动态》，2013 年第 4 期。

** 作者简介：丹尼尔·康帕格农，法国政治大学波尔多分校教授。译者简介：谢来辉，中央编译局博士后科研工作站博士。

数据联系起来。

本文的主要关注点是讨论下述观点：将发展中国家纳入全球治理视角是非常有问题的，而且这也构成了关于全球治理的理论争辩中的"盲点"之一。在大多数时候，"第三世界"国家在有关全球治理的理论研究中被忽视了，这一现象是明显而普遍的。许多人都会从这一前提得出以下结论：（1）发展中国家在全球治理机制中缺乏代表权和影响力；（2）广义的治理不能应用于那些被剥夺了最低限度的公共秩序以及缺乏制度化的政治结构的国家，即德国学者迪特·森格哈斯（Dieter Senghaas）所谓的"第四世界"。① 不过，我们在本文中将要对这些论断进行批驳，它们很少获得令人信服的经验证据的支持，也未得到深入分析，支持它们的科学文献也非常有限。

二、发展中国家在全球治理中被剥夺了权利吗？

事实上，尽管在全球政治经济中，权力和资源分配存在结构性失衡，但是，第三世界国家一直对国际体系（它被理解为由各个国家组成的体系）和跨国政治有着整体性影响，在环境和可持续发展领域尤其如此。大多数较小的国家确实缺乏掌控国际谈判所需要的资源，特别是参加无止境的会议所需要的资金和合格人才；因此，它们不能按照自身的意愿去影响谈判的结果，甚至被剥夺了参与权。② 然而，根据涉及的议题或问题领域的不同，情况也会存在显著的差异。比如，第三世界国家确实能够通过所谓的"伤害的能力"（capacity to harm）影响全球环境治理③，也就是说，无论这种行为是一种深

---

① Dieter Senghaas, "Die Konstitution der Welt-elne Analyse in Friedenspolitischer Absicht", Leviathan, Vol. 31, 2003, pp. 117–152.

② Dana R. Fisher and Jessica F. Green, "Understanding Disenfranchisement: Civil Society and Developing Countries' Influence and Participation in Global Governance for Sustainable Development", Global Environmental Politics, Vol. 4, No. 3, 2004, pp. 65–84.

③ Marian A. L. Miller, The Third World in Global Environmental Politics, Boulder, CO: Lynne Rienner, 1995; Marian A. L. Miller, "Sovereignty Reconfigured, Environmental Regimes and Third World States", In Karen Liftin (ed.), The Greening of Sovereignty in World Politics, Cambridge, MA: MIT Press. 1998.

思熟虑的策略,还是那些未能提出适当的国家政策的"羸弱国家"(weak states)导致的后果,这些国家都可能会在遵守国际标准和规则方面行动迟缓,从而对多边环境协定的效力造成负面影响。

此外,发展中国家在全球环境谈判中所关切的问题在《福尼科斯报告》(The Founex Report)中得到详细阐述,并且随后逐步被纳入1972年在斯德哥尔摩召开的联合国人类环境会议之后的历届世界峰会的议程之中。2002年在约翰内斯堡召开的可持续发展世界首脑会议上,焦点是发展和减少贫困问题,例如千年发展目标。在20世纪80年代,议程实现了以环境为主导向可持续发展的转变,这是发展中国家积极抵抗前一种议程的结果。虽然国际机制仍然偏向于发达国家,但没有30年前那么明显了:例如,当发展中国家和新兴经济体国家在2012年后参与二氧化碳减排计划时,可以对相关减排政策进行修改,这现在已经成为应对气候变化的政策辩论的中心问题。联合国环境规划署(UNEP)的总部在1973年设于肯尼亚的内罗毕,部分原因是为了能够将发展中国家的关切考虑在内,当联合国环境规划署在1992年指导各国就《生物多样性公约》与《联合国气候变化框架公约》进行最终谈判时,考虑到发展中国家的关切这一点确实在其中发挥了作用。同样,1992年成立了联合国可持续发展委员会以监督《21世纪议程》的实施过程,它在很大程度上考虑到了许多发展中国家对"环保"非政府组织可能向联合国环境规划署施加不正当影响的担忧。

代表第三世界国家的经济和政治利益的七十七国集团,尽管因为涉及超过130个国家而日益变得异质化,但它仍在整个20世纪80年代和90年代保持了相当一致的立场。① 虽然在气候变化问题上,以欧佩克国家和新兴国家为一方,以"小岛屿国家联盟"(AOSIS)和欠发达国家(LDCs)为另一方,

---

① Sjur Kasa, Anne T. Cullberg and Heggelund Gorild, "The Croup of 77 in the International Climate Negotiations: Recent Developments and Future Directions", *International Environmental Agreements: Politics, Law and Economics*, Vol. 8, 2008, pp. 113 – 127.

两者之间会出现越来越多的利益冲突①，但是，第 15 次《联合国气候变化框架公约》缔约方会议令人失望的结果仍然是新兴国家（它们依旧声称代表着第三世界）在世界政治中影响力日益增加的明证。如果说非洲欠发达国家目前在清洁发展机制（CDM）中处于边缘地位，那么，其中的一些国家将作为 2012 年之后国际气候制度中的"REDD 机制"② 的主要利益相关者而卷土重来。

1992 年《生物多样性公约》的例子也同样如此，发展中国家抵制了由多数发达国家和环保非政府组织所提出的严格遵循环保主义的议程（其观点认为发展中国家的自然资源属于"人类的共同遗产"），并且强调将自然资源的可持续利用视为发展的途径。七十七国集团的核心国家通过与欧盟联手成功达成了有关生物安全的《卡塔赫纳协议》，该协议规定的程序的严格程度远远超过了美国领导的"迈阿密集团"（最大的粮食生产者）最初认为可以接受的程度。③

发展中国家也能够在《濒危野生动植物种国际贸易公约》（CITES）的框架内影响各种决议（例如，有关非洲大象或红木的决议），其方式主要是建立更加强有力的联盟和在后续的缔约方会议中推动资源的可持续利用的议程。经过七十七国集团的艰苦游说《联合国防治荒漠化公约》终于在 1994 年得以通过④，它关注干旱和半干旱国家的困境，优先考虑非洲的发展，将消除贫困

---

① Jon. Barnett, "The Worst of Friends: OPEC and G‑77 in Climate Change Regime", *Global Environmental Politics*, Vol. 8, No. 4, 2008, pp. 1‑8.

② REDD 是指"减少因为森林砍伐和森林退化导致的温室气体排放"，英文全称是"Reducing greenhouse gas Emissions from Deforestation and forest Degradation in developing countries"。该机制是指发展中国家通过减少砍伐森林和减缓森林退化而降低温室气体排放，由此可以获得碳信用额度，再通过将其在碳市场出售而获得相应的经济补偿。——译者注

③ Christoph Bail, Robert Falkner and Helen Marquard (eds.), *The Cartagena Protocol on Biosafety: Reconciling Trade in Biotechnology with Environment and Development?* London: Earthscan/RIIA, 2002.

④ Hans Bruyninckx, "The Convention to Combat Desertification and the Role of Innovative Policy-Making Discourses: The Case of Burkina Faso", *Global Environmental Politics*, Vol. 4, No. 3, 2004, pp. 107‑127; Adil Najam, "Dynamics of the Southern Collective: Developing Countries in Desertification Negotiations", *Global Environmental Politics*, Vol. 4, No. 3, 2004, pp. 128‑154.

纳入其议程，而且该公约由非洲专家为首的秘书处来负责。发展中国家从而成功地宣扬了它们要求纠正全球经济不平等的观点，尽管这种纠正在某种程度上要以牺牲短期效率为代价。虽然有几位学者的结论认为发展中国家对于多数环境公约的实际内容影响有限，但是其影响也已经比人们通常所认为的要更为重要。

这种影响不仅局限于环境问题以及所谓的"软法"（soft law）领域，也日益扩大到贸易谈判当中。在2003年的WTO坎昆会议上，第三世界国家组成的联盟成功地阻挠了多哈谈判进程，迫使经合组织国家在新部门实现贸易自由化之前先在农业补贴问题上做出更大的让步。① 而且，并不是所有的WTO争端解决机制的裁决都有利于西方国家。尽管权力失衡的局面仍然继续存在，但是那种经合组织国家完全可以强行决定各种协议条款（就像建立了国际货币基金组织和世界银行的战后《布雷顿森林协定》那样）的时代已经一去不复返了。从这方面来看，如果南北双方在一种与《蒙特利尔议定书》形成过程类似的"双重加权多数决定体系"（Double-weighted majority system）② 中在决策方面势均力敌，那么，建立一个强大的世界环境组织就可以提高发展中国家的地位。不过更为可能的情况是仅仅将联合国环境规划署进行升级，而这种升级并不会改变权力结构的失衡，这种失衡曾使得在20世纪70年代通过联合国贸发会议（UNCTAD）来推动一种"国际经济新秩序"的尝试彻底失败。

在本文简短的分析中，我们还需要考虑到非国家行为体。诚然，国际机制与大多数跨界治理网络都由属于"第一世界"（即经合组织国家）的社会行为体所主导。如果我们关注规则的制定而非仅仅是规则的执行，那么，这

---

① Jennifer Clapp, "WTO Agriculture Negotiations: Implications for the Global South", *Third World Quarterly*, Vol. 27, No. 4, 2006, pp. 563–577.

② "双重加权多数决定体系"是指一种投票决策机制，已经在《蒙特利尔议定书》和全球环境基金等国际机构中实施。在《蒙特利尔议定书》决策规则中，任何一项决策只要在所有发展中国家和所有发达工业化国家中都获得了简单多数的投票，即可通过。在全球环境基金的例子中，一项决策要获得通过需要获得成员国中超过60%的支持，以及基金贡献国中超过60%的支持，贡献国投票权的大小要根据各国对该基金的累计贡献量进行加权。——译者注

一点就会更加明显。当然，在发展中国家，非政府组织，尤其是可持续发展领域的非政府组织日益增多，不过它们主要活跃在执行层面。然而，越来越多建立于发展中国家的社会运动参与到反全球化运动中。发展中国家的非政府组织往往与发达国家的发展机构、政府间国际组织（如世界银行）、国际非政府组织以及建立在发达国家的跨国公司结成伙伴关系，有时这些创议能在某些特定的领域对它们本国政府的政策产生反馈效应。由于国内的政策对国际环境制度的实施至关重要，并且由于第三世界国家通常在这方面表现不佳，所以，强调非政府行为体作用的治理视角就显得日益重要。

只要涉及环境危机问题，多维度的综合治理（即在不同的空间和政治维度下的政府和非政府行为体之间建立联盟）就可能会发挥越来越大的作用。在那种脆弱的制度背景下，跨国公司的行为准则及其在企业社会责任（CSR）方面做出的有效承诺可能会比那些欠发达国家政府的改革（这种改革是极其必要的，但依旧遥不可及）产生更加直接的即时性影响。这种改革列入西方发展机构的议程中已经超过20年时间了，但仅仅是徒劳。全球治理的概念强调有限的主权，也就是说，在这一世界中，各国政府所能控制的决策领域正在不断萎缩，尽管一些政府有时试图重新获得这种控制（例如中国为控制互联网所做的努力）。因此，全球治理提出有必要去分析那些决策得以产生以及规范和标准得以传播的过程。

例如，不存在任何关于森林问题的政府间机制，因为主要利益相关者拒绝了具有约束力的公约。但是，存在一种热带森林治理形式，它具有各种类似于认证系统的机制，其目标指向一种更加可持续的资源管理，尽管这样的前景仍然很遥远。① 全球治理的行动创议使得各种社会行为体可以解决各种政策问题，而不必依赖于一直在拼命争夺政府控制权的政治企业家们的善意。有时它正好能够支持发展中国家的公民社会反对专制、腐败的统治者的要求。

---

① Philipp Pattberg, "Private Governance and the South: Lessons from Global Forest Politics", *Third World Quarterly*, Vol. 27, No. 4, 2006, pp. 579 – 593; Philipp Pattberg, *Private Institutions and Global Governance: The New Politics of Enviroumeutal Sustainability*, Cheltenham (UK), Northhampton MA: Edward Elgar, 2007.

因此，第三世界国家确实在全球层面的环境治理中发挥了作用，而更为重要的是，发展中国家的治理是全球治理不可缺少的重要组成部分。

三、第三（及第四）世界一直就被排除在全球治理之外吗？

森格哈斯等人认为，第三（及第四）世界缺乏"全球治理机制在本地层面真正进行运作和实现其有效性所需的基本前提"，所以相关争论一直存在。第三世界的"准国家"（quasi-states）[①] 为了自己的生存和政治精英们的福利而需要依靠它们与外部的联系，但是大多数"羸弱的"国家[②]无法履行现代国家的传统功能（即保障公共安全和对领土的控制），更不要说提供公共服务和适当的政策。这些国家独立以后，本地统治者的新型世袭统治导致了经济的崩溃以及"去制度化"（deinstitutionalization）。换句话说，这些已经崩溃的或者说很大程度上"运作不良的"国家[③]都被视为没有参与全球治理。

然而，这种观点体现了对詹姆斯·罗西瑙提出的"没有政府的治理"这一视角的过于狭隘的理解，隐含着将全球治理简化为国际性机制或准机制以及国际组织（例如联合国系统和各种负责公约的缔结和实施的秘书处）的相关活动。顺便说一句，对治理所做出的这样一种最小定义，将支持那些怀疑治理概念在分析国际关系中的有用性的人所提出的"太阳底下无新事"的观点。相反，这些国际组织之所以属于全球治理的领域，除了考虑到它们跨政府间的性质，也是因为它们与非国家行为体的相互影响，或者因为它们促进

[①] Robert H. Jackson, *Quasi-States: Sovereignty, International Relations and the Third World*, Cambridge, UK: Cambridge University Press, 1990.

[②] Joel S. Migdal, *Strong Societies and Weak States: State-Society Relations and State Capabilities in the Third World*, Princeton, NJ: Princeton University Press, 1988.

[③] Douglas Lemke, "African Lessons for International Relations Research", *World Politics*, Vol. 56, 2003, pp. 114–138.

了其特定的组织利益。① 总之，真正重要的正是它们"超越国家"的性质。

根据罗西瑙的研究方法②，全球治理包括各种社会单元的治理，可以小到最小的单元（包括家庭），大到作为一个整体的全球，只要这些社会单元与跨国的趋势和行为相关。即使是在那些从西方的角度来看毫无希望的"已经崩溃"或"失败的国家"中，也有某些特定形式的社会政治规制在发挥职能，这些职能在其他国家可以由政府更好地履行。认为那些正在崩溃的国家有可能回到前殖民时期的"传统"社会秩序的假设纯粹是一种幻想。那种"即将到来的无政府状态"以及剧烈的、无法无天的暴力，其实是我们现代性的一个部分。因此本文认为，从根本上将第四世界排除在全球治理之外，或者说将其从研究探索的雷达屏幕上删除，可以说很大程度是一种误导。

西方人所认为的"无治理和失序"只是反映了一种对治理和秩序的种族中心主义的认知，以及我们对发展中国家的底层现实的无知。例如，无政府的、在经济上被边缘化的国家（比如今天的索马里）可以与世界经济相联系，也与全球安全议程等相联系。正因为如此，美国军队重新回到了这个"非洲之角"。所以，15年以来，即使在最恶劣的战争期间，索马里仍然在出口牛羊以及各种战利品；进口货物通过索马里的海岸偷偷进入其内陆腹地，从而在很大程度上避开了海关和税收，而索马里最富裕的贸易商们则在迪拜炫耀着他们的财富。索马里一直像从前一样通过其怪异的方式与世界经济发生着联系。虽然许多第三世界国家，特别是非洲的国家，在世界劳动分工、全球贸易、私人投资等领域处于边缘地位，并且在全球治理结构中未得到充分的代表，但它们确实给一个全球化的世界带来了重大威胁。③ 因此，我们需要研

---

① Frank Biermann and Steffen Bauer, "Assessing the Effectiveness of Intergovernmental Organisations in International Environmental Politics", *Global Environmental Change*, Vol. 14, No. 2, 2004, pp. 189 – 193.

② James N. Rosenau, "Governance in the Twenty-first Century", *Global Governance* (*A Review of Multilateralism and International Organizations*), Vol. 1, No. 1, 1995, pp. 13 – 43.

③ Thomas Risse, "Two-Thirds of the World: Governance in Areas of Limited Statehood is a Global Problem", *Transnationale Politik* (Transatlantic Edition), Vol. 6, No. 4, 2005, pp. 64 – 69.

究这些"国家统治有限的区域"① 的治理，而不是将它们排除在外。

此外，也正是在缺乏有效政府（即"政府通常无法进行等级制统治"）的情况下，治理机制会在社会上脱颖而出来填补这一空白，而不仅是一种被优先选择的公共管理手段。在缺乏有效政府时，某些特殊的社会机制在提供公共物品方面可以弥补国家官僚机构的缺失。例如，索马里在1991年之后没有银行系统在运营，有一些贸易商就重新发明出方法来处理大宗现金的使用、货币兑换以及跨区转账，而另一些人提供了私营的电力供应网络和小型的电信服务，以弥补公用事业的缺位。

公共职能的极端私有化导致了自下而上的对和平和稳定的需求，因为没有和平与稳定，投资就不可能获得回报。同时，传统的"长者法庭"（Guurti）得到复兴，以处理私人纠纷和维持秩序。当长者法庭也未能阻止暴力犯罪发展的时候，所谓的"伊斯兰法庭"将会取而代之。然而，索马里缺少一个在国际上得到认可的中央政府，这导致人们未能正确看待这些发展。外部力量（埃塞俄比亚、肯尼亚、美国和欧盟等）一再试图通过使用金钱和武力来强制索马里重建一个中央政府（如目前的过渡联邦政府），但其努力都失败了，这其实正好说明了对非正式机制的忽视所产生的深远影响。在发展中国家由私人行为体发挥治理功能的例子包括各种形式的非正式经济、集体储蓄和融资方案，例如西非的家族式或以部落为基础的唐提式（tontines）养老金制度，或者广受欢迎的银行系统之外的国际资金转账体系。一种治理方式可以将那些由社会行为体倡议或者控制的管理进程考虑在内，这些社会行为体并不是合法的权威，他们行使权力的方式不同于政府官员的方式。在全球层面的更广阔图景中，权力领域处于分散状态，因而上述治理方法适用于这一情况。②

---

① 在为了描述第三世界国家的特异性所创造的诸多术语之中，托马斯·里斯（Thomas Risse）所提出的这个概念并非可有可无。其贡献在于它综合体现了内部的羸弱国家以及外部的准国家的各种维度。

② James N. Rosenau, "Governing the Ungovernable: The Challenge of a Global Disaggregation of Authority", *Regulation & Governance*, Vol. 1, 2007, pp. 88 - 97.

四、结论

总之,承认世界政治中的影响力不是均衡分布的以及国际秩序仍然是等级化和高度不平等的,是一回事;得出结论认为"第三世界"或"第四世界"事实上是被排除在全球治理之外以及全球治理作为一个概念并不重要,则完全是另一回事。在我们关于全球治理的理论研究中,我们当然不会再犯主流国际关系理论和国际政治经济学过去那种忽略"第三世界"的错误。在20世纪70年代,相互依存理论(尤其是世界体系分析学派)努力强调嵌入在"中心/外围"关系中的不平等,这种不平等将外围国家整合进世界资本主义体系,而不是将其排除在外。没有理由可以解释为什么全球治理同时也要具备民主、平等的特征。从这方面来看,第三世界参与私人主导的治理倡议经常会表现出新形式的不平等和从属关系。

全球治理是一种去边界化(deterritorialized)的政治形式,而非一种去政治化的管理形式,但它肯定不是天堂。它将非正式的本地和跨国的治理机制以及行为体联系、整合起来,有时像传统形式的政治权威那样有效地设定目标,它不是政府的理想化的替代品,而是旨在弥补政府失灵(羸弱国家)的一种应急计划,或是在政府不再存在或无法存在的情况下,某些社会行为体对政府职能的一种自发的接管。

罗西瑙早就指出,全球治理的领域要远远大于政府的领域,它在本质上是多重维度的,因而也是全球的。于是"何种程度上的全球?"(How global?)便成为一个反问句(a rhetorical question):研究全球治理的计划并不是要研究全球程度的治理,而是要研究一种作为有着多种形式的全球性现象的治理。全球治理应被视为分析社会现实的一个新视角,社会现实的多重维度之间本来相互交叉,但是之前在很大程度上被政治分析家们分割开来了:一方面,国际层面的治理成为了国际关系研究学者的专门领域;另一方面,国家和地方层面的治理则是政治学家的地盘。虽然治理的概念仍然定义松散且一直富有争议,但是它提出了一系列问题,这些问题如果用更加传统的概念工具来处理会更难理解,解决起来也要困难得多。

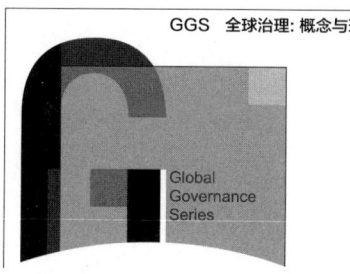

第五部分 | 前景与未来

全球治理的过去、现在和未来

［法］帕斯卡尔·拉米 著　　竹　西 译

在人类历史上，曾经出现过一些技术进步改变社会的时期。但像过去数十年全球化所导致的那种巨大、有力而迅速的改变，堪称迄今为止所仅见。这种强有力的全球化带来了巨大的机遇和潜在的巨大经济及社会效益，但同时也伴随着风险：社会动荡、传染病蔓延已经让人类和地球不堪重负。

这种机遇与风险并存的局面，对全球治理构成了挑战：我们如何对全球化加以管理，才能实现利益的最大化和成本的最小化？尽管许多全球化问题的答案在于国内政治体系，但我们当前的全球治理体系不足以解决跨越国界的挑战——比如削减碳排放、扭转海洋枯竭趋势、应对保护主义、汇率波动、逃税和网络犯罪。这些问题（以及一些其他问题）不可能在一国疆界之内得到解决；实际上，我们显然需要某种形式的全球治理。

一、过去——让渡部分主权是当前全球治理体系形成的基础

然而，某些具体的困难阻碍了全球治理方面的进展——这些困难往往被

---

* 本文原载于《博鳌观察》，2015年02期。
** 作者简介：帕斯卡尔·拉米（Pascal Lamy），世贸组织前总干事。

低估。无论是对于国家、企业还是其他机构，我们明白自己期待传统的治理会实现以下成果：合法性、一致性和效率。我们也知道，如果要产生结果，这些因素必须紧密结合。然而，建立在主权民族国家地位至高无上的威斯特伐利亚观念基础上的国际体系架构，几乎没有能力产生上述结果。

这样的体系明显阻碍了在全球层面上产生领导力、合法性、一致性和效率的进展。如果所有主权国家全都地位平等，如何才能任命一位领导人？当72亿全球公民中参与一项全球决定的人数越多，其可问责性就会相应地成倍降低，这样的全球决定会有怎样的合法性？如果国际治理是建立在一批有着非常明确角色以及各自主权国家授权的组织的基础上，它如何能保持一致性？最后，当这些组织的决定需要一致通过，因此很难产生的时候，它们如何能是有效率的呢？

正因如此，当前国际组织体系的形成才会如此的艰难和痛苦——当前体系在150年前随着国际电报联盟（International Telegraph Union）的创立开始成型，而最近的重大事件是1998年国际刑事法院（International Criminal Court）的创立。但其形成的基础，是一些国家实体签署协议，逐步同意让渡部分主权。这一体系既包括联合国系统和布雷顿森林机构（Bretton Woods Institution）等正式机构，也包括五国集团、七国集团、八国集团以及现在的二十国集团等非正式机构。它在某种程度上有点像是一个由虚线连接的岛链地图——远未覆盖全球治理所需的全部领域。

我们有必要指出，经历了20世纪的数起全球性重大灾难之后，人们才积聚起非凡的政治能量，逐步摆脱了威斯特伐利亚体系下的国家主权地位和"安全毯"。我们也应该承认，我们全球治理的意识形态基础结构——不完全源于"华盛顿共识"——产生于西方，反映出全球化市场资本主义和自由民主政治体系的发展。

二、现在——全球化与金融危机令全球治理陷入僵局

在过去的20年里，由于一系列地缘科技、地缘经济和地缘政治方面的演

变强化了过往时代的壁垒，令建设上述全球治理体系的渐进步伐几乎陷入停滞。

实际上，最后的演变更大程度上像是一场革命：全球化之后出现的发展中经济体，从根本上改变了南北方（以及东西方）之间的全球实力平衡。这些新兴经济体凭借市场资本主义和信息科技，以令人吃惊的速度和水平实现了经济和社会发展，不过全球贫困现象的总体缓和，并未阻止不平等程度的不断上升。尽管这些新的利益相关者已经适应了全球化的市场，但它们仍不太愿意接受全球化的政治格局，以及原有（或就此而言的任何）国际秩序所隐含的对主权的侵蚀。由于没有参与制定游戏规则，它们对这些规则提出了质疑。人们感觉到"北方"和"南方"之间的义务平衡已不再适用，从而影响到了有关全球贸易和环境的规则。

第二个进展包括始自2007年和2008年的经济危机的后果。首先，由于扩大了发达经济体和发展中经济体的增长率差距，此次危机加快了"大变革"（Great Changeover）的步伐；其次，此次危机威胁到了旧日"西方"模式的合法性；最后，此次危机让各国耗尽了全球治理所需的政治能量。

尽管与传统观点相反，但国际政策方面的进展需要巨大的政治能量。因为国际谈判首先是合法性之所在的国内和国家层面上的谈判，它们需要强有力的国内政治领导力。危机时期形成的经济和社会困境往往会让舆论变得更为强硬，从而削弱政府并使之忽略国际舞台，直至国内局势有所好转。它们也会转化为民粹主义的反应——通常的表述是"指责外国人"。

因此，国际治理本身进入了某种危机阶段，似乎无力适应新的全球平衡，或者创造新的共同点以便开展合作。实际上，自国际刑事法院成立或乌拉圭回合（Uruguay Round）谈判完成以来，全球治理就没有取得过任何重大进展，对过时的联合国安理会架构的改革同样未能取得进展。

我们发现自己正处于全球治理僵局的环境之中；我们未能找到解决这种僵局的方案，这很可能预示着未来几代人将会遭遇无数的经济、社会以及文化风险。

三、未来——立足现有框架、不可"推倒重来"

尽管面对这些艰难的环境,我相信还是有一些办法能让我们弥补差距。为了做到这一点,我们有必要摒弃全球治理"改头换面"的观点——这种大变革只会源于重大全球冲突,而所幸的是,我认为我们可以避免这种冲突。实际上,我们应该致力于尽可能地发挥当前体系的功用。

这种方式需要改善现有国际框架,并增强对该体系的依赖。所谓现有框架,也就是由二十国集团、联合国体系和专业性国际组织组成的三驾马车。尽管缺乏合法性,但二十国集团能够为推进全球治理创造某种交叉协调和动力;尽管缺乏效率,联合国可以贡献其合法性;在前两项的支持下,专业性机构可以通过基于其特定领域专业知识的解决方案,来完成这种三角架构。我们已经看到,在更好地实施这种三角架构方面取得了一些成功:在全球金融监管领域,2009 年是二十国集团打造了金融稳定委员会(Financial Stability Board),同时在整个危机期间,人们普遍顶住了保护主义压力。

要想让这种方式行之有效,我们还需加大努力引入监督这些组织和机构的活动,以及衡量它们是否成功,从而提高其整体可问责性所需的工具和基准。从这个意义上来说,"联合国千年发展目标"(Millennium Development Goals)是全球治理方面一个成功的重大创新。

由于依靠现有的全球框架是当前的最佳选择,我们还应该考虑渐进发展的潜力:逐步从一致通过决定转向某种由多数票决定的模式,赋予国际组织领导人更大的创议权,以及在他们的授权中加入"旧落条款"(sunset clauses)。与此同时,我们必须准备接受小步的举措,先从网络安全、移民、税收和能源等极度缺乏全球基础结构的领域做起。

当前框架之外的治理也有机会取得进展。例如,持续的区域整合已经催生出欧洲、亚洲、非洲和中美洲不同的"迷你全球治理"模式。与仅仅通过联合国体系相比,通过纳入新的机构(非政府组织、国际公司或者大都市)来建立创新性合作关系,或许对资源的利用更为有效。

最后，我还想提及一个价值观方面的挑战——要想让全球治理成功地适应 21 世纪的需求，就必须克服这一挑战。全球化在改变经济活动和实现全球力量再平衡方面的速度之快，也凸显出了我们如此不同的"集体偏好"，或者说价值观体系。贸易障碍从旨在保护生产商的政策，转向旨在保护消费者免遭侵害的更为主观的预防性措施，从中我们看到了这一点。所有治理体系都需要一个总的集体偏好基础，在全球层面上更是如此。因此，我认为，承认和理解目前的全球差异是找出可接受的交汇点的前提条件，或许是当前全球体系为提升全球经济、政治和社会一体化，以及确保今后几代人最佳前景所做出的最有价值的贡献。

全球治理扩展至第三世界：利他主义、现实主义还是建构主义[*]

[以色列] 雅库布·哈拉比 著　　钟晓辉 译[**]

过去几十年间，一些发展中国家，尤其是东亚国家，为提升经济竞争力，采取了国家主导的发展模式。在这里，竞争力指一个国家能够生产符合国际标准的产品，并使得这些产品在销量上超过竞争对手，同时使本国的劳动力收入不断增长。在当今的全球化时代，每个国家都很关心本国公司的竞争力及民生。克鲁格曼（Paul Krugman）认为，竞争力"通常涉及国家间的经济战争"。从这种意义来说，一个国家的比较优势并非由外因促成的。每个国家在形成自己的比较优势的过程中，都会密切注意其他国家的动向。因此，一国政府不仅关注其他国家的对外政策，同时也关注塑造这些政策的制度的性质。

发达国家试图通过全球治理规范国家之间的关系，利用国际规则约束发展中国家。但是，更重要的一点也许是，全球治理有助于塑造发展中国家的

---

[*] 原文载于 *International Studies Review*，2004 年第 1 期。本文原载于《国外理论动态》，2014 年第 8 期，译文有删节。

[**] 作者简介：稚库布·哈拉比（Yakub Halabi），以色列海法大学国际关系学院教授。译者简介：钟晓辉，中央编译局文献翻译部，二级翻译。

国内制度，确保这些国家不会推行经济民族主义，损害发达国家的利益。在发展中国家建立市场导向制度可以加深南北国家间的相互理解，更容易形成统一的国际规则。从发达国家的角度来说，这一过程至少保证了公平竞争。同样，制度上的差异会阻碍南北之间的相互理解。但是，要想在发展中国家建立这样的制度，首先要得到这些国家的允许。在国际贸易领域，发达国家一直尝试将全球治理扩展至发展中国家，其目的有两个：一是阻止发展中国家提升其在高附加值产品方面的竞争力；二是重建发展中国家在初级产品和劳动密集型产品方面的比较优势。在这一意义上，发达国家将全球治理描述为创造"公平竞争环境"的努力，据此，各国不允许利用其经济实力塑造比较优势。

然而，第三世界国家并非一个同质的集团。目前来看，这些国家可以分为三类。第一类是不发达国家。这些国家接受极少量的外国投资，缺乏现代的资本主义制度，市场很小，文盲率高，人均收入低。西方国家对这些国家的合理性存在怀疑，出于利他主义目的帮助这些国家实现现代化。第二类是虽然接受少量外国投资，但在战略上（埃及、土耳其）或经济上（石油出口国家）较重要的发展中国家。这一类别中还包括从事劳动密集型产品生产并且在出口方面未与发达国家形成竞争的那些国家。西方世界通过国际货币基金组织、世界银行等国际金融机构对这些国家施压，迫使其实行自由市场经济。第三类是在过去 20 年里吸引了大量外国投资的国家，新兴工业化国家即属于此类。这些国家对发达国家的市场形成了挑战，因此一直被敦促采取西方的经济模式并帮助创立公平竞争的国际贸易环境。本文的研究对象是后两类国家，文章将探讨这些国家在何种条件下会决定建立符合全球治理规则的制度。本文将运用社会建构主义理论解释发生在第三世界国家内部的、促使其接纳全球治理的变化。

当然，必须指出的一点是，第三世界国家落后的或者说是不同的政治和经济制度以及松散的全球治理体系使得在这些国家推行全球治理规则并对其进行监督困难重重。此外，由于发展中国家不同的政治文化，国际政府组织不能充分发挥领导作用，促使各国实行西方模式的制度。到目前为止，全球治理体系内的国家包括追求一体化的强国以及新兴工业化国家等在经济上具有重要地位的国家，后者是在前者的催促下展开全球治理进程的。而那些在全球化进程中没能受益，甚至受到损害的国家则没有遵从全球治理的规则和标准。

一、全球化和全球治理

全球治理是指控制全球化力量、减轻全球化的负面影响，并使遵守全球规则的国家受益的尝试。全球化是一个系统层面的变量，指的是一种形势。在这种形势之下，一个地方发生的事件有可能对其他地方产生即时的、同时也是长期的影响，这种影响非国家所能控制。典型的例子包括全球环境变化和通信及运输变革等。全球化是一种外生因素，并不一定会导致全球治理；同样，国际体系的无政府状态也并不一定导致国家间的合作。总之，全球化是外在于国家的，而全球治理作用于国家内部。为应对全球化带来的挑战及约束，国家和其他公共及私人的国际机构已经创立了机制对其进行治理。这种治理要求国家及其他机构自觉确认自己的利益和存在的问题，并且意识到建立全球规则和相应的国内制度的价值。对全球治理和全球化加以区分可以帮助我们阐释这两种现象。

技术创新直接引发了通信革命，使得信息可以在国家之间自由流动。全球变暖等环境变化是由过度使用资源及污染导致的。这两个例子表明，在全球化背景下，国家及其他各方对于此类挑战无能为力，只能被动应对。环境变化迫使各国意识到地球是一个整体，从而约束自己的行为，共同保护环境。通信革命模糊了国与国之间的界线，信息的自由流动也对公众舆论产生了重要影响。鉴于此，各国政府不得不放宽对公众舆论的管制。

尽管如此，民族国家仍然是国际事务最重要的行为体。除了国家之外，跨国公司和国际组织也扮演了重要角色。但是，跨国公司将提升竞争力以及抢占市场份额视为零和博弈，国际组织通常只能处理单一领域的问题。而国家把贸易视为非零和博弈，同时能处理多个领域的事务，因此国家的视野要宽广得多。此外，国家在管辖范围之内有权实行统一的规则并与其他国家进行互惠互利的往来。国家是追求财富和权力的理性的利己主义者。但是，这一假设并未涉及国家的目的、国与国之间的相互影响以及新的思想观念和制度对国家行为的影响。就某些问题而言，用财富和权力来定义国家利益会引发两者之间的冲突。一个关心财富的国家会十分重视绝对收益，因此为获得绝对收益，它有可能会以损害别国利益的方式来提升自己的竞争力。对权力的追求表明，如果对手国家的相对收益高于自己，那么一国将限制其与对手国家的整体贸易关系。简而言之，权力关系会限制国家间的合作。

二、全球化的挑战

第三世界国家日益融入世界经济并吸引了跨国公司的外国直接投资，世界变小了，这给发达国家带来了新的机遇和风险。发展中国家带来的挑战如下：引起像亚洲经济危机一样具有传染性的经济危机；使发达国家不熟练工人的工资率下降；使发达国家在关键的传统产业上失去竞争力；发展中国家缺乏透明度和问责制；发达国家将承受来自发展中国家的难民和非法移民。

过去 20 年里，西方国家越来越担心它们在劳动密集型产业方面的竞争力以及流向第三世界国家的投资。专家会就提高竞争力为国家首脑出谋划策。但问题是，不仅发达国家在千方百计地提高竞争力，发展中国家也在这样做。例如，国家发现高技术产业是高附加值和高收入的产业，所以对这类产业进行补贴会增加国家的财富，但是会损害别国的利益。从这个意义上说，对外贸易被认为是零和博弈，一个国家从贸易中获得的收益增多了，必然会导致其他国家的损失。根据这一观点，外贸会将我们带回到 20 世纪 30 年代灰暗的日子，会使国家采取以邻为壑的政策，即通过货币贬值来降低出口产品的价格，提高进口产品的价格，从而扩大贸易。但是，还有很多不那么戏剧性的方式可以用来促进出口，减少进口。实际上，将全球治理扩展至发展中国家就是可能的方式之一。

发达国家推动全球治理扩展的目的是限制发展中国家利用权力提升某一

特定商品的竞争力，损害发达国家的利益。同样，发达国家还想通过扩张全球治理来创造"公平竞争的环境"，促进"公平贸易"，从而保证商品和资本的自由流动。因此，全球治理的目的是限制国家对经济的干预，恢复自由和公平的竞争。然而，没有国家的首肯，全球治理的扩张不可能取得成功。考虑到发展中国家的公民社会还处于初级形态，比较薄弱，全球治理不可能简单地绕过国家层面，一定要加强国内的制度建设。

发达国家很关注一些东亚的新兴市场国家的发展策略，这些策略会区别对待外国生产商和投资者。这种策略是基于亚历山大·格申克龙（Alexander Gersehenkron）提出的发展模式，根据这一模式，国家发展基本产业，控制商业银行，引导投资流向某些私有产业。此外，政府阻止外国生产商参与竞争，限制跨国公司的投资。政府会用从农业赚取的资本来支持工业化，从而减轻对外国金融的依赖。最终，政府会承担一些与出口导向的公司相关的风险。总而言之，根据新贸易理论，国家通过补贴某些产业并区别对待外国生产商来形成自己的比较优势。西方国家察觉到这一模式会损害它们的商业利益，因此努力阻止发展中国家采用这一国家主导的策略来提升它们在高附加值产业方面的竞争力。

发达国家无意阻止发展中国家融入国际市场。实际上，发达国家越来越依赖发展中国家来提供劳动密集型商品。发达国家的人口发展趋势是：出生率低，死亡率也低，人口平均寿命增加，这使这些国家的福利体系面临着巨大的压力，同时也使发达国家更加依赖发展中国家的劳动力。这些限制条件以及其他情况说明了为什么发达国家一方面促进发展中国家的发展，规范全球竞争，在国际市场创造公平竞争的环境，一方面又使发展中国家保持高于发达国家的人口增长率。国际组织正在尝试进行这种既融合又分离的过程，这些组织想促进发展中国家的社会化进程，使它们根据国际规则和条例行事。

三、全球治理与第三世界国家

发达国家和发展中国家经济政治体系之间的差异甚至是对立的，使得这两类国家几乎不可能在治理体制上趋同。发达国家的特点是技术创新、民主的政治制度、资本主义的经济体系、人均收入高、理性的决策以及透明性。而发展中国家以及不发达国家这些所谓的南方国家也会具备其中的一些特点，但没有一个南方国家拥有上述全部特点。实际上，许多第三世界国家体制陈旧过时，具体包括商业银行和央行均受国家控制、股票市场发展不成熟、媒体受到控制以及司法系统不独立等，这使得第三世界国家的经济与全球自由市场无法兼容。此外，缺乏技术创新也使得南方国家无法与北方国家在技术规则上同步。简而言之，南方国家和北方国家之间拥有不同的政治、社会和经济文化，这经常会引起它们之间的冲突。

由于是利益攸关的问题，北方国家不可能对这些差异置之不理，任由各个国家的内部政策来决定南北国家之间的经济关系。发达国家开始意识到需要发展国际体系并建立基于规则的国际秩序，通过全球治理使各国在国际体系的规范之下以有序的方式追求财富。为了达到这一目标，发达国家必须说服发展中国家走向国际化并将全球规则制度化。国际政府组织必须利用发展中国家对贷款、外国直接投资、技术等国际资源的依赖性来诱使这些国家认同资本主义并进行国际化。这一分析明确指出，发达国家必须强化国家在发展中世界的角色，从而使全球治理可以更方便地扩展至每一个国家的管辖范围之内。

因此，我们关于全球治理扩展的研究假设国家是制度改革和取消管制的主要载体。我们主张，将全球治理扩张至第三世界国家符合发达国家的利益，而发达国家寻求通过国家来巩固全球规则。当涉及发展中国家时，这一假设会引起以下问题。第一，在第三世界，国家要弱于社会，这使得发展中国家不能灵活应对挑战。第二，第三世界国家的公民社会较薄弱，也就是说，在这些国家只有为数不多的公民组织，甚至没有这样的组织。然而，这方面的弱点使得国际政府组织或政府更容易推行改革。第三，由于发展中国家不存在公民社会，国家有权力也有能力加快向全球治理模式靠拢的速度。

基于以上因素，将全球治理扩展至第三世界国家主要面临两个障碍。第一，全球治理不能支配国家主权并将规则强加于不愿意接受的国家。因此，要想用全球规则约束发展中国家，需要说服这些国家并与之进行合作。第二，全球治理并非传统类型的发展。发达国家并不是基于价值中立的原则来扩展全球治理的，它们不是只想帮助发展中国家改善生活水平。在制造业产品方面，西方国家面临来自发展中国家激烈的竞争，这影响了发达国家的贸易以及国内不熟练和半熟练工人的生计。西方想要通过建立"公平竞争环境"解决这一问题。

简单来说，西方需要说服发展中国家采取同样符合这些国家自身利益的经济模式。西方国家和主要的国际政府组织告诉发展中国家，如果它们想吸引外国投资，变得富有，就必须进行经济结构改革，建立与全球治理相符的制度，这会增加它们的效率和透明度。国际行为体试图使发展中国家相信，制度改革将会促进它们的经济发展并通过吸引外国资本为它们带来利益。采纳了国际标准的国家会从国际评级机构的评级中受益，因为这些机构是投资者和贷款机构的主要信息来源。个人收集投资信息成本很高，因此，投资者通常依赖这些机构来获得可靠数据。第三世界国家受此诱惑，会按国际标准治理国家，因为这是它们能得到投资和低利率贷款的唯一保证。

全球治理成为驯服第三世界国家的一种方式。推动第三世界国家参照全球标准调整制度是一个渐进的学习过程，这一过程涉及国际政府组织与发展中国家的互动，这样的互动会对发展中国家的性质产生影响。国际政府组织通过与众多发展中国家接触，积累了大量经验，知道该如何操控这些国家。全球治理被用来吸引发展中国家向资本主义靠拢，开放贸易，实行浮动汇率制，将商业银行和国企私有化，赋予央行独立性，取消对生产和商品的补贴，并建立更加透明的制度，如与股票市场有关的制度。但是，每个发展中国家都有自己独特的经济问题和政治文化，因此关于如何推进经济改革并参与到全球治理体系中，每个国家都有自己的想法。

全球治理涉及解读竞争背后的过程，它不能与相异的或相矛盾的政治和经济制度共存。要达成共识，各国需要根据全球规则建立与国际制度相一致的国内制度。国家之间的相互合作不仅仅依赖于政府间的友好亲善、统治者的意志或者是国家通过加入国际机构进行国际化。西方资本家更希望达成的结果是，通过制度和市场关系来规范国家之间的关系，尽可能避免国家的干预。这种制度化具有高度的可预见性并能增强互信度。

世界秩序不可能建立在独裁的政治体制之上。国家的国际化标志着国家初步接受了国际规则，但是要想真正达成国际共识，还需要求国家内部进行制度化。因此，发展中国家按照西方模式建立制度意味着这些国家要进行文化上的适应并向国际规则靠拢。实际上，私有化和取消管制分别意味着政府放弃在经济和管控方面的权力。抛售国有资产意味着国家将权力移交给私有部门，而取消管制则意味着政府在经济控制方面的权力变小了。某些学者认为，这种趋势削弱了政府。他们声称，通过取消管制和私有化加强市场的作用一定会削弱国家的作用并促进国家之间在制度上的趋同。根据这一观点，市场和政府是在进行零和博弈，而全球治理加强了市场的力量，削弱了政府的力量。

乍看之下，由于第三世界国家国力衰弱以及国家之间在制度上的差异，人们更有理由认为应该削弱甚至终结国家的权力。然而，正如前面提到的，这些国家内几乎不存在公民社会，因此在这些国家内部，除了国家政府以外，国际政府组织没有别的可靠的伙伴。全球治理是一个复杂的集合体，国家位于一张全球性大网络的各个节点上，构成了每一个网格的一部分。与只处理一个问题领域的国际政府组织和非政府组织不同，国家具有多重功能，所以在诸多领域都能发现国家的存在。因此，在这些领域的问题治理方面，国家必然会参与其中，或加入该领域的组织中，或与该领域的组织有联系。

四、社会建构主义和变革

这一部分，本文将运用社会建构主义理论解释全球治理向第三世界国家的扩展。本文前一部分指出，用全球规则来约束发展中国家符合西方国家的利益。发达国家这么做并非出于利他主义的目的。实际上，发展中国家日益增强的经济实力和政策已经影响到发达国家的核心利益，甚至在一定程度上影响了它们的人均收入。我们现在的主要任务就是从理论的角度来解释为何发达国家要设法将全球治理扩张至第三世界国家并设法在这些国家内部建立与全球治理相契合的制度。接下来，本文将运用社会建构主义理论对此进行解释。

社会建构理论主要研究话语建构的影响。根据这一理论，思想观念会影响国家领导人、商业人士以及其他政治活动家。话语实践会催生话语结构，话语结构构成了行为体的身份和利益。实际上，思想观念和身份被认为在定义利益方面比结构性物质力量所起的作用要大。新的思想观念的形成会导致新制度的建立，改变国家的议程，甚至会反映在教育体系的课程设置上。总之，国家利益并非外生的，而是由国家自己定义的。由于一国对国家利益的定义总是与其他国家有关，而且全球治理和霸权话语具有整体性，所以我们需要采用自上而下的方法来解释反映全球治理体系规则的国内制度的建构。

整体主义就是这样一种自上而下的方法，在经济全球化过程中，整体主义研究了全球制度如何规范了国家的行为以及它们在国家内部宣传的思想观念的制度化过程。特别是当全球经济事务涉及国家之间的相互依赖、合作、相互调整以及围绕全球规则达成共识时，一国不能不顾他国的反应，单独定义自己的利益，形成自己的比较优势，或自行采纳特定的发展模式。实际上，整体主义和全球化是一枚硬币的两面。全球市场的兴起要求整体的解决方案以及各个层级制度之间的和谐。考虑到世界经济关系及生产的国际化会导致传染效应，经济危机不能由一个国家单独解决，需要采取集体行动。大的经济危机使得国际政府组织有机会建立它们倡导的制度。这些组织可以在短期内减轻危机的负面影响，同时，促使遭受危机的发展中国家变革国内制度。

在行为层面，社会建构主义认为，人类行为主体所遵守的规则不但能规范行为，还能定义社会身份和国家利益。一个包含这一规则的体系要大于它现有各部分的总和，这主要是因为这样的体系可以进行自我监督和自我修正，它是一个动态的体系，可以随着权力观念的变化而变化。每个体系都是由人类集体建立的，同时影响了集体的行为。体系内部就理性的定义达成共识。这些规则并非绝对的、永恒的、不变的，也不是外部施加的，它们会随着不断变化的思想观念和意识而变化。因此，新规则的形成不仅反映了物质利益，也受新的思想观念和意识的影响。

此外，全球规范和国际法帮助国际体系的行为体建立社会身份，并且规范它们相互作用时的行为。在国内层面，国家的对外政策受到社会环境和本国文化的影响。国家政府会积极参与到内外部环境共同引发的建构和被建构的过程之中。一个国家影响其他国家内部制度的能力取决于这个国家对国际政府组织的影响，这些组织是执行者。实际上，国际政府组织将国际思想观念传递给政府，而政府会在这些组织的监督下按自己的方式执行它们的提议。国际政府组织利用政府在国际制度和国内现实之间进行调解斡旋。

例如，取消管制和自由市场改革等是由发达国家支持的权力思想观念，目的是用英美的新自由主义模式取代国家主导的模式。英美模式对国际货币基金组织、世界银行、世贸组织等国际行为体更有吸引力，它们相信这一模式更加高效且优于其他与其竞争的模式。这些行为体在它们的话语中引用新自由主义模式，希望能构建符合发达国家集体利益的新的现实，发达国家在这些国际政府组织中的影响比发展中国家要大。国际金融机构则利用新自由主义诋毁国家主导的发展模式。这些机构认为国家主导的模式滋生了权贵资本主义和腐败现象，并且缺乏透明度，从而导致了亚洲金融危机。一旦这一攻击发展成叙事结构，就会对政策制定者如何定义国家利益以及建立国内制度产生影响。同样，这些国际金融组织也认为，20世纪80年代发生在第三世界国家的债务危机是由发展中国家采取的进口替代政策直接导致的，当时，这些组织建议这些国家进行结构调整，认为这是帮助它们恢复经济的最好办法。

阿图罗·埃斯科巴尔（Arturo Escobar）从后现代的角度研究了发展话语。根据他的观点，这一话语将贫困群体视为研究和操纵的对象。此外，还根据西方的范畴来界定第三世界，不仅要了解它，还要支配它。这种聚焦权力的话语为某种思维模式提供了方便，同时排除了其他模式。关于这一点，萨义德（Edward Said）称："研究和分析关于东方世界的话语，可以了解应对东方世界的机制的共同点，也即发表关于东方的言论，形成权威观点，对其进行描述，然后教化它，驯服它，统治它。"埃斯科巴尔认为，这一发展话语引导世界上三分之二的人去寻求物质繁荣和经济增长。这种对繁荣的重视增加了南方国家的财富，改善了它们的生活水平，但同时也导致了贫困、剥削和压迫。根据埃斯科巴尔的观点，新自由主义发展的失败体现在"债务危机、非洲大饥荒、日益严重的贫困、营养不良以及暴力等方面"。他并没有说西方密谋用发展来使南方国家变得更贫穷。但是他的确声称，南方国家对发展话语无能为力，"这种话语专门依赖一种知识体系，也即现代西方知识体系"。这一体系边缘化并否定任何非西方的知识体系，同时为巩固资本主义提供便利，并引发贫困，引起贫困的两个因素是对发达世界形成的依赖以及发达世界实施的剥削。根据埃斯科巴尔的观点，发展话语是有缺陷的，因为其中并未包含促进发展的方法。

这种后发展视角声称解释了为什么对发展干预了 50 年却收效甚微。但是，埃斯科巴尔的论断仍然不完整，因为他不能解释为什么 50 年之后第三世界的人们仍然是被动的，尽管他研究的是他们恶化的生活状况。事实上，很多发展中国家的人均收入已经大大提高了。此外，埃斯科巴尔在文章中引用了福柯的理论，虽然他只引用了个别片段来支持自己关于贫困化的论点。福柯也用生命权力（biopower）这一术语来表明，存在一种不同类型的权力，是一种生产力。生命权力与主权权力共同起作用，分别发挥不同的功能。总的来说，两种类型的权力都培养、组织并优化了社会关系。利用权力和知识互相支持的过程，权力能以一种精心谋划的方式重新定义并掌管生命。根据福柯的理论，为了社会繁荣，生命应该服从"精确的控制和全面的规则"。实际上，这就是发达国家制定全球规则的方式，即作为一种维持秩序的手段来为整体繁荣服务。

在一定程度上，生命权力帮助解释了全球治理的扩张。必须使发展中国家确信全球治理会给它们带来利益，而不是加强了北方对南方的管控，从而便于北方国家进行剥削。虽然全球治理规则应该在南方国家的内部制度上有所体现，并且这种制度由这些国家的国内力量掌控，但是对扩张的整个过程起决定作用的环节是使发展中国家相信全球治理的必要性以及随之而来的利益。发展中国家的制度变革通常发生在国内经济危机时期，这时它们的政府会请求外国进行援助。在这种时期,发展中国家的现存制度更容易受到批判,并被要求进行制度变革,例如接受国际货币基金组织和世界银行要求的结构调整计划,实行世贸组织提出的贸易自由化,采用国际劳工组织制定的劳动标准,或者根据跨国公司及西方政府的要求取消管制。在这些过程中,外来力量不仅要用强有力的思想观念说服发展中国家,而且这些国家还要在实践中学习。

五、建构主义和国内制度化

这一部分研究的是由国际金融组织和美国推动的发展中国家的内部制度建设,这种制度不仅会塑造这些国家的身份,还可以决定它们采取的政策以及对国家利益的定义。我们将研究两个问题,一是亚洲金融危机之后全球治理是如何扩展至东亚国家的。当时,在这些国家建立适合自由市场的且能与国际金融机构并行的制度对发达国家非常有利。二是在不太可能生产高附加值产品的发展中国家实行结构调整计划的问题。后一种情况的发展趋势是,建立自由市场经济以及支持市场的制度,实行宽松的国际管制。

在推行了结构调整计划和取消管制若干年之后,美国政府和国际金融机构意识到,自由市场经济在发展中国家建立起来之后,需要有辅助制度对其进行补充,而且应该由国际政府组织进行监督。危机为诟病现存模式和制度并推行新制度提供了机会,那么美国和国际金融机构会通过何种话语实践来推动发展中国家建立市场导向的国内制度?读者一开始就应该注意到,由于发展中国家在政治文化上的多样性,这种制度的建立是一个旷日持久的过程。

美国和国际金融机构想说服新兴发展中国家,使它们相信,在培养比较优势方面,市场比政府更有效,并且它们应该将重点放在建立适合资本主义的制度环境上。一方面,通过设计自由市场经济和市场支持制度使发展中国家减少用于提升竞争力的时间;另一方面,自由市场要想顺利运行,必须有警戒监管制度。发展中国家经济上的错误行为会受到国际金融机构和美国财政部首席经济学家的攻击。这些经济学家采取胡萝卜加大棒(物质奖励和惩罚）的策略，他们在发展中国家内部寻找与他们有共同思想观念的盟友，发动他们帮助说服其他人。当一个国家在国际金融组织的支持下开始进行改革或制度化进程时，这个国家的领导人会被邀请去华盛顿，会因为他的努力受到美国总统和经济界精英们的嘉奖，作为对正确行为的奖励，这个国家会得到援助。

亚洲金融危机之后，美国和国际金融组织第一次成功地使东亚地区的国家对国家主导的发展模式产生怀疑。危机使得货币大幅贬值，支柱产业出现破产潮，大批工人失业。在亚洲金融危机期间，国际货币基金组织同意为韩国、印尼和泰国提供贷款，条件是这些国家要改革金融体系，而金融体系是这些国家控制国内产业的神经中枢。改革内容包括关闭无偿还能力的金融公司，限制银行许可证的发放，将国有银行私有化，提高透明度，促进外贸和投资方面的自由化。

韩国是受危机影响最显著的国家。美国和国际金融机构在话语上对韩国当时的经济运作管理模式进行了攻击，并根据韩国的改革情况提供贷款和援助。国际货币基金组织指责韩国的投资者没有认真评估他们的投资风险，声称这些投资者导致某些商品产能过剩，而过度供应又导致价格下跌，影响了贸易。此外，国际货币基金组织还称，政府长期管控金融市场导致市场处于弱势地位，缺乏纪律，金融运作透明度低，也没有足够的专家对信用以及风险进行分析。美国与国际金融机构联手说服韩国建立与西方规则相一致的国内制度。虽然说服了韩国政府，但是没有制度化过程以及国际政府组织的监督，还是不能保证连贯性。

事实是，促使东亚国家放弃对经济的管控，对美国来说可谓是一石二鸟。在这些国家消除权贵资本主义或者公私之间的合作有利于创造公平的国际竞争环境，并能使跨境资本自由流动。此外，还可以防止由经济过热引起的某些产业的产能过剩，而产能过剩会引起发达国家的经济危机。

国际货币基金组织建议韩国采取四个步骤：一是开放资本账户，允许韩国公司直接进入外国资本市场，并改变公司过度依赖贷款进行融资的状况；二是提高外国投资者对韩国公司的投资上限以及在韩国公司的持股上限；三是就外汇的使用出台简单透明的规则;四是取消扭曲的贸易政策,鼓励竞争。国际货币基金组织和韩国政府还达成共识,认为应该限制政府对公司的贷款,且不应干预商业银行的贷款政策。亚洲金融危机改变了韩国政府的角色,也改变了其对国家利益的定义。危机之前,政府认为自己的作用是帮助本国公司获得利益,并认为这些公司的利益就是国家利益。政府实行货币政策的目的是为了保持韩元价值稳定并支持金融体系。危机之后,政府认为自己的作用是维护金融市场信心并稳定外汇市场。

亚洲金融危机时期,相似的情况也发生在印尼。危机之后的几年,印尼与国际金融机构进行了密切合作。1999年通过的《印度尼西亚国家政策指南》强调了法律的至高无上以及对基本人权的保护。在递交给国际货币基金组织的几份意向书中,印尼政府表明要改进投资和贸易政策框架,发展并改造基础设施,增加公共服务的透明度,促进公平发展。

泰国的情况是,时任总理的川·立派(Chuan Likphai)1998年受邀至华盛顿,因实行改革计划受到赞扬,并且获得17亿美元的一揽子援助贷款。此外,美国进出口银行还向泰国提供了10亿美元的贷款,用来进口食品和原材料。时任美国财政部副部长的萨默斯(Lawrence Summers)称:"泰国与国际货币基金组织紧密合作,制定进行结构改革的主要措施,清理银行体系的问题,解决公司方面的问题,并且实行有助于提升信心的货币政策。"

在亚洲金融危机范围之外,一系列其他的国际制度和安排也已经就绪,这些制度安排旨在促进金融领域的全球治理。巴塞尔委员会和国际证券委员会组织已经形成核心原则,发展中国家可以参照这一原则改善国内的金融监管制度。1997年12月,世贸组织达成金融服务协议,102个国家承诺促进金融服务贸易的自由化。雷纳托·鲁杰罗(Renato Ruggiero)认为这个协议为所有经济体提供了工具,使它们能建立一个更加牢固的金融体系。协议可以引入更充分的竞争,使外国银行、保险公司和证券公司发挥更大的作用,并且在共同遵守的多边规则的基础上建立新的、更牢固的、更开放的金融基础设施,从而巩固金融体系……协议将赋予政府更多选择并增加它们的灵活性。

但是,鲁杰罗也承认,这一协议允许发达国家的银行通过并购发展新的企业战略，从而使它们比发展中国家的小银行更具比较优势。

此外，亚欧会议也组织两年一次的峰会，会议旨在推动亚欧之间的经济、政治和文化合作。但是，会议看起来更像是欧盟企图让东亚国家按西方模式构建内部制度的一种尝试。1997年9月，亚欧会议成员国财政部长就加强金融监管达成协议。亚欧会议工作组收集亚洲国家的信息，提供关于经济危机的分析，并提出长期解决方案。亚欧会议还涉及国家制度建设，包括法律和司法改革、公共金融管理和公共采购，以及去中央化等，以上均基于西方的治理模式。亚欧会议还设立了国内委员会，来制定策略并监管有关活动的开展情况。

为加强在全球治理中对发展中国家的控制，世贸组织监测其决定的执行情况，评估是否有违反全球规则的情况发生，定期对每个世贸组织成员国的贸易政策和实践进行集体评估，并监测可能会对全球贸易体系产生影响的重要趋势和发展状况。世贸组织秘书处的报告覆盖了贸易政策的所有方面，包括国内法规和支持这些政策的制度框架。

国际货币基金组织参与制定了以新自由主义经济模式为依据的华盛顿共识，根据新自由主义理论，成功的经济表现需要宏观经济稳定和竞争。国际货币基金组织分两个阶段来达成这些目标，即稳定阶段和结构调整阶段。第一个阶段需要大幅削减预算赤字，降低汇率，并使实际利率保持正数。对于发展中国家杰出的经济学家来说，这些措施是有意义的，因为正的实际利率可以防止资本外流并降低通货膨胀，同时货币贬值会促进出口。第二个阶段涉及国有企业的私有化以及实行自由贸易。要完成这两个阶段需要几年的时间，在此期间，国际货币基金组织的工作组会监测发展中国家的宏观经济表现，而发展中国家的精英们会在实践中学习，逐渐认识到自由市场的好处。

问题是，从实践中学习的做法是否足以维持长期的宏观经济稳定，从而转化为制度？换句话说就是，怎样在国际金融机构撤离后保持宏观经济的稳定以及自由化？国际金融机构说服了发展中国家的政府，使它们相信，它们的金融体系必须在开放的市场经济和监管用储蓄进行投资之间取得平衡。毕竟，微观层面的公司和商业银行的行为会对经济产生直接的影响。如果国内的商业银行不把钱借给最高效的公司，而是借给生产率低的公司，经济就会受到影响。根据国际金融机构的观点，在自由市场经济体中，金融体系的制度化可以降低风险，监测流动性，提供信息，并增加透明度。但是，由于发展中国家不与发达国家在高附加值产品上进行竞争了，而且目前对发展中国家行为的监督还很宽松，国际金融组织通常会等下次危机来临的时候再推进自由化，从而形成制度化。

全球治理影响发展中国家制度的另一种方式是，控制贷款利率。利率是根据国际评级机构的决定制定的。如果一个机构，例如标准普尔公司，决定下调一个国家的投资评级，这个国家就得支付高于市场利率的贷款利率。通过这种方式以及其他我们提到的方式，发达国家使得发展中国家没有其他选择，只能遵守全球规则，以便使成本最小化，收益最大化。实际上，资本的自由流动遵循两条规则。资本会流向投资回报最高的地区，从而在吸引投资的国家之间引起竞争。当发生严重金融危机时，资本从一个发展中国家流出，由于传染效应，会引起资本从其他的发展中国家流出。因此，新兴市场国家可以改善治理并将发达国家和国际金融机构支持的规则制度化，从而获得更高的投资评级，使自己脱颖而出。

六、结论

新自由主义经济学的拥护者声称，取消贸易壁垒可以使世界经济总量增加，所有国家都会从多边贸易自由化中受益。但是，考虑到发达国家在高附加值产品的生产上具有比较优势，并且控制了外国直接投资，它们从贸易自由化中获利更多。

本文认为，在当今全球化时代，竞争力已经成为各国的重要关切点。一方面，各国为积累财富，以牺牲外国公司为代价，来提升本国公司和本国跨国公司的竞争力；另一方面，全球化缩短了时空距离，这意味着一个国家必须顾及别国发生的事件。发展中国家利用本国充足的廉价劳动力、不断扩大的商品生产范围以及不断上升的资本劳动比率，与发达国家展开了激烈的竞争。这些因素使得发展中国家在贸易方面的改善比发达国家显著。因此，发达国家寻求将全球治理扩展至发展中国家，目的是为了限制发展中国家通过采取某些策略来提升竞争力，并扩大发达国家的跨国公司在发展中国家投资的自由度。扩大全球治理需要在发展中国家内部建立新制度，这些制度可以使发展中国家接受全球规则的约束。正如本文所指出的，如果没有发展中国家的首肯，这一过程不可能实现。

重构全球治理[*]

[英] 戴维·赫尔德 著　杨　娜 译[**]

一、全球性挑战的深层次动力

全球性挑战带给我们必须面对的三个核心问题是：全球共同关心的生态与环境问题（全球变暖、生物多样性危机和生态系统损失、水缺乏）、人类可持续发展问题（消灭贫困、防止冲突、控制全球传染性疾病）以及全球竞赛规则（核不扩散、有毒废物处置、知识产权保护、遗传研究规则、贸易规则、金融和税收规则）。在相互联系日益增多的世界，全球性问题已不再是单个国家的行动可以解决的。若要充分解决这些紧迫的全球性问题，世界各国尽管不擅长却必须进行合作，采取集体行动，不断完善治理能力。

为什么全球性议题如此重要？这一问题的答案不言而喻，但与此有关的四个方面仍值得强调，即团结合作、社会公平、民主和政策有效性。厘清这几个概念非常重要，因为它们提供了我们需要铭记于心的全球治理的属性和充分治理的标准。

---

[*] 本文原载于《南京大学学报》（哲学·人文科学·社会科学），2011年第2期，有删节。

[**] 作者简介：戴维·赫尔德（David Held），伦敦经济与政治学院政治学系教授。译者简介：杨娜，南开大学周恩来政府管理学院讲师。

"团结合作"的紧迫与必要是关注全球性挑战的首要原因。"团结合作"并非对困境的简单承认,而是指并肩解决紧迫问题的意愿。没有贫富国家、发达国家与发展中国家之间的团结合作,联合国千年发展计划①就不会实现。正如联合国前秘书长科菲·安南所言,上百万人过早和不必要的死亡使我们悲痛万分,因为挽救他们原本在我们力所能及的范围之内。② 就全球变暖和核扩散的挑战而言,我们需要为"团结合作"的含义增加可持续发展的内容,这就必须关心人民的未来。当今全球挑战要求我们承认并积极参与命运相互交织的各个国家与地区的合作。

社会公平尺度的失衡是关注全球性挑战的第二个原因。现有的社会公平的衡量标准是自相矛盾的。按照伯格的观点,我将社会公平理解为制度化秩序中尽可能履行人类权利的程度。③ 当然大部分论述都认为社会公平的要求更多,没能达到标准的制度化秩序是不公平的。相应的,现有的社会经济安排没能满足千年发展计划的要求,不同国家在应对全球变暖以及核扩散威胁带来的深远挑战的责任分配方面亦不公平。

民主的缺乏是关注全球性挑战的第三个原因。民主被假定为人们相互联系、相互依存和协调差异的非强制性政治进程。在民主的思考中,"同意"构成了集体协议与治理的基础;为了使人民自由平等,必须有机制保障政府公共活动中"同意"程序的存在。④ 然而,当数百万人不必要的死亡、上亿人口生命受到威胁时,可以清楚地看到,在违背人民意愿的情况下将严重的损害强加于他们身上,体现了治理安排中涉及公平与民主核心内容的基本赤字。

对政策有效性的质疑是关注全球性挑战的最后一个原因。应对全球性紧

---

① 联合国千年发展计划亦称千年发展目标,是联合国全体会员国于 2000 年一致通过,旨在将全球贫困人口在 2015 年之前减半的行动计划,但目前的执行情况远远落后于预期。——译者注

② Kofi Annan, "Three Crises and the Need for American Leadership", in Anthony Barnett, David Held and Casear Henderson (eds.), *Debating Globalization*, Polity, 2005, p. 139.

③ Thomas Pogge, "Reframing Economic Security and Justice", in David Held and Anthony G. McGrew (eds.), *Understanding Globalization*, Polity, 2006; cf. UNICEF, *Human Development Report 2005* (UNDP, 2005), http://hdr.undp.org.reports/global/2005/.

④ David Held, *Models of Democracy*, third edition, Polity, 2006.

迫问题的行动失利增加了处理这些难题的成本。事实上，无为的成本非常高，有时甚至极大地超出了行动的成本。据估计，应对非洲传染性疾病不作为的成本大约是采取恰当行动的 100 倍。[①] 在国际金融、多边贸易机制、和平与发展领域有着相似的计算，缺乏全球公共物品的成本非常高，极大地超出了实施恰当政策的成本。我们面对紧迫的共同挑战时却常常屡弱无力，即使积极参与重复的政治社会安排，还是没能达到团结合作、社会公平与民主要求的最低标准。

后冷战时期的多极秩序正受到人道主义、经济与环境危机相互结合的威胁。某些力量的推动导致危机愈加严重，这些力量包括脆弱的全球结构、华盛顿一揽子政策（华盛顿共识和华盛顿安全议程）和当代地缘政治分布的新兴体系。全球结构的脆弱性是当今全球时代的特征之一，并且很可能成为我们生活的一部分并一直持续下去。另外两个因素是可修正的政治选择的结果；即使它们的推动力经常以不可避免的形式呈现，却具有可选择性。换言之，即使世界面临毁灭性灾难，当今全球化的形式依然是开放变革的。

第一种推动力来自于全球结构。整个世界是密切联系的，国家间的相互联系或"全球化"进程比较容易衡量，衡量的方式是，在贸易、金融、交往、反污染和暴力等跨国领域，是否设计了促进各国安定繁荣的共同模式。不考虑全球化呈现的具体政治形式，在可预见的将来，全球化进程的深层次的推动力是可操作的。在这些推动力中，与信息技术革命相关的全球交往的基础发生了变化，全球商品、服务市场的发展与世界范围内信息的重新分布相关；人口的迁移压力与经济需求和环境恶化相关联；冷战的终结和民主与消费价值在世界各地区的传播引起了显著的反应，全球市民社会出现了新的形式与类型，全球公共舆论变得更加透明化。尽管我们这个时代充满冲突与分裂，但人类社会的相互联系与依存日益密切。无论是经济、政治抑或社会方面，

[①] Pedro Conceicao, "Assessing the Provision Status of Global Public Goods", in Inge Kaul, Pedro Conceicao, Katell Le Goulven and Ronald U. Mendoza (eds.), *Providing Global Public Goods*, Oxford University Press, 2003, pp. 152–184.

地方层面的发展几乎都获得了全球性效应,反之亦然。如果我们将科学进步与其他领域联系起来,迅速通过全球交往网络传播开来全球竞技场就会成为极具潜力的人类发展平台,亦能成为个人、团体或者国家进行破坏的场所(人们可以吸取核能量、遗传学、细菌学和计算机网络等领域的教训)。

第二种推动力为华盛顿共识和华盛顿安全议程。在详细考察了全球性契约与争论中的全球化后,我认为对它们的评价必须建立在需要设法应对的问题的基础上,而这些问题同时也是全球化以具体形式呈现的推动力。从市场规则到救灾计划,政府在社会经济生活核心领域的积极作用受到根本质疑;裁定政策与规则在国际社会的持久运用,将威胁自由、限制增长、阻碍发展并影响收益,这种论断同样受到质疑。全球化的现有结构没有完全被解释,政治环境的核心内容也未形成。

风行于 20 世纪 90 年代的华盛顿共识,其要旨是增强经济自由化,使地方、国家和全球层面的公共领域适应以市场为导向的机制和进程。撇开市场不说,解决资源生产和分配的问题也会导致对经济和政治方面困难的忽视。国家之间和国家内部生活机会存在着巨大的不对称,如果一些国家的某些部门(如农业和纺织部门)经济财富的流失,却换来国家对这些部门特别的保护和资助,就会引发全球金融资本的流动,使得国家经济迅速陷入不稳定,使得全球共同面对的跨国性难题愈演愈烈。将国家行动范围退回到国家边界或者削弱国家的管理能力,意味着扩大市场作用的范围,并减少对弱势力量的保护,最贫困国家和最弱小国家面临的难题将会加剧。总之,华盛顿共识削弱了地方、国家和全球的管理能力,破坏了它们提供紧急公共产品的能力。经济自由在牺牲社会公正和环境可持续发展的代价下获得发展,长期看是得不偿失的。

华盛顿共识体系的脆弱性与华盛顿安全新议程相呼应。2003 年,美国鲁莽地发动了对伊战争,这是将狭隘的安全议程放在优先位置导致的结果,而该议程成为美国单边主义和先发制人的新安全战略的核心。该议程与 1945 年以来的国际政策与国际协议的核心原则是相矛盾的,它将对国家间公开政治谈判、威慑的核心原则以及主要大国稳定关系的尊重搁在一边,它迫使我们不仅不得不对单个国家享有世界历史上无与伦比的军事优越性的现实妥协，还要对其因不能容忍有任何对手存在，而利用优越性单边回应其"臆想"的威胁的行为妥协。可见，华盛顿安全新议程的原则寓意深刻：它回归到了经典现实主义对国际关系的理解，国家通过努力制定国际社会普遍承认的措施（自我防御或者集体安全），以限制毫无顾忌追求自身国家利益的野心。但是，如果这种（危险的）"自由"赋予了美国，那为何不赋予俄罗斯、中国、印度、巴基斯坦、朝鲜、伊朗等国家呢？不能说所有国家都应该接受对自我界定目标的约束而只有一个国家例外。民族国家要么共同克服国际法与多边主义的缺陷，要么以此作为进一步削弱国际机制和法律安排的借口。

第三种推动力是当代地缘政治分布的新兴体系。将当前的威胁与多边秩序以及一揽子政策联系起来或许是错误的。首先，华盛顿共识的构成因素明显早于布什主义。其次，冷战的终结和由此导致的地缘政治的巨大变化可能构成关键的地缘政治因素。约翰·伊肯伯里提出了这样的论点：20 世纪 90 年代，美国单极权力地位的崛起使得结盟的民主国家后冷战合作的旧逻辑复杂化。美国的权力优势地位使得它对其他国家说"不"或者单干更加容易。①与美国对多边合作的意图减少相关，欧洲内部的分裂造成全球治理可选择模式的效率更低，多边秩序组织与主导机制的国家则应运而生。

二、全球治理：难点与困境

后冷战时代，全球和区域治理机制已变得极其脆弱，具有代表性的机构，如联合国、欧盟与北约，都遭到了削弱。面对各种全球挑战，国家领袖、国际机制或者国家集团都没有提出正式或长远的宣言。

联合国体系的价值观正受到质疑，安理会的合法性遇到了挑战，一些多边机制的工作实践也遭受批评。尽管联合国在维和、减轻自然灾害和保护难民方面仍然发挥着重要和有效的作用，但对伊战争极大地暴露了作为全球安

---

① G. John Ikenberry, "A Weaker World", *Prospect*, Issue 116, October 2005, p. 32.

全合作与集体决策机构的联合国体系使用武力工具的脆弱性。联合国体系的管理也受到质疑,伊拉克石油换食品计划中的腐败行为、联合国驻非部队性暴力和虐待儿童的行为被揭发而成为丑闻。2006年9月,联合国成员国曾试图进行大胆的改革,合作建立新的规则,但是他们没能对全新的重要主张达成一致,首脑峰会在很多关键方面失败了。结果,联合国体系面临的困难仍然无法得到解决:国家议程边缘化、执行不力(或缺乏凝聚力)、组织资金缺乏以及环境机制(区域性或全球性)政策的不充分等。

欧盟未来的发展方向具有高度不确定性。其首脑对欧盟未来的走向深感不安,对低成本经济(中国、印度和巴西)日益成功所带来威胁感到担忧,对欧洲社会模式是否能以当前形式继续存在下去表露怀疑,对欧洲一体化进程的疑虑则日渐增加。法国和荷兰对欧洲宪法草案的否决在一定程度上反映了这些问题,尽管后者主要是出于对荷兰本土文化受到移民这一历史潮流威胁的担心。欧洲"软权力"之于美国"硬实力"显得较为脆弱,其发挥更加积极的全球领导作用的能力也显得不足。在缺乏冷战消极同盟的情况下,外交政策的老对手与大国之间的差异再次凸现出来,现有领袖集团的解决问题之道愈发走入了死胡同。由于里斯本进程的影响有限和《稳定与增长公约》的不同结果,充满创新与进步的欧洲模式正在遭受认同危机。

尽管经济多边机制仍然在发挥作用,但一些协调美国、欧盟以及其他主导国家行为的多边机制却越来越脆弱。自"9·11"事件以来,北约的未来就笼罩在阴影之下。美国武力的全球性重新部署以及北约部队在欧洲的分配使北约的作用日益模糊。相对于集体行动的工具,八国集团峰会更像是"清谈俱乐部",只能发挥细水长流式的影响。布莱尔在2005年成功地使八国集团会议关注非洲,但对这一议题的关注能持续多久还是个问题。武器协议(如《核不扩散条约》)也陷入了危机。美国无视其在《核不扩散条约》中的责任与义务,宣布创造新一代"地堡炸弹"战术导弹,再度加剧核冒险的不确定性。此外,2005年末美国在伊拉克平民聚集区费卢杰部署白磷,公然蔑视1980年日内瓦会议关于非常规易燃武器的使用规定。

与后冷战多边体系中的全球性挑战相比,2004年12月亚洲海啸灾难发生后，全球社会对救济工作的确非常重视，但海啸发生6个月后，一些国家宣称的物质援助还未全部到位（如美国只支付了43%，加拿大只支付了37%，澳大利亚只支付了20%），而联合国请求对尼日尔（250万人面临饿死的危险）和马拉维（500万人面临饿死的危机）的援助也被漠视了。①

后冷战的多边秩序陷入了困境。很明显，随着美国外交政策中民族主义和单边主义的重新出现，欧盟的混乱以及中国的信心日增、印度和巴西在世界经济和政治舞台上地位的变化，在面对一系列全球挑战时，需要有效和负责任的全球决策。然而，国际社会应对这些问题的集体行动能力却受到了质疑。

当代地缘政治确实重要，但我们只了解它的皮毛。此前，隐含并制约它的是后冷战安排的局限性与多边秩序的制度网络。这里需要强调四个方面的问题。

第一，国际政府间机制没有明确的工作分工，经常功能重叠，指令冲突，目标模糊。相互竞争与重叠的组织机构在制定全球公共政策过程中存在利害关系。例如，在健康与社会政策领域，世界银行、国际货币基金组织和世界卫生组织经常出现不同或者竞争性的优先议题，如在艾滋病治疗领域，世界卫生组织、全球基金、联合国艾滋病联合工作组、G1（即美国）以及其他利益相关者争相开展生殖保健活动。为了反映世贸组织机构合作的困难，麦克·摩尔曾写道："多个机构得到数以万计的税收支持，开展更紧密的合作是一个好的开始……但缺乏连贯性损害了他们的集体可信度，使捐助者灰心并且招致公众质疑……一系列的制度让人不知所措……相互依存的世界必须找到融合共同需求的机制。"②

第二，国际机构体系的惯性，或者这些机构在面临集体解决问题的手段、目标、成本出现分歧时的无能表现。这经常导致之前所提到的无为成本比采

---

① Michael Byers, "Are You a Global Citizen?", http://www.thtyee.ca/Views/2005/10/05/global-citizen/ (accessed 10 February 2006), p. 4.

② Michael Moore, *A World without Walls: Freedom, Development, Free Trade and Global Governance*, Cambridge University Press, 2003, pp. 220 – 223.

取行动成本更大的情况。比尔·盖茨曾批评道,发达国家应对疟疾的行为很是丢脸,每年约 5 亿人感染疟疾,每 30 秒就有一名非洲儿童病死,每年造成的经济损失达 120 亿美元,而每年用于防虫蚊帐和其他保护措施的经济投入却只有很小的比例。① 面对紧迫的全球问题,行动决策的失败不仅增加了解决问题的长期成本,而且给人们留下并加深了这些机构是无效、不负责任和不公平的印象。

第三,跨国问题。因为缺乏对全球层面问题的基本认知,全球公共事务(如全球变暖或者生物多样性的缺失)属于哪些国际机构的责任尚不明确,跨国问题很难被充分理解、领悟,也很难采取有效行动,制度分裂和竞争不仅导致机构间管辖权重叠,而且造成国际机构在全球与国家层面无力承担责任。

第四,责任赤字或不足。它与两个相互交织的问题相联系:国家间权力不平衡,以及国家行为体与非国家行为体在制定全球公共政策过程中的权力不均衡。多级机制需要充分代表参与其中的所有国家,但目前尚未做到。此外,必须适当安排国家行为体与非国家行为体之间的对话与协商。英吉·考尔及其在联合国发展计划委员会的同事在考察这些问题后指出,国家间不均衡和国家与非国家行为体之间的不均衡不容易被察觉,因为在很多情况下不仅仅是数量问题,不管所有政党在谈判桌上是否都有一席之地,主要问题还是(代表权的)质量,即"各种利益攸关者如何被代表"。② 在主要政府间国际组织的谈判桌上有席位,或者在重要国际会议上有席位,并不能确保代表的有效性。即使正式的代表权势均力敌,发达国家还拥有大量延伸谈判权以及技术专家组成的代表,贫穷的发展中国家则常常是只有一个代表席,甚至多国共享一个代表席位。从发展中国家在国际机构中代表权严重不足(如在国际货币基金组织,24 个工业化国家在执行委员会拥有 10—11 个席位,而非洲国家只有 2 个席位),到由不能充分发展实质性谈判和一国一人参与决策过

---

① James Meikle, "Bill Gates gives ﹩258m to World Battle against Malaria", *The Guardian*, 31 October 2005, p. 22.

② Inge Kaul, Pedro Conceicao, Katell Le Goulven and Ronald U. Mendoza, "Why Do Global Public Goods Matter Today", in Kaul et al. (eds.), *Providing Global Public Goods*, p. 30.

程引发的问题,① 国际社会面对的困难范围非常广泛。许多人在影响自身的全球政治问题中都是利益攸关者,但仍被解决这些问题的政治机构或战略排除在外。

隐藏在这些制度性困难之下的是决策者与决策执行者之间对称性与和谐性的崩溃。考尔及其研究全球公共物品的同事近期清楚地阐明了他们的观点。他们提出了"被遗忘的平等原则"②,这一原则暗含了公共物品成本与收益的范围必须与有关公共物品决策执行的管辖权范围相符。简单地说,这一原则适用于受到全球化积极或消极影响的行为体,他们对规则有发言权。然而,决策者与执行者、决策者与利益攸关者、决策过程中输入与输出的平等却未能实现。举例来说,一国允许砍伐雨林的决策可能会导致邻国的生态损失;在边境附近建立核电站的决策在执行过程中可能根本不与邻国协商,尽管邻国因其决策可能面临许多风险。

由此,我们面对诸多挑战:利益攸关者与决策者要相互配合,为所有受全球公共物品影响的行为体创造发言的机会;资助全球公共物品体系化,动机必须正确并且为这些公共物品活动提供充足的公共与私人资源;跨越国家边界、不同部门和行为体集团,推动机制间互动并为政策制定和战略管理营造充足的空间。全球政治进程的失败或不充分,是由国际竞争中形成的决策圈与具体公共产品外溢范围的不匹配所造成的。如何使那些需要协商(或参与决策)的行为体与谈判中公共物品的外溢范围保持一致确实是一个现实的挑战。

三、全球治理的重构

重新恢复决策者与执行者之间的对称与和谐关系,确立平等原则,要求

---

① Ariel Buira, "The Governance of the International Monetary Fund", in Kaul et al. (eds.), *Providing Global Public Goods*, pp. 225 – 244; Pamela Chasek and Lavanya Rajamani, "Steps Towards Enhanced Parity: Negotiating Capacity and Strategies of Developing Countries", in Kaul et al. (eds.), *Providing Global Public Goods*, pp. 245 – 262; Ronald U. Mendoza, "The Multilateral Trad Regime", in Kaul et al. (eds.), *Providing Global Public Goods*, pp. 455 – 483.

② Kaul et al., *Providing Global Public Goods*, pp. 27 – 28.

加强或重构全球治理，以解决前面提到的制度挑战，并填补贯穿全球治理规定的现实鸿沟。这个过程应由三个相关的维度构成：协调国家行为并共同解决问题、加强功能有效的国际机制、将约束行为体的多边规则和程序发展为多边框架。然而，我们不能矫枉过正，即误导和毁弃华盛顿共识与华盛顿安全议程的一揽子政策。事实上，这两者确实都需要由新的政策框架取代。在这个新的框架下，能够使全球市场与当代技术的发展促进生产力的大幅提高和财富的成倍增长；能够应对极端贫困并确保收益公平分配；能够创造发言的渠道，在区域和全球公共领域慎重进行民主决策；能够将环境可持续发展置于全球治理的核心；能够提供与恐怖主义犯罪、战争、失败国家相关的国际安全。所有这些都可以看作是"社会民主全球化"和"人类安全议程"的任务。

我认为，全球政策的第一个方面是：华盛顿共识需要由更广泛的制度与政策方法来取代。自由市场哲学的视角过于狭隘，其观点体现在社会民主制度中。社会民主人士试图在某些国家设立代表特定议题的民主机构，他们接受了市场是产生经济财富的核心力量的观点，但他们也强调，若没有恰当的规则，就要面对极大的风险，尤其是公民将遭受更多的风险。因此，国家层面的社会民主意味着支持自由市场，同时坚持共享价值和共同的制度实践框架；在全球层面它意味着追求自由市场标准化、减轻贫困计划以及保护弱者等经济议程。此外，这项议程一方面必须确保不同国家有试验投资战略和支配资源的自由，另一方面，国内政策选择支持其基本标准（包括人权和环境保护）。但问题是：自决、市场与普世的核心标准如何共存？

因此，首先要构建国际经济法与人权法、商法与环境法、国家主权与跨国法律之间的桥梁。我们不仅需要严格履行现有的人权和环境协议，明确特定工业产业的道德准则，而且还应将新的条款引入自由市场和贸易体系的基本规则或法律，例如，欧洲《马斯特里赫特条约》中的社会章节，将劳动与环境条件加入北美自由贸易协定机制的努力等。最终应发生三个利害攸关的转变。第一个转变是公司参与推进联合国的普世核心原则。在一定程度上讲，人权与环境标准在共同实践中受到保护，这将是重大进步。然而，如果除了志愿性动议之外还有什么不能回避或忽略的话，那就是需要在恰当的时候对法律规定和强制性规则进行解释。第二个转变是保护在经济组织和贸易机构的相关条款中修正的法规、规定与程序，它们与健康保护、禁止童工、工会活动、环境保护、利益攸关者协商及公司治理有关。如果社会需求普遍盛行的话，经济领域的主要集团和协会应以其惯用手法采纳与普遍社会需求兼容的规则、程序与实践结构。这就要求签署新的国际协定，设定普世的管辖权与明确的执行途径。这项计划还有许多可能实现的目标。然而，目前除了关注平等自由与全人类发展可能性的人权和环境价值的框架是健全的，大部分目标都是错位的。第三个转变是关注经济灾难与损失的最紧迫任务。如果没有这个转变，就不可能实现目标；没有这个承诺，对标准的认同将流于高尚的形式，并不能抓住社会经济变化的实质，而社会经济的变化又恰是承诺的必要组成。

发展政策至少要朝着推动国家贸易和工业目标（包括保护新生工业）的"发展空间"方向迈进，强力的公共部门扶持政治与法律改革，发展透明、负责任的政治机制，确保对健康保护、事关人类生死与身体健康的基础设施的长期投资，挑战全球市场准入的非对称现实，以及确保全球市场平等融入贸易与金融的规则框架中。它还意味着消除不能持续的债务，寻找扭转从南向北净资产流出的途径以及建立以发展为目标的新的金融制度。此外，如果这些措施与金融市场流动税收、矿物燃料消费税以及优先从军费（每年全球军费约9000亿美元）转向缓解严峻的需求相结合，南北方国家发展的条件是，首先要满足那些还在为生存和基本福利而斗争的国家的需求。

全球化议题的转变就是从自由向社会民主的全球化转移，从当前最紧迫的安全关注中获益。我的论点的核心是应将安全与人权议题相联系，并将它们纳入持续的国际框架中。因此，全球政策的第二个方面是：取代华盛顿安全议程。如果发达国家希望加强安全与确保反恐行动的全球法律能快速建立，他们就需要为应对发展中国家人民面临的不安全进行更广泛的改革。政府公正问题与恐怖主义并不被发展中国家或者占多数的国家视为应优先解决的问题，除非将它们与社会经济福利（如基本教育、清洁水资源和公共卫生）相联系，否则不可能上升到法律高度。我称之为新的"全球契约"正在争论中，正如联合国改革高级专家小组提出的新的"大妥协"一样。①

具体来说，我们需要将国际法中的安全与人权议程联系起来；联合国安理会改革旨在完善武力干涉的合法性，附加可靠的门槛测验；修正1945年以来将地缘政治安排作为安理会决策基础的这种过时的做法，在公正平等的基础上将代表权扩展到所有地区；扩大安理会豁免权或者创建相应的社会经济安全理事会，以检验当全人类危机（物理、社会、生物、环境）威胁到人类生存时的必要干预措施；建立世界环境组织推动现有环境协议与条约的执行，确保世界贸易和金融体系与世界资源可持续利用相配合。这些才是"大妥协"的本质内容。

结论是，实现这一议程的最佳时机已经错过了，标志是2005年9月联合国峰会的局限性和欧洲宪法草案的否决。但是峰会在人权方面还是取得了一些进步：人权问题（在建立人权理事会问题上达成一致）、联合国管理（承诺加强内部责任机制）、和平建设（建立和平建设委员会）、应对灾害（面临严重跨国灾害时的"保护的责任"）②，此外还有关于联合国改革内容的协议措施，联合国高级专家小组公布的"一个更安全的世界"的报告、纽特·金里奇与乔治·米切尔提交的美国国会报告等③。

然而，即使错过了最佳时机，也不意味着损失就是必然的。华盛顿共识和华盛顿安全议程面临失败的危险，市场原教旨主义和单边主义自掘坟墓。世界上最成功的发展中国家（中国、印度、越南和乌干达）之所以成功，是因为他们没有追随华盛顿共识的议程，冲突的成功化解（巴尔干、塞拉利昂、利比里亚和斯里兰卡）也归功于多边主义和人类安全议

---

① David Held, "Global Covenant"; UN High Panel, "A More Secured World", http://www.un.org/secureworld/ (accessed 11 February 2006).

② Lee Feinstein, "An Insider's Guide to Un Reform", http://www.americanbroad,tpmcafe.com/story/2005/9/14/142349/085 (accessed 11 February 2006).

③ Un High Panel, "A More Secured World"; Newt Gingrich and George Mitchell, "American Interests and UN Reform: Report of the Task Force on the United Nations", http://www.usip.org/un/report/usipun report.pdf (accessed 11 February 2006).

程。关于如何向前发展与如何在华盛顿共识与华盛顿安全议程中做出选择已有了清晰的线索。

四、全球治理与民主：多级公民权与多层民主

在现有政策尝试失败后，对发展问题的反思已开始朝着团结、民主、公正和政策有效性的方向发展。然而，当今的全球治理问题需要经历较长时间才能显现出来。我们只有抓住全球政治安排结构的局限性，才能从制度上解决民主与公正的问题。局限性可以总结为"现实主义式微"或者更温和的说法就是，必须摆正国家利益的位置。

政治共同体观念化解了决策者与执行者之间的紧张关系，政治共同体是相互约束的领土有限共同体，决策者和执行者塑造了解决责任问题的进程与制度。在国家形成初期，就已经出现了地理、政治权力与民主密切结合的观念，政治权力、主权、民主和公民受到领土有限空间的制约，但现在情况已经大不相同。考虑到决策者与执行者的关系并不必然要求与领土的大小对称或一致，全球化、全球治理和全球挑战提出了有关民主与民主管辖权范围的问题。

全包原则作为民主理论的概念，在决策参与者与特定人群负责者之间划定界线，有助于明确阐述其根本标准及原因。简单地说，它阐明了受到公共决策、问题领域或者过程影响的行为体应该享有平等机会，通过选举出来的代表直接或间接影响并塑造决策。受到公共决策影响的行为体在决策过程中应该享有发言权。但如今关心的问题是，在决策者与决策执行者关系更复杂时如何理解"受到重大影响"的概念，即决策如何影响特定民主政体之外的人，如在农业补贴、干细胞研究与二氧化碳排放规定等领域。在相互联系的全球化时代，主要决策者应该对谁负责？他们是否应该对受其影响的特定人群负责？答案并非直接明了。正如罗伯特·基欧汉所说，受到影响并不是发表有效声明的充分条件。如果这样，实际上等于什么都没有做过，因为协商或否

决还需很多条件。① 我们要思考这样一个难题：如果所有受到影响的原则与影响人们需求或利益的观念直接相关，那么事情就变得稍微容易些。

如果考虑强势力量对人们日常生活的影响，则影响可以分为三类：强烈、适中、稍弱。强烈是指重大需求或者利益受到影响（从健康到住房），如对人们的平均预期寿命造成根本影响。适中是指需求受到一些因素的影响，如人们参与社区活动（经济、文化和政治方面）的能力受到质疑。稍弱是指对特定生活方式或可行的消费选择范围（从穿衣到音乐）的影响。这些分类并非无懈可击，但它们为以下内容提供了有用的指导：如果人们的基本需求不能得到满足，他们的生命就会受到威胁。在这种情况下，人们面临遭受严重损害的风险。如果人们第二层次的需求得不到满足，不能完全参与到社会团体中，他们参与公共与私人生活的潜力就得不到发挥，选择也受到制约。在这种情况下，人们面临生活机遇受到损害的风险。如果人们的生活需求得不到满足，就会抑制他们改善生活与透过多种媒体自我表达的能力。在这种情况下，未得到满足的需求将引发焦虑和挫折感。

基于以上考虑，需要重申全包原则。就是说，平均预期寿命与生活机遇受到社会势力与进程深刻影响的人们，有权决定社会势力与进程遵循的规则条件，并通过政治代表的方式直接或间接地体现出来。平均预期寿命与生活机遇由强势行为体决定，同时拉近了利益攸关者和决策者之间的距离。当民主接近这种状态时，它就处于最佳状态。将这一想法延伸到影响生活需求的决策与进程中的论点则令人难以信服，因为它属于共同体解决自身问题的核心价值与认同。例如，是否应该允许麦当劳进入中国，或者美国媒体是否该在加拿大获得自由行动的权力，这些需要解决的问题，都是涉及价值观与消费选择冲突的严重跨国问题，可以演变为事关区域或全球贸易规则与规范的问题。

全包原则指向政治权力集权和地方分权的必要性。如果决策尽可能地向

---

① Robert O. Keohane, "Global Governance and Democratic Accountability", in Held and Koenig-Archibugi (eds.), *Taming Globalization: Frontiers of Govermancs*, Polity, 2003, p. 141.

地方分权，每个人影响决定自己生活的社会条件的机会就会最大化。然而，如果争论中的决策跨地区、跨国或者跨区域，那么政治机制不仅需要基于地方考虑而且还要有广阔的视野和完善的行动框架。在这种背景下，关于民主的讨论不可避免会出现多种立场与不同的层次。它可能是无法回避、自相矛盾的，出于同样的原因，地方分权是值得的，因为它为那些在公共领域（指跨共同体公共领域）受到政治事务重大影响的人们提供了参与的可能性。

因此，决策者与执行者之间需要重建对称与和谐，全包原则要求全球治理更完善，并找到应对跨国进程与力量挑战的解决方式。这项事业必须以此作为起点。换句话说，这是构建命运与共的共同体世界。相互联系的世界正在经历复杂的进程，特定问题（如工商战略、住房与教育）适用于有地域界限的政治领域（城市、地区或国家），而关于环境、流行疾病和全球金融等的规范是为了应对建立更广泛的新机制的需要。当全包原则在跨国背景下赢得支持时，当平均预期寿命与生活机遇受公共事务影响的人们组成跨国集团时，当基层决策不能圆满解决跨国乃至全球政策问题时，超越国家领土之上的决策核心就能获得明确恰当的定位。当然，在地方、次国家区域和国家政体中，为不同层次的治理划定界限一直存在争议。尽管处理具体公共事务的管辖权复杂而深入，但在明确的公共框架中，复杂且深入的处理公共事务依然胜过强大地缘政治利益（主导国家）或市场组织的草率态度。简言之，长期开展制度改革的可能性必须同国家与机构的扩展框架联系起来，该框架受到法规、民主原则和人权的约束。

从长远看，包含团结、民主和社会公平的全球治理的再调整必须包括区域和全球层面独立的政治权威和行政能力的发展。它并未要求降低全球范围内的国家权力与能力，而是寻求保护和发展区域与全球层面的政治机制，并作为国家层面政治机制的必要补充。政治概念以承认民族国家持久的重要性为基础，多层治理则旨在应对更广更多的全球问题，其目标是在地方和国家层面发展负责任的政治，在更广泛的全球秩序中，构建具有代表性与协商性的框架，包括透明的政治秩序、民主的城市与国家，以及以区域与全球网络为核心的社会公平框架。

长期的制度要求包括：多层治理与分散的权威；从地方到全球的民主讨论网络；加强人权协定并建立区域和全球人权法庭；加强国际政府间组织的透明度、责任与有效性，建立具有加强公共协调与行政能力等明确需求的新制度；改善非国家行为体的透明度、责任与发言权；利用多种机制塑造公共偏好，检验它们的持续性并推动公共意愿的形成；建立有效、负责任的区域和全球军事力量作为捍卫国际人道主义或者世界性法律强制权力的最后手段。

我将这项议程以及由此产生的机制称为世界主义民主。世界公民概念的核心是，公民可不以按领土划分的共同体成员的排外性为基础，而是建立在多样化背景下的普遍规则与原则基础上。这个概念取决于民主和人权原则的可行性与明确性。这些原则建立了平等的道德地位、平等的自由以及平等的参与机会等所有人都应该享有的框架。公民的含义从具有特定权利与职责的共同体成员资格转变为所有人在影响自身重要需求与利益的决策领域都享有平等权利与职责的世界秩序原则。它主张这样一种全球政治秩序：人们可以在主导其平均预期寿命与生活机遇的基本进程与机制中享有平等地位。

在这种背景下，全球或世界公民的含义逐渐清晰起来。建立在人类基本权利与职责基础上，世界性公民权强调个体的独立，承认他们在各个层面的人类事务中自我管理的能力。这个概念需要进一步阐述和剖析，但我们已抓住了它的主要特征。如果人们不能在自主决定其生活水平的前提下实现平等和自由，那么从城市到全球协会机构将会组织一系列讨论，要求决策者做出合理解释。如果现有权力主体更加负责，一些影响我们的地方、国家、区域和全球性复杂事务实现民主规范，人们就可以成为多元政治共同体的成员。正如哈贝马斯所讲，只要民主性公民权没有以特定形式将自己隔绝开来，这种公民权就会为实现世界公民权铺路……国家公民权和世界公民权形成连续性，其轮廓已经显现。①

强调公民权的原则与国家共同体之间只有偶然的历史关联，这个关联在

---

① Jürgen Habermas, *Between Facts and Norms: Contributions to a Discourse Theory of Law and Democracy*, trans. William Rehg, Polity, 1996, pp. 514–515.

命运重叠的共同体世界受到了削弱，必须重新分析公民权原则。此外，根据发展趋势，爱国主义与民族主义变得更易遭人诟病，应将爱国主义与对公民核心政治原则的保护结合起来，而不是出于自己利益的考虑，将它与国家或者民族相结合。只有国家认同或接受多种形式的团结合作，尊重普遍原则与规范，才能成功适应全球化时代的挑战。最后，多样化与差异性也只有在"全球法律共同体"中才能发展起来。

即使退一步讲，只有欧盟老成员国才能共享经济、货币和政治机制的观念也是错误的；冷战的终结是由和平革命导致的观点也不可取。完成重构全球治理的任务，尽管看起来还很遥远，但我们希望以日益增强的紧迫感去实现它。对很多人来说，这个任务现在已经"失败"了；而对另一些人而言，除非我们的治理安排能够实现团结、公正、民主和有效，否则它真的"即将失败"。

走向真正的全球治理*

[英] 托尼·麦克格鲁 著　陈家刚 编译**

一、引言

就其迅速扩大的广度与深度,以及对世界范围内相互联系逐渐加深的影响而言,全球化已经赋予政治生活的传统问题——谁统治,怎样统治,为了谁,要实现什么样的目标——以新的意义。在相互依存日益复杂的时代,国家不可能完全地使其公民免受其他地方事件的影响,而国内的繁荣与人类安全也强烈地要求采取多边协调行动。这并非表明全球化力量正超越国家权力,而只是标志着有效的、民主的国家政府正经历着深刻的转型。其最突出的表现就是从传统(战后)多边主义——布雷顿森林体系——向更复杂的多层全球治理体系的重大转变,其中,国家政府将管辖权授予地方的、区域的、跨国的以及全球的机构(公共的与私人的),或者与它们分享这一权力。

全球化不是像某些人说的那样是"失控的世界",它既是法人资本主义的

---

* 本文是英国南汉普顿大学政治学教授、著名全球治理研究专家麦克格鲁(Tony McGrew)教授给撰写的专稿。原载于《马克思主义与现实》,2002年第1期。

** 译者简介:陈家刚,中国人民大学国际关系学院博士生。

逻辑发展，也是政治指导、管理与竞争的产物。在21世纪，政治干预能否借助增强全球正义与人类安全等方式而驯服全球化，在很大程度上将有赖于这种不断发展的多层全球治理体系的主流价值观、战略合作与管理能力。然而，该体系核心存在着一个致命的缺陷，即缺乏民主的信任。因为，从总体上说，这个世界共同体存在着高度的非代表性，以及权力、影响、机会与资源的极度不平等：这一体系也许最好称作为扭曲的全球治理。因此，通过赋予世界各国与人民代表权、承担责任与提供服务，一个更民主的、更负责任的全球治理体系将会实现更多的全球性社会正义。

本文将考察当前全球治理的结构、功能与模式，并审视着从政府到多层全球治理体系这一刚出现的结构性转变的发展前景。通过分析，我将揭示该体系存在的一些主要缺陷，尤其关注协调、合法性与有效性问题。我也将考察建立超越国家的更广泛、联系更紧密，以及更负责任的治理形式——真正的全球治理体系——的必要性、有利条件和可行性。本文还将思考全球化是怎样改变了有效的国家行为与国家民主状况的。

二、全球化：国家权力、治理与民主

全球化描绘了这样的过程，其中，一个地区的发展会迅速地对世界遥远地区其他共同体的安全与幸福产生重大影响。它标志着从经济到生态、从文化到犯罪的所有社会活动领域，区域间互动网络与流动的范围不断扩大，影响不断加深，速度不断加快。正如艾伦·格林斯潘所说，在东亚金融危机期间，"经济动荡的海洋中不可能存在'繁荣之岛'"。这种系统性联系创造了整合与分裂的巨大力量：在有效限制国家行为的同时创造新的机会与可能性。因此，根据自身在全球权力等级体系中的位置，有些国家将比别国受到更多的局限，而有些国家则更有能力利用这些新的机会。

全球化具有非同寻常的分配性影响：它不仅在国家间，而且在国家内部产生明确的输家和赢家。在环境与影响极不平衡的情况下，全球化既产生了分裂也创造了整合。因此，当全球化的利益越来越集中在世界少数人手中而贫穷与社会排斥持续扩大的时候，"强者看起来将更强，而弱者会更弱"。① 从宏观上讲，全球化意味着不断缩小的世界——飞机旅行、卫星电视与互联网。但对大多数人来说，它是与一种深深的无力感相联系的，因为他们的命运是被几千里之外的决策和无所作为，或者交易所、交易大厅、使领馆与官僚机构里一个键盘的敲击所决定的。正如东亚金融危机所示，作为全球权力的关键角色，国际货币基金组织与世界银行完全置身于它们所塑造的共同体的命运之外。因此，许多国家认为全球化带来不安全感，"权力无所不在，但又不可捉摸"也就不足为奇了。

经济、政治权力运作与组织的结构性转型是这种不安全的基础。在全球化的世界中，权力不只是在地方的、国家的或国际范围内组织与运作，而是逐渐获得了跨国的、区域的甚至全球的向度。不仅国家变成了"分离的权力载体"，传统的自治路径也发现自身越来越无法赋予其公民判断力与价值观以影响决定他们命运的经济力量。② 虽然国家、权力与地域之间传统上的一致性并没有完全消失，但已经被打破了。事实上，国家行为转型的状况对民主政府的性质有重大的影响。

这种转型还包括许多相互联系但仍保持独立的方面。全球化对多边合作，以及从金融市场稳定、标准设定到环境保护等全球公共物品的提供提出了更高的要求。近30年来，我们目睹了地区与全球范围内多边合作的加强，以及（正式与非正式）国际体系——从导弹技术控制到洗钱——的多样化。目前，大约有290个正式的全球（政府间）组织，20个区域性组织和大量的其他国际性体系。官僚结构和国家政府的行为越来越国际化，并且对国家主权、政策连续性和民主责任产生了重大影响。

因此，人们有充足的理由认为全球化对主权国家体系构成了严峻挑战。虽然表面上国家要求"在其自己疆域内享有超越一切的有效霸权"，但是，因为国际治理机构不断扩展的管辖权与源自国际法的限制和束缚，这在不同程

---

① UNDP, Human Development Report 1997, Oxford University Press, 1997, p.2.
② Sandel, M., *Democracy's Discontent*, Harvard University Press, 1996, p.339.

度上受到损害。① 因为受到不断扩展的多边秩序的限制,所以,国家目前不是通过合法地要求自己得到最高权力,而是以此作为讨价还价的筹码,在制定规则的多边体系中维护主权。② 在不同规模的公共权力机构中,主权被出卖、分享和分割了。作为一种不可分割的、地理上独一无二的公共权力,近代主权观念正在被新的主权体系所取代,其中主权被当作是共同行使公共权力和公共权威。对多数发展中国家来说,主权限制已经明显存在几十年了。在那些主权看起来未受影响的富裕国家,政府现在也无法保持对其疆域内事态的控制,假使它们曾经这样做过。艾滋病、思想、污染、犯罪,以及其他诸多事情的发展已经超越了国界。另外,虽然相对于全球市场力量与资本流动的国家脆弱性存在重大差异,但这些力量总的来说使看似合理的国家经济与发展战略的局限更明晰。就此而言,即使欧洲国家的表现并不意味着福利国家的结束,但它确实表明,在竞争性的全球经济中,存在着对国家干预与再分配政策的有效限制。因此,全球化损害了国家自治的能力,即国家自主性。

在损害自治原则的过程中,全球化触及了民主的本质。民主政府假设"国家、领土、民族、主权、民主与合法性之间存在直接的一致性"。③ 然而,在当代全球和跨国范围的社会生活与地区性民主责任组织之间存在着日益扩大的非对称性。对全球化的普遍反抗与力图抵制其规则的社会运动表明,在某种程度上,看起来不断国际化、普遍化的权力结构与植根于制度化国家机构中的参与过程、代表权、责任与合法性之间的冲突在不断扩大。此外,在全球变暖将许多太平洋岛国的长期命运与全球成千上万的私人汽车用户的行为联系起来的世界中,传统中央集权国家的民主责任模式似乎有些过时了。它假设在地域上紧密联系的共同体世界中,公民直接将政府看作是委托人。

---

① Keohane, R. Hobbes, *Dilemma and Institutional Change in World Politics: Sovereignty in International Society. Whose World Order?* H.-H. Holm and G. Sorensen. Boulder Col., Westview Press, 1995, pp. 165–186.

② Ibid., pp. 165–186.

③ Connolly, W. E., "Democracy and Territoriality", *Millenium*, 20 (3), 1991, pp. 463–484.

然而，全球化破坏了这种简单划一的理论连续性，因为权力的行使超越了地域界限，而且经常处于这些共同体影响的民主范围之外。在全球市场经济中，影响某地区共同体繁荣与福利的决策经常被远方的公司董事会绕过地方政府而采纳，几乎每天名义上"国内的"政府行为都会越过边界而对超越自身地域管辖权的共同体产生重大影响。在这个"命运共同体重叠"的现实世界中，民主责任的传统结构"与现代社会经济生活的实际组织存在着尖锐的冲突"①。

全球不平等的不断扩大加剧了民主与全球化之间的摩擦。全球化的分配性影响制造了新的政治分歧与分裂，它们腐蚀了社会团结，强化了对民主的普遍幻灭感。国家间以及国家内不断加深的不平等也削弱了真正民主的发展基础。另外，当经济力量更加集中、全球市场力量剧烈冲击国家的时候，民主的公共干预的范围也就变得越来越窄了。同样，全球和区域组织权威的扩展与大多数公共国际决策的政治技术复合体的联合模糊了权力定位、分散了政治责任。在这种情况下，领土民主（territorial democracy）开始空心化，因为它需要政治共同体掌控自己的命运，需要公民积极支持那些为公共利益思考和行动的共同体。②

然而，这种领土民主的空心化也激发了新的民主活力与团结。从世界发展运动到世界穆斯林大会、国际圣诞老人年会、世界警察与消防运动会、再到北京的世界妇女论坛，以至千禧年活动、国际清算标准委员会、国际政治学会，人们为了追求特殊或普遍的利益、信仰，从事各种运动，或者为了学术目的越来越多地组织起来并来往于地区与各大洲之间。为了推动从人权到公平贸易等特定运动的发展，各种支撑网络设法要求政府与国际组织对自己的行为做出解释，而泛滥的国际政府间组织——它们的数目从 1976 年的大约 6222 个急剧增加到 1997 年的 40306 个——几乎在每一国际政策制定与执行领域发挥作用。③ 这种"公民外交"的激增建构了一个基本的跨国公民社会，

---

① Sandel, M., *Democracy's Discontent*, Harvard University Press, 1996, p. 202.
② Ibid., p. 202.
③ Cusimano, M. K, M. Hensman et al., *Private-Sector Transovereign Actors*, *Beyond Sovereignty*, M. K. Cusimano, New York: St. Martins Press, 2000, p. 258.

即为了实现共同的目标，促进共同的利益，要求政府和正式的全球治理机构对其行为负责，公民与私人利益的合作超越了边界的限制。然而，并不是所有的跨国公民社会都是公民的或者代表性的，有些追求的是反动的事业，而且大多数都没有效率、缺乏责任感。就资源的占有、影响力的发挥，以及争取关键性决策地位的途径而言，跨国公民社会之间存在着极度的不平等。这主要是北半球国家造成的，虽然政府间组织形式发展最快的是南半球国家。[①]并不是所有的利益都被组织起来，都处于流动之中。举例来说，世界共同体中那些多数极贫和弱势群体就没有什么有效的权利。就此而言，跨国公民社会不是世界人民的代表，而其构建领土形式的民主政府的活动也一直处于模棱两可的关系中。

在全球化不断加强的情况下，治理已经变成了更加复杂和不稳定的过程。很少有人怀疑，有些国家的管理者和政客正赋予"内在的自由主义"（embedded liberalism）黄金时代以浪漫的色彩，即强福利国家与布雷顿森林体系的前景。全球化动力加强了包括公共与私人权力的再造、国家角色与能力的改变与治理现代社会的复杂性等因素的结合，而这种结合已经促进了从统治到治理的范式转换，使人们意识到值得珍视的政治目标，制定关键的政策方案，以及解决国内各种危机，逐渐使国家处于公共与私人的、国家内外的各种机构谈判协商秩序之中。[②] 作为一种分析性概念，治理指的是一种以公共利益为目标的社会合作过程——国家在这一过程中起到关键的但不一定是支配性的作用。作为一项政治工程，治理意味着对已经改变的国家行为状态的战略反应。

全球化并没有因此而终结国家，或者终结政治，但它确实改变了国家行为和民主治理的状态。全球化在许多方面培育了更积极的国家，部分是因为在更加相互依存的世界中，仅只实现国内目标，国家政府就必须进行广泛的

[①] Boli, J., T. A. Loya et al., National Participation in World-Polity Organizations, *Constructing World Culture*: *International Nongovernmental Organizations Since 1875*, J. Boli and G. M. Thomas, Stanford: Stanford University Press, 1999, pp. 50 – 77.

[②] Pierre, J. and B. G. Peters, *Governance*, *Politics and the State*, London: Palgrave, 2000.

多边合作。当然，在多大程度上它们已经适应了这些新状况及其自身应对这种转变的能力，各国相差很大。甚至最强大的国家，从统治走向治理的形式也是多种多样的。20 世纪的命令与控制国家已经被不同类型的国家所取代，这种国家正在全球、区域、跨国以及地方统治和权力体系的相互作用中重建自身的权力。不过，我们这里正缺少它的逻辑结果：全球化是怎样改变"战后多边体系……积极舍弃其过时模式"的。①

三、从多边主义到多层全球治理

正像全球化推动了国家转型一样，它也在改变着长期以来形成的国际治理形式。随着冷战的结束，控制全球事务的地缘政治模式，作为一种稳固世界秩序的统治模式已经变得不可能（和不合法）了。在不同民族国家联系愈益紧密、非国家力量发挥着巨大影响力的世界中，控制全球事务的等级体系已经失去其效能，大多数国家甚至缺乏整合意识到的内部威胁的能力。这样，我们可以明显觉察到，战后多边主义秩序开始走向了更复杂的多层全球治理结构。这种转变并非是完全明晰和确定无疑的，地缘政治也没有从世界上消失。在转型时期，新旧秩序共存于动态的紧张关系之中。

多层全球治理指的是，从地方到全球的多层面中公共权威与私人机构之间一种逐渐演进的（正式与非正式）政治合作体系，其目的是通过制定和实施全球的或跨国的规范、原则、计划和政策来实现共同的目标和解决共同的问题。简单地说，它就是"各种路径的综合"，借此赋予逐渐缩小的世界以政治方向。② 就此而言，它超越了战后传统的多边主义形式，虽然还远非"受到

---

① General, S., *Renewing the United Nations*, New York: United Nations（www. un. org），2000, p. 11.

② Commission on Global Governance, *Our Global Neighbourhood*, Oxford: Oxford University Press, 1995, p. 2.

全球执法支持的统一的全球体系"① 事实上,它与预设中央全球公共权威为人类公共事务立法的世界政府理念也有极大的差异。

全球化已经在许多主要方面取得了相对于传统多边主义政治表象的优势。而在其他方面,国内与全球事务的复杂结合、全球市场的分配性影响、新经济权力与区域权力中心的出现、法人角色的突显、通信革命、全球化中不断扩大的政治竞争,以及民主的拓展都向排他性的"多边合作俱乐部模式"提出了挑战。② 当然,这些排他性的俱乐部(如工业七国、经合组织)仍然未受影响,而且在继续发挥重要作用,但它们处于更广泛的多层全球治理体系之中。

在"二战"后建立起来的合作制度与框架基础之上,全球治理的基础设施正在逐渐演变成一种复杂的、多层的体系。我们可以从几个方面的观察来了解这一体系的制度结构。首先,它是多层的。因为它是由五个主要的治理单元(或层次)组成的结构性网络,这五个主要的治理单元是:超国家组织(如联合国)、区域性组织(如欧盟等)、跨国组织(如公民社会与商业网络)、亚国家(substate,如公共协会和城市政府等)。③ 而夹在这些层级之间的则是民族国家。其次,它是多头的或者多元的,因为不存在单一的权威中心。这不表明参与者之间有任何的权力平等,只是意味着政治权威是分散的。第三,因为在全球范围内或者某些问题上,这些宏观结构的相对重要性与控制能力存在极大差异,所以,它表现出结构的多样性。第四,该体系结构上的复杂性,因为除了具备不同的权力资源和能力,它还是由各种(功能和/或空间上的)管辖权重叠的机构与网络组成的。第五,这种复合体损害了政策连续性,因为它要求治理活动在横向的不同功能领域与垂直的不同治理层级两方面同步协作。第六,在这种体系中,国家政府远没有被降格,它们

---

① Cable, V., *Globalization and Global Governance*, London: Royal Institute of International Affairs, 1999, p. 54.

② Keohane, R. and J. Nye, Introduction, *Governance in a Globalizing World*, J. Nye and J. Donahue. Washington D. C.: Brookings Institution, 2000, p. 26.

③ Scholte, J. A., *Globalization: A Critical Introduction*, London: MacMillan, 2000.

逐渐演变成关键的战略领域，将各种治理单元弥合在一起，并使全球调控合法化。

这种体系的核心特征是重新确立了公共权威与私人权力之间的界限。即，在全球治理的各方面，从技术标准到人道主义援助和官方资助通过政府间组织的分配，都存在着重要的私有化过程。国际清算标准委员会确立了全球的清算规则，而主要的联系汇率机构则对全球政府与公共权威的信用状况进行严格地评估。大多数这样的私人治理都受到全球公共权威的影响，但从公司与私人利益掌握了诸如世贸组织这些机构议事日程的程度上讲，公共权力与私人权力是融合在一起的。当前公私合作关系的特点，像全球艾滋病协会等，清楚地表明了私人利益在全球政策形成与实施过程中不断扩大的影响。另外，借助民间的行为规范，与解除全球市场管制和跨国公司自我管理相联系的优先权代表着全球经济中公共干预的实际界限。当然，在不同的政策部门存在着相当大的差异。某些领域（如贸易与金融）的解除管制已经伴随着其他领域（如知识产权与核安全）的再管制。从这一意义上讲，"作为主要原则的解除管制"并没有相应地通过私人治理或法人利益控制的全球性管理而确立起来。①

以长远的历史眼光看，私人治理远非新奇的事：英国东印度公司及其荷兰同伴都有它们自己的私人军队——就像今天的通用公司有自己的海军一样！从历史角度看，当私有化和法人接管超国家机构成为当代批评全球化的主要焦点时，它们与从前时代有相当的连续性，如当代国际商法就源自中世纪商人的习惯法。然而，当代的特色就在于私人全球治理的规模及其推动权威从公共到半公共和私人机构的重新定位。例如，瑞士公司 SGS 在许多国家从事环境检查的非营利性活动，甚至在一些发展中国家开办海关业务。② 这种横向的权威再定位——从公共机构到私人机构——提出了关于有效民主责任性质

---

① Braithwaite, J. and P. Drahos., *Global Business Regulation*, Cambridge: Cambridge University Press, 1999, p. 515.
② Ibid., p. 492.

这样的严肃问题。

与这种权威横向再定位同时存在的，还有不同的治理层级与结构（从亚国家到超国家）之间的权威纵向再塑造。它明显表现在超国家（如 WTO 等）和亚国家制度（像统治权转移、自主的区域组织）不断扩展的管辖权与能力上。虽然部门——以 IMF 与 ILO 的比较为例——之间存在着差异，但大多数超国家实体的活动都前所未有地深入到了从食品标准到金融管制的国家生活内部。事实上，最近一项关于全球性管理的综合研究认为，"今天，多数公民在很大程度上低估了这些活动：多数国家的航海法是在伦敦的 IMO 草拟的，航空安全法是在蒙特利尔的国际民间航空组织（CICAO）完成的，食品标准条例是在罗马的联合国粮农组织（FAO）制定的，知识产权法由日内瓦的世界贸易组织和世界知识产权组织（WIPO）制定……而汽车标准则由日内瓦的欧洲经济委员会（ECE）产生。"①

最近 20 年来，我们目睹了区域化的趋势及其深入发展。② 虽然区域化表现出从欧洲一体化的政治方案到北美自由贸易协议等这样的不同形式，但它在处理国家与全球经济结合的方式上发挥着日益重要的作用。③ 对于更加协调和有效的全球治理来说，我们需要评判区域化是建设性的还是障碍性的。然而，最近的研究主张，更多的是前者而不是后者被特别赋予了与贸易和金融自由化，即负面的区域整合相联系的优先性。④ 区域治理正变成全球政治经济更稳定的特征，而在主导全球性议事日程以及设定全球性优先权的过程中，区域间外交——区域性共同体设法借此在相互间建立全球性联盟和优先性安排——是平衡美国或其他西方国家权力的潜在力量。

---

① Braithwaite, J. and P. Drahos., *Global Business Regulation*, Cambridge: Cambridge University Press, 1999, p. 488.

② Solingen, E., *Regional Orders at Century's Dawn*, Princeton NJ: Princeton University Press, 1998; Mansfield, E. D. and H. V. Milner., "The New Wave of Regionalism", *International Organization*, 53（3）, 1999, pp. 589–628.

③ Payne, A, Globalization and Modes of Regionalist Governance, *Debating Governance: Authority, Steering, and Democracy*, J. Pierre. Oxford: Oxford University Press, 2000, pp. 201–218.

④ Scharpf, F., *Governing in Europe*, Oxford: Oxford University Press, 1999.

近几年来我们也目睹了地方政府和亚国家权威作用在全球范围内的实质性扩展，正如它们设法增进地方文化、经济和政治利益一样。像吸引外国投资的全球性竞争增强了城市权威一样，区域和次国家权威也在全球和地区范围内变得积极起来。这种能动性的表现形式，从在国外设立地方外交使团、向全球或区域论坛派出代表，到正式机构里的活动，千差万别。通过这种机制，亚国家政府能够提出重要的政策倡议，而在很多情况下，它们都能够绕过自己的中央政府。它们还在全球和区域网络中从事跨国的协同行动以解决从城市发展到毒品贸易以至实施全球环境标准等共同关心的问题（如全球城市管理方案）。

这种管辖权重叠的大拼盘将会在权威与政治责任的定位上产生歧义。在司法与管理原则产生冲突的地方，这一点尤为明显——全球的、区域的、国家的或地方的统治应该获得优先权吗？它是怎样确定的呢？在欧盟这样发达的超国家司法结构中，这样的冲突是通过法律机制来解决的。在全球范围内这些机制非常缺乏，但在它们确实存在的某些形式（如 WTO 的争端解决机制或 WIPO 的专利申请与保护机制）中，它们激发了对民主责任、合法性及相关事务的真正关注。这种不同层级治理之间的政治权威定位与委托已经产生了某些人所说的"新的中世纪特征"，因为当前的体系类似于集中表现中世纪欧洲特征的竞争性司法权、松散的行政疆界以及多层的政治权威这些令人眩晕的复杂性。考虑到政治专制主义形式之后中世纪世界秩序的消亡，这种作为 21 世纪全球秩序的比喻说法也许是不恰当的。

与权威的这种重新定位相联系的是基本治理模式的演变。虽然多数正式的全球治理活动都是在或通过固有的国际组织进行的，但全球公共政策形成和实施的重要方面还是发生在政府间（如 Balse 委员会，FATE 等）的、三部门间（公共的、私人的和政府间组织）的，以及跨国网络（第三世界网络）等一系列不断发展的结构中。在对专家与政府、国际组织、公司和政府间组织（如全球水关系协会、世界水坝委员会、全球接种与免疫联盟等）内的职员进行协调过程中，这些网络——专门的或制度化的——已经变得越来越重要了。它们设定政策日程、传播信息、制定规则、形成和实施政策方案——

从货币交易标准到全球反对艾滋病倡议,等等。有许多网络是纯官僚性质的,但它们也已变成了基本的制度机制,通过这种机制,公民社会与法人利益在全球政策过程中有效地结合起来。部分地讲,这些网络的增长是对多边制度实体政治化与超载的反应,但它也是全球政策问题在技术上的复杂性与通信革命不断增长的结果。

准确地说,就跨国公民社会的激进因素而言,正是这种萌芽的专家政治代表了全球治理较为不利的一面。在全球通信设施使全球政策网络发展更便利的意义上讲,它也支持着全球范围内对全球化的有效抵制。从西雅图的街道到哥德堡的战壕,有组织的直接行动纯粹是更广泛幻灭感的电视表演,它也意味着对公司驱动的全球化,以及对被认为是其实现手段的全球治理机构的反抗。除了直接行动外,这种冲突形式还表现为倡议(如禁止地雷运动)、监督公司活动以维护非官方的行动标准(公司监管)、抵制经济全球化方式(如反对非法使用童工或血汗工厂)等等。考虑到当代全球化的强度,这种替代性跨国网络政治的未来范围和规模将会继续得以强化。

如果多边主义明确了战后国际治理的核心组织原则,那么,后冷战时代就会被界定为后多边主义秩序。全球化,以及作为其反应的治理已经将复杂的多边主义形式——一种发展的多层全球治理体系——制度化了。这一体系缺乏现代政府的许多特性、大多数特别有效的实施机制,但这种"国内的类比"在关键方面被错置了。如果不是完全误导的话,那么,世界政府就是乌托邦的幻想。"没有政府的治理"也许是对当前现实更准确的描述。① 在诸多关键性问题中,人们对这种多层全球治理体系的疑问是:治理什么?谁来治理?为着谁的利益和达到什么样目的?

四、从扭曲的全球治理到真正的全球治理

在最近一项关于全球发展政策的研究中,托马斯认为,当前全球治理体

---

① Rosenau, J. N. and E. -O. Czempiel (eds.), *Governance without Government: Order and Change in World Politics*, Cambridge: Cambridge University Press, 1992.

系产生的战略选择是"由一部分国家、影响力逐渐扩大的法人,以及在全球市场中做出消费选择的 20% 世界人口决定的"①。人们也许不会奇怪,它已经产生了一个更分裂的世界。虽然最后 50 年中的贫困已经"比 500 年前大大"减少了,但这种减少是极不平衡的。② 虽然全球化与世界不平等模式之间的因果关系非常复杂,但人们仍然存在着这样的共识,即经济全球化是与全球不平等的加深紧密联系在一起的。③ 托马斯认为,是全球治理造成了这种状况,因为它推动了市场全球化,同时却很少参与全球再分配以克服不平等的活动。④ 从保证人类安全出发来控制全球化——通过名副其实的全球再分配活动——需要理解扭曲的多层全球治理制度。

扭曲的全球治理源自三个(分析上的)明显的全球权力结构——国家间秩序、经济秩序和知识秩序——相互不断加强的动力。我将依次简要对此做一解释和说明。

(一) 霸权与全球治理

即使在全球化时代,任何关于全球治理的令人信服的解释都不会忽视国家间权力不平等的核心所在。权力等级制度塑造了全球治理的结构、根本目的和优先权。冷战期间,当两个超级大国竞争全球霸权时,如果仅仅因为它们的一致是任何全球性行动的必要条件,那么,其时的国际治理模式与今天是完全不同的。正如霸权治理的描述所暗示的那样,不是美国这样的超级大国赋予世界其他地方以合法性,或者直接操纵着全球治理的制度,而是它们

---

① Thomas, C., *Global Governance, Development and Human Security*, London: Pluto Press, 2000, p. 127.
② UNDP, Human Development Report 1997, Oxford University Press, 1997, p. 2.
③ Dickson, A., *Development and International Relations*, Cambridge: Polity Press, 1997; UNDP, Globalization with a Human Face—UN Human Development Report 1999, Oxford, UNDP/OUP; Kapstein, E. B., "Winners and Losers in the Global Economy", *International Organization*, 54 (2), 2000, pp. 359 - 384; Thomas, C., *Global Governance, Development and Human Security*, London: Pluto Press, 2000.
④ Thomas, C., *Global Governance, Development and Human Security*, London: Pluto Press, 2000.

的结构性权力被嵌入了这些正在运作的制度以及世界秩序的体制之中。今天开放的世界秩序——自由贸易和资本的全球流动——基本上是美国全球霸权的产物,虽然它也需要其他工业八国权力的认同。当然,这并不是说,全球治理只是美国政策或西方利益集团的传送带,因为这些相同的制度也是它们的权力借以竞争的政治舞台。然而,今天的主要权力集团及其潜在的竞争对手在塑造全球治理的结构、模式和结果中的作用与其本身权力是不成比例的。

(二) 全球资本与全球治理

威廉·格雷德在书中指出,当资本主义越来越全球化的时候,即使美国这样最强大的国家也会发现自身处于全球市场的支配之下。[①] 最近几十年来,激进的解释强调全球公司资本的支配地位与全球资本主义新秩序的巩固,而不是构建集权形式的霸权——作为全球唯一超级大国的美国的优势。有人认为,全球治理处于强大的跨国社会力量——一个由精英、法人与政府网络的世界主义政治(cosmocracy)——的控制之中。即使是以美国为中心,但世界主义政治的财富、权力和利益却与全球法人资本主义的再生产和扩张有着密切的联系。全球治理的计划与管理是由在结构上授予全球资本利益集团与议事日程以特权的非正式体制决定的,而这种特惠经常是以国家、共同体和自然环境的福利为代价的。然而,像世贸组织和世界银行等全球治理的制度形式,不只是发挥调节或管理功能的机构,因为它们也提供了赋予这种非正式的全球体制合法化的舞台。将这种体系黏合在一起的是正在兴起的跨国阶级结构——世界主义政治或全球商业文明。这种世界主义政治将优势国家精英与跨国公司资本和国际官僚机构的利益和愿望统统融合进非官方的控制着世界权力堡垒的全球理事会中,而这些权力是与发展中的全球资本主义秩序的

---

① Greider, W., *One World, Ready or Not: The Manic Logic of Global Capitalism*, New York: Simon Schuster, 1997.

规律相一致的。总之,多层全球治理的主要方面被培育、维持并赋予全球资本主义秩序合法化的必要性扭曲了。

(三) 专家政治与全球治理

如果有人认为全球治理只是"(全球)资产阶级的执行委员会",那将是轻率而浅薄的。从反对19世纪大西洋奴隶贸易的运动到第三世界在70年代要求国际经济新秩序,经济全球化的各种形式一直处于竞争之中。最近几十年来,区域和全球制度不断扩大的权威创造了经济全球化各种形式借以继续竞争的新场所,即制度确实至关重要。然而,它们也是专家政治权力运作的场所。

在创造全球相互联系的体系和网络——从全球金融市场到毒品贸易——的过程中,全球化也产生了体制性风险,这种风险影响着世界上某一地区共同体的命运,以至决定了数千公里以外的政策成败。实际上,全球化产生了全球性的风险社会。在全球性风险社会中,社会生活的各方面开始受到专家的控制,这样一来,全球治理的许多常规领域以及某些最关键领域,就成了职业性的或专家的网络,即知识共同体的专有领域。因此,国际民用航空组织的专家委员会赋予全球航空安全标准合法性,而联合国国际禁毒计划则控制着打击非法毒品贸易全球战争的诸多技术方面的工作。知识共同体通过将其重新界定为技术或程序问题——最好是借助专家通过技术讨论过程来解决——而对非政治化问题产生影响。因此,专家的知识和理解力就变成了参与、促进全球治理过程的最基本证明。决策通过知识、技术规则和专长的应用与解释而被赋予合法性。正如温纳所说,这种专家政治(technocracy)的伦理标准意味着"在高水平的技术理解力基础上将出现真正的投票","人们只需像专家那样显示正确的证明就可在这样的水平上登记投票。这种投票行为排斥无知者、知识落伍者或者其知识与当前要解决的问题无关的人。在这种安排中被剥夺选举权的人中有许多是以前杰出的人物:普通公民、优秀客户,以及本土的政客"。① 在那些已经屈从于专家政治必要性的领域中,全球治理容易变成单一的排他性事务。

全球治理的实际目的、优先权和行为在不同程度上受到这三方面动态的制约。就其限制了人们对更高水平的全球社会正义和人类安全的认识而言,它们导致了扭曲的全球治理。像民粹主义的各种批评那样,这不是指全球治理处于各种无情力量的灾难性控制之中,而是认识到走向真正全球治理形式的任何转型都不可能忽视这些更深层的结构性状况。许多组织起来的强大选民结构支持这种变化,但也存在需要战胜的既得利益集团。另外,在强化其扭曲特征的现存体系中,也还存在着严重的结构性缺陷。

这些结构性缺陷在该体系治理能力一系列关键性的,尤其是在涉及福利、人类安全和减少贫困职能方面的差距中得到明确阐释。这些治理差距或缺陷诱发了被政治科学所描绘的合法化危机——同时实现有效、积极和负责的治理能力大大降低了。② 五个方面的缺陷导致这一意义上的危机:

1. 管理的不足

在从金融到环境治理的关键性全球政策领域中,存在着相当程度的"国际公共物品供给不足和管理缺陷"。③ 像东亚经济危机表明的那样,这种管理性缺陷对全球经济稳定与人类安全有特别重要的意义。解决这种缺陷不仅需要制度改革或修补,而且还意味着在全球政治经济治理中重新划定公共目的与私人利益的界限。

2. 合理性的不足

虽然减少贫困和发展(至少在表面上)将近50年来已经成为全球治理的

---

① Langdon Winner, "The Handwriting on the Wall: Resisting Technoglobalism's Assault on Education", in Marita Moll (ed.), *Tech High: Globalization and the Future of Canadian Education*, Ottawa: Fernwood Pub., 1997.

② Habermas, J., *Legitimation Crisis*, London: Heineman, 1976.

③ Cable, V., *Globalization and Global Governance*, London: Royal Institute of International Affairs. 1999, p. 72.

基本目标，但全球不平等与社会排斥的不断扩大表明理想与现实之间的鸿沟将越来越深。这就在那些涉及全球社会政策与发展的机构，特别是在履行其任务、实现其计划目标的能力方面，腐蚀了人们的政治信心。① 相反，公私机构在推动经济全球化方面的巨大成功表明，对全球治理的体制性限制更多地是与其再分配功能而不是推动作用相联系的。这就使市场强化和纠正多层全球治理的逻辑依据之间持续的紧张关系更突出。当治理的这两个孪生依据表现出相冲突的发展方向时，就会产生合理性鸿沟这样的结果。当这种鸿沟越来越扩大时，它就导致了全球治理更进一步的非合法化。

3. 协调的不足

尽管存在着多元、分散的全球治理体系的规范价值，但它仍然产生了相当的政策非理性、制度间的斗争、管辖权的重叠，以及竞争性政策网络的扩散。在发展与减少贫困的背景下，缺乏战略协调将会削弱全球治理方案和政策倡议的有效性与影响力。② 在很大程度上，将更广泛的协调融合进全球治理政策过程——通过工业八国等组织的倡议——的正式与非正式努力已经失败了。虽然人们都大力支持促进发展与减少贫困的多元路径，但特别是考虑到过去单一战略的不成功，仍然有必要实现"目标与全部努力的协调"。③ 在网络时代，治理战略的协调不需要中央集权的命令和控制，但它是通过协商秩序中决定性的、有效的领导而产生的。然而，这种领导却是相当缺乏的。

4. 服从的不足

因为执行机制的相对无效以及保证顺从的动机局限，没有政府的治理很可能出现搭便车与不顺从问题。在最近几年，对自愿捐助以支持积累政

---

① Bergesen, H. and L. Lunde., *Dinosaurs or Dynamos? The United Nations and the World Bank at the Turn of the Century*, London: Earthscan, 1999.
② Ibid..
③ Annan 引自 Bergesen, H. and L. Lunde., *Dinosaurs or Dynamos? The United Nations and the World Bank at the Turn of the Century*, London: Earthscan, 1999, p.190.

策倡议,以及全球管理软法律(如行为标准)的过度依赖加剧了顺从缺陷。由于缺少通用的裁决机制,合法化——过于依赖作为全球治理工具的法律——以及对国家执法机制越来越多地依赖也已腐蚀而不是加强了法治。除了一些例外(如 WTO),与全球问题的规模和特征相联系的现存顺从机制——规劝、激励、监督检查、软法律——的局限性产生了相当普遍的顺从缺陷。

5. 民主的不足

全球化存在着双重的民主缺陷。一方面,它加剧了作为地域上牢固统治体制的民主与全球市场行为和公司权力跨国网络之间的紧张关系。因为,如果政府丧失了控制跨国力量与表达其公民偏好的能力,那么,毫无疑问,民主的本质即自治就会受到损害。另一方面,在设法通过全球和区域治理机制以推动或管理全球化力量的过程中,国家创造了新的政治权威层,它们降低了人们的民主信心,并且与现存国家责任体系的关系也很模糊。在全球政策过程中,许多参与者都不是典型的世界国家和人民。在这种情况下,全球治理的合法性与责任毫无疑问是有问题的。加强超国家机构的透明度和责任感只不过是保证"善治"基本原则同时适用于全球规则制定者与接受者的第一步。也许,消除这种双重民主缺陷以及减少贫困是新世纪最严峻的道德和政治挑战。

五、结论

今天的多层全球治理形式是扭曲的。由于受到许多重大治理缺陷的影响,这种体系面临着日益紧迫的合法性危机。致力解决这种潜在的危机对于保证全球化活动有益于人类是至关重要的。在最近出版的《全球化的终结》一书中,备受赞誉的历史学家哈罗德·詹姆斯考察了 20 世纪 30 年代全球化早期重要阶段的消亡,以及国际治理机制合法性的部分衰落。他说,"在特殊的危急时刻,制度,尤其是那些创造出来以解决全球问题的制度就处于超载之中,并因此而无法有效地发挥作用。它们变成了反全球化分子发泄怨恨的主要渠道。"① 历史会重演吗?只有一个更民主的、更有责任感的全球治理体系,保证其作为世界各国和人民的代表并对他们负责和做出回应,才会限制而不是阻止这种可能性。

---

① Harold James, *The End of Globalization*, Princeton: Princeton University Press, 2001, p. 5.